U0598304

湖南省现代流通理论研究基地学术丛书

中国城乡商品市场协调发展实证研究

唐红涛／著

中国市场出版社
China Market Press

图书在版编目（CIP）数据

中国城乡商品市场协调发展实证研究/唐红涛著．—北京：中国市场出版社，2011．10

ISBN 978－7－5092－0811－3

Ⅰ．①中…　Ⅱ．①唐…　Ⅲ．①国内市场：商品市场－市场研究－中国　Ⅳ．①F723．8

中国版本图书馆 CIP 数据核字（2011）第 209193 号

书　　名：中国城乡商品市场协调发展实证研究
著　　者：唐红涛
责任编辑：辛慧蓉
出版发行：中国市场出版社
地　　址：北京市西城区月坛北小街 2 号院 3 号楼（100837）
电　　话：编辑部（010）68033692　读者服务部（010）68022950
发行部（010）68021338　68020340　68053489
68024335　68033577　68033539
经　　销：新华书店
印　　刷：河北省高碑店市鑫宏源印刷包装有限责任公司
规　　格：880×1230 毫米　1/32　8 印张　200 千字
版　　本：2011 年 10 月第 1 版
印　　次：2011 年 10 月第 1 次印刷
书　　号：ISBN 978－7－5092－0811－3
定　　价：28.00 元

序

唐红涛博士的专著《中国城乡商品市场协调发展实证研究》，是在其博士论文的基础上经过修订、补充和完善而成。作为城乡市场流通问题研究工作者和作者的博士生导师，我对该书的出版感到由衷的高兴和欣慰。该书的主要亮点有三：一是从城乡商品市场的角度分析了城乡二元经济问题，为城乡经济研究提供了一条新颖的思路；二是通过对商品市场与区域经济的关联以及城乡商品市场交易效率和城市化率的协整分析，验证了马克思提出的“商业的独立发展与社会生产发展成反比例”和杨格提出的“分工决定市场，市场决定分工”假说；三是深入分析了城乡商品市场贸易壁垒和城乡市场协调度，为进一步研究城乡商品市场问题打下了良好的基础。

西方产业革命以前，城市与乡村的经济性质并未彻底改变；但是，后来机器大工业的产生却撕裂了“农业和工场手工业的原始的家庭纽带”，出现严重的城乡二元分化，城乡关系开始凸显、对立；城乡关系的理论研究成为区域经济尤其是城市经济的一部分。从历史上看，各国在发展初期都经历了城乡关系失衡的非良性互动状态。不过在发达国家，由于城市化过程在较长时间内消化了一部分流入城市的农村人口，使得城乡的对立矛盾得到缓解。然而，在广大发展中国家，一边是现代化的大城市，另一边却是贫困、落后、分散的广大乡村；原有城市缺乏对农村人口的吸收能力，新城市缺乏发展壮大的动力，加之政府“城市偏向”与城市居民的“乡村歧视”，城乡之间的二元结构相对而言更加突出。在我国以经济建设为中心的社会主义初级发展阶段，城乡二元结构同样非常突出。

破解城乡二元结构必须认清城乡之间复杂的互动关系，并从制度创新的视角深入探讨消除城乡二元结构的对策。事实上，城乡关系是社会生产力发展和社会大分工的产物，自城市产生后，城乡关系便随之而产生。城乡关系是广泛存在于城市和乡村之间的相互作用、相互影响、相互制约的普遍联系与互动关系，是一定社会条件下政治关系、经济关系、阶级关系等诸多因素在城市和乡村的集中反映。城乡关系包含相当广泛的内容，如城乡发展关系（产业发展关系、经济发展关系）、城乡经济关系、城乡文化关系、城乡社会关系、城乡生存关系、城乡运行关系等。而我们认为，城乡商品市场关系是其中的核心问题。

商品市场作为市场经济中最为重要的要素，对经济、社会的发展有着极大的影响。改革开放后，我国城市和农村商品市场的发展却呈现出截然不同的态势，无论是从规模还是运行效率等方面来看，两者都表现出越来越大的差距。从我国城乡商品市场规模来看：（1）农村的商品市场数目要多于城市商品市场的数目，但是城市商品市场数目的增长速度却大大超过农村，近些年农村商品市场萎缩，数目不断下降是不争的事实；（2）虽然城市的商品市场数目增长速度较快，但目前总量仍仅为农村商品市场数目的一半多；（3）农村商品市场交易额的增长率明显低于城市，城市市场的发展速度快于农村市场，这也与我国城乡二元经济的格局相适应。从我国城乡商品市场运行效率来看，中国城市商品市场中，综合市场和其他市场在市场数量、成交额、摊位数、营业面积等方面所占比重均逐年下降，而专业市场则逐年上升，城市商品市场的专业化和集约化程度不断加深，呈现出规模经济的态势。随着市场经济的发展，农村商品市场也在不断完善，特别是近年来“万村千乡”工程的实施更是加速了农村商品市场向现代化市场的转变，新型商业业态不断引入农村市场，农村商品市场秩序也不断好转，农村商品市场主体组织正在逐步形成，商业服务质量也开始提升。但是与城市商品市场相比，农村商品市场在市场效率方面仍然有着非常大的差距，例如许多超市下乡，只是贴了个“超市”牌子，而超市的经营方式、模式和现代化技术工具均没有应用，这必然导致农村商品市场的低效率。

随着城乡商品市场发展差距的日益扩大，城乡消费水平的矛盾日益加深。如在农村同样的价格却只能买到次等、仿造甚至假冒伪劣的产品。这已成为影响我国全面建设和谐社会的关键问题，统筹城乡商品市场协调发展已成为中国经济发展的必然要求。2002 年 11 月，党的十六大首次明确提出“统筹城乡经济社会发展”，并将其确定为解决“三农”问题的重要战略；次年 3 月，党的十六届三中全会进一步全面系统地阐述这一战略，提出了以“统筹城乡发展”为首的“五个统筹”发展战略。党的十七届三中全会全面分析了面临的形势和任务，指出我国总体上已进入以工促农、以城带乡的发展阶段，因此要建立以工促农、以城带乡长效机制，形成城乡经济社会发展一体化新格局。2010 年底，党中央发表“十二五”规划建议，指出要“把扩大消费需求作为扩大内需的战略重点，进一步释放城乡居民消费潜力，建立扩大消费需求的长效机制，逐步使我国国内市场总体规模位居世界前列”。这是党中央对统筹城乡发展提出的新方针和新要求，是协调城乡市场结构、打破城乡二元结构、推进城乡经济社会协调发展的根本途径。

唐红涛作为我指导的硕士生、博士生，多年来一直从事城乡商品市场的研究，连续参与了由我主持的国家社科基金课题、湖南社科基金重大项目课题等课题研究，参与了由我主持的国家精品课程“贸易经济学”及由我牵头的湖南省现代流通理论研究基地的建设。因此，我对他在学术道路上的整个成长过程非常了解。他有较好的理工科背景，与一般研究者的思路不大一样，经常能独辟蹊径地解决一个复杂的问题，这也是拥有丰富知识储备、掌握现代分析工具的年轻一代经济学研究工作者与老一辈学者相比的最大优势。从建筑设计者到经济学硕士研究生再到经济学博士研究生，从助教到讲师再到副教授，唐红涛博士的学术成长过程充分体现了他勤奋好学、务实创新的特点。这本专著充分展现了他上述优势与特点。值得一提的是，唐博士以本专著为主题成功申报了2010年国家社会科学基金青年项目。这是唐红涛博士在学术道路上的一个起点，在自身条件与外部支持都得到充分保证的优越研究环境中，相信他在今后的研究中一定会给我们带来更多的惊喜。祝唐红涛博士的学术道路越走越宽阔，为繁荣我国商贸流通科学不断奉献有新意、有特色的学术成果！

柳思维

2010年1月22日

于长沙岳麓区燕子山村淘沙斋

目　录

图表目录

1 CHAPTER 第一章 导　论

城乡二元结构是发展中国家一种突出的经济社会现象[1]，世界经济社会发展的实践表明，随着经济社会进步，必然要求二元结构向城乡一体化（或一元结构）发展，即实现城乡统筹。

中国是世界上最大的发展中国家。改革开放后，国民经济得到快速发展，实现了年均近9%的增长率，但城乡二元结构的现象没有得到改变，相反城乡差距却日益扩大，导致城乡矛盾日深，已成为影响我国全面建设和谐社会的关键问题，城乡统筹发展已成为中国经济发展的必然要求。2002 年 11 月，党的十六大首次明确提出“统筹城乡经济社会发展”，并将其确定为解决“三农”问题的重要战略；次年 3 月，党的十六届三中全会进一步全面系统地阐述了这一战略，提出了以“统筹城乡发展”为首的“五个统筹”发展战略[2]。党的十七届三中全会全面分析了面临的形势和任务，指出我国总体上已进入以工促农、以城带乡的发展阶段，因此要建立以工促农、以城带乡长效机制，形成城乡经济社会发展一体化新格局。这是党中央对统筹

---

[1] Lewisw A. Economic Development with Unlimited Suppliers of Labor [J]. Manchester School 1954, 22 (2): 139-191.

[2] 党的十六届三中全会提出“五个统筹”发展战略，即“统筹城乡发展、统筹区域发展、统筹经济社会发展、统筹人与自然和谐发展、统筹国内发展和对外开放”。

城乡发展提出的新方针和新要求，是打破城乡二元结构、推进城乡经济社会协调发展的根本途径。正如马克思指出的，“城乡关系的面貌一改变，整个社会的面貌也跟着改变”，可见城乡关系是整个社会发展的关键。

1.1 选题背景及意义

1.1.1 选题背景

从历史上看，世界各国在发展初期都经历了城乡关系失衡的非良性互动状态。如英国等发达国家在工业化初期都存在剥夺农村剩余来支撑城市发展的现象。发展中国家尤其是实行计划经济体制的国家，都是首先把城乡之间的资金、人力资本等生产要素及其社会产出进行分割，限制它们之间的自由流动，最大限度地“挤出”农村剩余，再通过诸如调拨等强制性的行政手段和计划手段实现农村剩余向城市转移，以支持城市发展，从而导致城乡之间呈现不平衡的发展状态。这就是发展经济学家所说的“二元经济结构”。

目前，我国的市场化程度已达到73.8%[1]，远超过60%这一市场经济临界水平。这表明，在建立和完善社会主义市场经济体制中，市场正不断成为促进分工和优化资源配置的重要手段。市场经济下的社会经济状态必然首先通过市场状态表现出来，因此我国城乡二元经济结构的一个重要表现和主要内容是城乡二元商品市场问题。然而，在市场化快速发展过程中，城乡之间在市场发展方面的差距却越来越大。相比发达的城市市场，农村市场的市场主体规模偏小、市场意识淡薄、市场体

---

[1] 柳思维，罗进华. 城乡市场发展失调的制度原因及主要危害分析［J］. 湖南社会科学，2006（2）：96-99.

系残缺、流通方式和设施建设落后、市场秩序混乱等等，城乡市场发展的这种巨大差距引起了人们的高度关注。

笔者参与了国家社科基金项目《统筹城乡问题研究》和湖南省社科基金重大项目《长株潭“两型社会”改革建设中的城乡统筹体制创新研究》，同时主持了湖南省社科基金项目《转轨经济下我国城乡二元市场和谐发展研究》，这些都是着重从商品市场视角对于城乡二元经济结构进行研究。

本文正是基于上述现实与理论背景，以中国城乡商品市场为研究对象，从时间和空间视角对城乡商品市场协调发展展开系统研究，以期能丰富城乡二元经济理论，对中国城乡商品市场发展提供有益参考。

1.1.2 研究意义

本文研究的理论意义主要体现在三个方面：首先，系统探讨了商品市场对于宏观经济和微观经济主体的影响作用。尤其着重分析了商品市场对于区域经济的拉动效应以及商品市场对于城市化的影响，并分别验证了马克思的“商业的独立发展与社会生产发展成反比例”和杨格的“分工决定市场，市场决定分工”的两个假说。其次，分析了城乡商品市场发展过程中的贸易壁垒问题，利用相对价格法计算出 1985—2007 年中国城乡商品市场的贸易壁垒，并分析了城乡之间贸易壁垒的影响因素。最后，通过参照国内外学者有关市场化和城乡经济社会一体化的指标体系，构建了中国城乡商品市场协调发展的指标体系，并从时间维度（1978—2007 年）和空间维度（30 个省份）计算了城乡商品市场协调度，然后利用工具变量法分析了商品市场协调度的影响因素。

本文研究还可为各地政府建设城乡商品市场提供政策参考。如何扭转商品市场发展中城市偏好倾向，如何消除城乡商品市场之间的贸易壁垒，如何提高各省份以及全国的城乡商品市场协调度，这些都能为政府决策提供一些现实建议。

1.2 商品市场发展与城乡统筹

商品市场发展与城乡统筹的关系非常密切，具体可以表现为以下三方面。

1.2.1 中国二元经济首先表现为二元市场

我国二元经济结构的一个重要表现和主要内容是二元市场结构问题，城乡市场的发展存在巨大差异。所谓二元市场结构，是指同一时期两种不同发育形态的市场并存，城市现代市场与农村落后传统市场同时并存，包括城乡市场的演进生产力水平差异、市场的结构与业态差异、市场的主体组织形式差异、市场环境与市场秩序差异等等，城市市场和农村市场的发育程度及衔接程度都不一样，城市市场类型完善、聚合度高，农村市场体系发育滞后、规模效益不明显。

我国城乡市场可以分为城乡商品市场、城乡劳动力市场、城乡金融市场和城乡信息市场。它们在具备城乡分割的共性外也具有各自的发育特点。城乡商品市场主要体现为城乡消费的断裂现象，城乡商品流动渠道不通畅；城乡劳动力市场则主要体现在城市劳动力市场对农村劳动力的歧视上；城乡金融市场的集中表现是农村金融体系的“虹吸”现象；而城乡信息市场则体现在越来越巨大的“数字鸿沟”上面。

但是，在所有城乡市场体系中，商品市场是最为基础和关键的市场体系。无论是劳动力市场、金融市场或者信息市场的发展都离不开商品市场，因此城乡商品市场集中体现了市场经济中城乡关系的核心。

1.2.2 商品市场是城乡联系的重要枢纽

城乡联系包括消费联系，在这种联系中，农村地区被认为是城市地区所生产的产品和服务的市场；城乡联系也可以从生产关系角度来讨论，在生产关系中，城市地区和农村地区通过产业之间的联系相互影响，这两个子系统彼此供应或获取原料；城乡联系也可以从资本流动角度来讨论，在资本流中，城市的土地所有者从农村地区收取租金，或者设在农村的城市机构受农村的积蓄向城市地区投资。城乡的联系主要包括空间联系问题：物质联系，经济联系，人口迁移联系，社会联系，服务供应联系以及政治和行政联系，这些联系都体现了商品市场发展的重要性。

城乡物质联系：交通网络扩大了农业就业，改善了交流，也扩大了非农产业就业并且延伸了服务的传递范围。交通网络和通信、电信网络的完善离不开市场的发展，同时也促进了城乡市场规模的扩大，市场联系的增加。

城乡经济联系：农业产品和手工业产品向市场体系更高等级流动的起点，也是农民消费所必需的重要物品向下流动的起点，这有赖于在农村和城市中心之间建立联系。

人口迁移联系：从农村到城市或从城市到农村的短期和永久的人口迁移，是城乡联系的一个重要形式。

社会联系：市场在城乡社会联系中也起着非常重要的作用。

1.2.3 商品市场对城乡发展的作用异质性

在市场经济日益发展的今天，城市作为经济增长的主要动力，其发展主要受到市场机制的作用影响；而农村的经济社会发展，由于其自身经济实力弱小，农业也属于弱势产业，农民作为经济主体处于弱势地位，因而发展主要受到政府政策的影响。城乡之间经济差异很大程度上也是这种发展主导的影响。

从这个意义上分析，商品市场在城乡协调发展中间起到了一个异质性作用，具体表现为商品市场对于城乡经济发展起着非线性的作用。

1.3 城乡商品市场发展失衡

1.3.1 城乡商品市场结构差距

城乡商品市场结构差距具体表现在：一是农村市场主体处于小、散、乱状态。计划经济体制下农村市场，曾经是供销社独家经营，而如今的村镇市场几乎被个体商贩一统天下。个体商贩由于实力小、素质低，只能提供小件物品或一时之需，没有能力促成物流、商流的“大进大出”，也难以担当流通主渠道的角色，因而导致了目前农村商品流通主渠道的缺位。二是村镇销售网点严重不足，这是长期以来商业建设中重生产轻流通、重城市轻农村观念的产物，有资料显示，到2007年底，农村每千人拥有的销售网点仅为0.75个。三是在商品经营结构上，由于受到经营实力限制，众多分散经营的个体商户经营结果多是低水平简单重复，使商品的结构、品种、功能、价格不适应农村居民消费变化的需求。

1.3.2 城乡商品流通基础设施差距

通过近些年的发展，城市商品流通设施现代化水平不断提高，而广大农村的商业设施陈旧、技术设备水平低、管理手段落后。曾经是农村商品流通主渠道的供销社，其经营设施大都建于改革开放前，因年久失修、陈旧落后，已难以适应市场经济的发展。农村集贸市场仍以较低层次的集市为主，露天市场占绝大多数，功能分区混乱，缺乏必要的配套设施，规模小，辐射功能差，个体商贩则仍停留在三五平方米的小店铺阶段。另外，农村商品流通业在商品信息管理、商品检测、储存运输、计量手段等方面也十分落后。总体来说，农村商业在物流设施、商品管理上与城市商业相差甚远，造成农村商业经营管理的长期低效益运行。

1.3.3 商业经营业态差距

在城市商贸流通业态中，现代连锁经营、超市、购物中心、专业店等经营业态不断创新，电子商务比重不断上升，一批现代国际连锁巨头，如沃尔玛、家乐福、麦德龙、大润发以及国内著名商家都已进入。而在农村商贸流通中，基本上是传统的个体小店、摊贩等原始传统业态为主，只是近年来开展农村“万村千乡”工程，一批流通龙头企业才开始在农村建立连锁店或者吸收一批农村加盟店。但相当多的农村加盟店也只是改了招牌，其经营业态仍比较落后，没有大的改观。

1.3.4 农产品商品率低

由于农村地区交通不便、信息不畅，在广大农村，特别是中西部的农村，由于与中心城区相隔较远，农民商品经济观念淡薄，“种什么、吃什么，产什么、用什么”，自然经济观念很强。加上物流设施落后，流通渠道不畅，农民多种一点、多养一点，往往就出现“卖难”问题。

1.3.5 农村商品市场秩序混乱

一些不法商贩利用农民在消费中追求低价方便等心理以及农民维护自身权益的意识较弱，贩卖假冒伪劣产品，坑农害农事件屡有发生。一些地方的农村市场中，欺行霸市、地区封锁、行业垄断，对进入市场层层设卡，乱收费等问题十分突出。这些问题的存在不仅影响了农村商品市场体系的完善，也严重损害了农村消费者的权益。

2 CHAPTER 第二章 城乡商品市场相关理论及研究现状

城乡商品市场理论体系首先是城乡理论，从亚当·斯密和马克思的时代开始，城乡关系就成为经济学界研究的重点问题，现有的城乡理论大体可以归纳为四个理论体系基础：一是马克思主义的城乡理论；二是制度经济学的城乡理论；三是发展经济学的城乡理论；四是空间经济学的城乡理论。体现了经济学对城乡关系的理论研究呈现出从静态到动态、从时间分析到空间分析的过程。

2.1 城乡商品市场相关理论

2.1.1 马克思主义的城乡理论

马克思曾经指出，城乡分离只有在生产力有所发展的情况下才能实现。所谓生产力“有所发展”，是指生产力的发展到了这样的程度，即农业劳动生产率的提高已经能够生产出超过维持农业劳动者所必需的产品，这就为城乡之间的分离提供了可能，正像生产力发展到一定阶段，为三次社会大分工、为阶级的分化提供可能一样。由于农业的基础地位，农业生产所形成的剩余劳动以及超出劳动者个人需要的农业生产率成为人类一切社会进步的基础，也成为城乡分离的物质前提。马克思说：

“社会上的一部分人用在农业上的全部劳动——必要劳动和剩余劳动——必须足以为整个社会，从而也为非农业工人生产必要的食物；也就是说，是使从事农业的人和从事工业的人有实行这种巨大分工的可能；并且也是生产食物的农民和生产原料的农民有实行分工的可能。”[1]马克思还说道：“从事加工工业等等而完全脱离农业的工人的数目，取决于农业劳动者所生产的超过自己消费的农产品的数量。显然，不从事农业劳动而能生活的人的相对数，完全取决于土地耕种者的劳动生产率。”[2]78-79马克思的论述使我们得到两点基本认识：（1）农业劳动生产率制约着农业和工业之间社会分工的发展程度；（2）农业劳动生产率决定着农业人口向城市和非农产业转移的速度和规模。正是由于生产力的发展，社会分工的加深，导致城乡之间的分离。这种理论对后来的发展经济学家的启发很大。

城市成为先进生产力的引领和先导，“城市是经济、政治和人民的精神生活的中心，是前进的主要动力”[2]243。体现在：（1）生产要素的集中。“城市本身表明了人口、生产工具、资本、享乐和需求的集中。”[3]而这种集中使城市发挥出强大的集聚经济效益和辐射扩散效应。（2）生产与贸易的结合。通过这种结合，使城市不仅成为工业的中心，而且成为经济贸易的中心；不仅成为一个区域、一个国家的中心，甚至成为世界性的中心。（3）工业人口的增加。为资本主义的大工业提供了源源不断的劳动力。从这里可以发现，城市的先进市场形态也是城市为什么能够成为先进生产力的先导原因，城乡在市场方面的差异导致了城乡经济的分离。

马克思关于统筹城乡发展的基本设想主要从三个方面展开。

---

［1］ 马克思．资本论：第3卷［M］．北京：人民出版社，1975：716.

［2］ 马克思，恩格斯．马克思恩格斯全集：第1卷［M］．2版．北京：人民出版社，1995.

［3］ 马克思．资本论：第1卷［M］．北京：人民出版社，1975：552.

1. 马克思高度重视农业发展和农村市场的思想

农业的现代化过程首先是农业中的商品经济代替自然经济的过程，这一过程体现了农业的巨大历史进步，它促进了农业生产的专门化和区域化分工。因此，农业的现代化就需要促使农业变为市场和交换而进行生产的商品化农业，不断提高农业在商品经济中的贡献率。农业的现代化还需要借助于农业的资本化、企业化经营，从而推动现代大农业的发展。马克思在对英国资本原始积累过程的研究中发现，农业中商品经济的发展造就了一个新的经营农业的农业资本家阶级，由于农业不变资本和可变资本构成比例长期低于工业的水平，使工业劳动生产率增长在一个相当长的时期内快于农业劳动生产率，农业利润率长期保持在较高的水平上，从而促使城市中的产业资本不断流入农业。马克思发现，农业资本化、企业化经营在英国等西方国家创造了农业史上的奇迹，农业生产力和农产品的发展与增长速度都大大超过人口的增长速度。因此，农业经营的资本化和企业化推动了现代大农业在西方的发展。同时，农业的工业化引发现代大农业取代小农经济的农业革命[1]。马克思在《资本论》中指出，工业革命所引发的机器化大生产“是提高劳动生产率，即缩短生产商品的必要劳动时间的最有力的手段”，“大工业把巨大的自然力和自然科学并入生产过程，必然大大提高劳动生产率”[2]。

农业的发展和农村市场的进步不断促进了城乡社会关系的大调整和大转变。

2. 充分发挥城市的辐射扩散功能

实现城乡融合，绝不是要毁灭城市、中断城市文明或者强

[1] 何增科. 马克思恩格斯关于农业和农民问题的基本观点述要［J］. 马克思主义与现实，2005（5）.

[2] 马克思. 资本论：第1卷［M］. 北京：中国社会科学出版社，1983：463，578.

制拉平城乡区别、达到城乡之间无差别的绝对同一，而是在“扬弃”的基础上实现城乡之间“更高级的综合”。

城市是现代工业、商业、航运和贸易的中心，是生产基本条件包括人口、生产工具、资本、享乐和需求的空间集结体，是特定区域内生产力、生产关系和上层建筑的聚集地，消灭城乡对立意味着要摆脱和改变传统农业社会中形成的农村的孤立分散状态。显然，城市在这里应该起着引领和示范的作用。它在提高劳动者的素质、摆脱乡村的愚昧落后状态、促进农业和农村发展等方面都具有积极的带动作用和反哺作用。关于城市对乡村的带动作用，马克思指出：“大工业在农业领域内所起的最革命的作用，是消灭旧社会的堡垒——农民，并代之以雇用工人。因此，农村中社会变革的需要和社会对立，就和城市相同了。最陈旧和最不合理的经营，被科学在工艺上的自觉应用代替了。”[1]

城乡融合的一大任务就是缩小城乡差别和工农差别，而要达到这一目标，只有使乡村向城市文明看齐，而不是相反。在工业化的初期阶段，农业劳动力和产业资本会源源不断地流向城市和工业生产当中。但在工商业发展的一定阶段，由于城市工商业的利润率呈下降趋势，而较高的农业利润和农产品价格则把城市和工业资本吸引到农业生产领域和广大的农村地区，形成了城市和工业反哺农业的局面。

无论是城市经济对于农村经济的辐射作用，还是城市和工业反哺农业的局面，都离不开城乡商品市场的协调发展。

3. 合理布局城乡生产力和产业结构

消灭城乡差别是一个长期的过程。马克思提出了一系列使城乡融合互动和日益接近应采取的基本措施。中心思想是工业

---

[1] 马克思，恩格斯. 马克思恩格斯全集：第23卷［M］. 北京：人民出版社，1972：551.

生产和农业生产的密切联系与有机结合。因为“只有使工业生产和农业生产发生密切的内部联系，并使交通工具随着由此而产生的需要扩充起来，才能使农村人口从他们数千年来几乎一成不变地栖息在里面的那种孤立和愚昧的状态中挣脱出来”。[1]

马克思的这种工业和农业密切联系乃至城乡有机结合的观点对于我国城乡统筹实践有着非常大的启示作用，而城乡商品市场的协调健康发展正能够将城乡经济有机结合，并且现在交通工具和基础设施的不断完善也使城乡商品流动日趋活跃。

2.1.2 制度经济学的城乡理论

Douglas North[2]认为：“制度是人类所发明的构筑政治、经济和社会相互作用的种种限制。它们由非正式的制约（如制裁、禁忌、风俗、传统、行为规范）和正式的规则（宪法、法律、产权）等共同构成。”

对于城乡商品市场和城乡二元经济发展有着极其重要影响的就是“城市偏好”的制度安排。制度经济学是长期以来解释城乡二元经济的一种代表性理论。制度经济学把城乡关系简化为两个利益集团的关系。出于工业化赶超的目的或者是城市阶层的强大政治影响力，发展中国家在城乡关系上所形成的是一种城市偏好的制度和政策，这与发达国家对农业和农民的保护刚好形成了鲜明的对照。为了实现工业化赶超，发展中国家采取了扭曲价格、利率、工资和汇率等一系列政策，采取价格“剪刀差”[3]手段，把农业剩余从农业部门转入城市部门。在政

---

[1] 马克思，恩格斯. 马克思恩格斯选集：第2卷［M］. 北京：人民出版社，1995：543.

[2] North, Douglass. “Institutions”［J］. Journal of Economic Perspectives, 1991, 1 (5): 97-112.

[3] 柳思维，唐红涛. 经济转型中的新剪刀差与城乡消费差距的扩大［J］. 消费经济，2006 (6): 8-11.

策干预下，农村资金等生产要素也流向城市，结果使得城乡发展差距不断扩大。虽然农民人数众多，但其对于政策的影响力小。由于农民居住分散导致了集体行动中过高的沟通成本，加上单个农民产出比例和预期收益比例微小，因而容易造成搭便车现象，结果出现了人多势弱的“数量悖论”[1]现象。当然，城乡差距并不会无限地扩大，它存在着一定的阈值。农民通过选择退出的“用脚投票”机制，对城市偏好政策进行抵制，当城乡差距达到某个临界点，说明了改革也处在一个临界点上[2]，需要采取改革措施打破固有的均衡条件，以免城乡经济出现一个零和结局。

制度经济学侧重于从制度层面揭示和解释城乡差距的形成原因。如果城市偏好政策不断增强，那么，城乡经济差距将不可避免。从20世纪80年代中期以来，城市偏向政策并没有减弱，反而增强，这是造成城乡差距没有伴随经济高速增长而缩小的重要因素之一[3]。城乡差距在中国收入不平等的贡献最大，而且由于城市偏好政策和户籍制度制约，城乡差距出现了不断扩大的趋势，这种趋势也会对中国的未来经济增长产生深刻影响[4]。但是客观地讲，制度扭曲和体制障碍是造成发展中国家，尤其是中国城乡差距扩大的极其重要因素，但这不是唯一因素。按照新古典理论，如果城乡经济都符合规模报酬不变的生产函数模型，那么，城乡差距会引导资本向农村流动、劳动力向城市流动，要素双向流动的结果，带来了要素价格的趋同，城乡

---

[1] Olson, K. R. Identification of fragipans by means of mercury intrusion porosimetry [J]. Soil Sci. Soc. Amer, 1985, 6 (49): 406-409.

[2] 蔡昉. 城乡收入差距与制度变革的临界点 [J]. 中国社会科学，2003 (5): 16-25.

[3] 王德文，何宇鹏. 城乡差距的本质、多面性与政策含义 [J]. 中国农村观察，2005 (3): 25-37.

[4] Yang, Dennis Tao and Hao Zhou. Rural-Urban Disparity and Sectoral Labour Allocation in China [J]. Journal of Development Studies, 1999, 35 (3): 105-133.

差距也会随之缩小。但是，现实中，我们看到的结果是资本和劳动力都流向城市。Lucas[1]在解释资本不从富国流向穷国时指出，除了资本市场不完善等制度因素外，人力资本差异及其外部性也是非常重要的因素。

林毅夫、沈明高[2]将制度变迁分为诱致性变迁和强制性变迁。前者是指一群（个）人在响应由制度不均衡引致的获利机会时所进行的自发性变迁，后者是由政府法令引致的变迁。诱致性制度变迁又可分为正式的制度安排和非正式的制度安排。在正式的制度安排中，规则的变动和修改，需要得到受它所管束的一群（个）人的准许，因而它的变迁需要创新者花时间与精力去与其他人谈判以达成一致意见。但是，诱致性制度变迁不能满足一个社会中制度安排的最优供给，国家干预可以补救制度供给的不足。在中国城乡商品市场的协调发展当中，改革开放后是以诱致性制度变迁为主，以民生视角从商品市场角度切入，但是新时期城乡商品市场发展必须进行强制性制度变迁以推动改革向纵深发展。

2.1.3 发展经济学的城乡理论

发展经济学理论对工农、城乡关系问题进行了深入探讨，这些理论至今对研究城乡差别形成机理、促进城乡协调发展仍有重要的指导意义。

1954 年，英国经济学家 Lewis 发表了题为《劳动无限供给条件下的经济发展》[3]的文章，提出了关于发展中国家经济二

---

[1] Lucas Robert. Why doesn't Captial Flow from Rich to Poor Countries: An Empirical Investigation [J]. Amercian Economic Review, 2003, 20 (4): 55-73.

[2] 林毅夫，沈明高. 我国农业技术变迁的一般经验和政策含义 [J]. 经济社会体制比较，1990 (2): 10-18.

[3] Lewisw A. Economic Development with Unlimited Suppliers of Labor [J]. Manchester School, 1954, 22 (2): 139-191.

元结构的理论模型，为发展经济学的研究做出了突出贡献。他认为，发展中国家经济结构由以现代工业部门为代表的资本主义部门和以传统农业为代表的非资本主义部门组成，并建立了两部门经济发展模型，奠定了无限剩余劳动力供给的二元经济结构理论的基础。美国经济学家 Fei 和 Rains[1]在 1961 年共同发表的《经济发展理论》一文和1963 年共同出版的《劳动剩余经济的发展：理论和政策》一书中，对 Lcwis 二元结构模型作了重要的补充和修正。认为 Lewis 模型的缺陷在于贬低了农业在经济发展中的地位和作用，把农业对经济发展的贡献缩小到只为工业部门扩张提供所需的廉价劳动方面。美国经济学家 D. W. Jorgenson[2]在 1961 年为了研究经济发展过程中工业部门和农业部门间的关系，把发展中国家的经济划分为两个部门，即以农业为代表的落后的传统部门与以工业为代表的先进的现代部门，两部门的发展是非对称的。他运用新古典主义分析方法，得出以下结论：一是农业产出的增长会被人口增长所抵消，因此只有在农业产出的增长超过人口增长时才会出现农业剩余；二是农业剩余是工业部门发展的前提条件，农业剩余越多，向工业部门转移的规模越大，伴随着工业部门的资本积累，工业的增长就越迅速。美国经济学家 Todaro[3]在 1969 年发表著名论文《发展中国家的劳动力迁移模式和城市失业》，次年与 Harris[4]发表论文《人口流动、失业与经济发展：两部门分析》，1971 年再次发表同一主题论文《收入预期：非洲城乡

[1] Fei, John C. H. and Rains. G. A Theory of Economic Development [J]. American Economic Review, 1961, 27 (9): 46-72.

[2] Jorgenson Dalew. The Development of a Dual Economy [J]. Economic Journal, 1961, 71 (282): 309-334.

[3] Todaro, Michael P. A Model for Labor Migration and Urban Unemployment in Less Developed Countries [J]. American Economic Review, 1969, 59 (1): 138-148.

[4] Harrist, J. R. & Todaro, M. P. Migration, Unemployment and Development: A Two Sector Analysis [J]. American Economic Review, 1970 (60): 126-142.

劳动力流动和就业》，试图解释发展中国家农村人口向城市流动的决定因素和城市失业现象，形成了著名的 Harris-Todaro 的人口城乡迁移理论。20 世纪 80 年代，一些发展中国家虽然存在大量的生产过剩能力，但无法与剩余劳动力结合，进而不能促进经济发展。针对这种状况，Rakshit. M[1]将凯恩斯理论引入二元经济发展框架中，试图从有效需求和生产能力利用的角度将凯恩斯理论运用于发展中国家，重点研究发展中国家的有效需求不足的问题。Rakshit 认为，当经济存在需求约束时，凯恩斯提高投资水平的主张对实现短期均衡目标是有用的。Rakshit 从刺激有效需求推动经济发展的角度出发，又为促进发展中国家二元经济结构转换提供了一种全新的思路。

1. 古典主义的视角

二元经济最早是由英国学者 J. H. Boeke[2]提出的。Boeke 在对 19 世纪印度尼西亚的社会经济状况进行研究后，于 1953 年出版了《二元社会的经济学和经济政策》一书。他认为，当时的印尼社会是一个典型的“二元结构”社会，一方面是资本主义社会以前的传统社会；另一方面是荷兰殖民者主导的殖民主义输入的现代“飞地经济”，即资本主义现代经济部门。美国发展经济学家 Lewis[3]则明确提出“二元结构发展模式”理论，他指出在发展中国家一般存在着性质完全不同的两种经济部门，一种是资本主义部门或现代工业部门，一种是自给农业部门或传统部门。传统部门生产落后，劳动边际生产率为零，但比重

---

[1] Rakshit, M. Labour surplus economy: a Neo-Keynesian approach [M]. Macmillan India Press, 1982.

[2] Boeke, J. H. Economics and Economic Policy of Dual Societies, as Exemplified by Indonesia, New York: International Secretariat of the Institute of pacific Relations, 1953.

[3] Lewisw A. Economic Development with Unlimited Suppliers of Labor [J]. Manchester School, 1954, 22 (2): 139-191.

很大；现代部门生产技术先进，但比重较小，像一座孤岛被传统部门的汪洋大海所包围，这就是所谓的“二元经济结构”。这种两部门封闭经济发展模型阐述了这样一种状况，即无限的劳动力供给致使农业劳动力源源不断地进入城市工业部门，直到城市部门吸纳完所有的农业剩余劳动力后二元经济消除。此后，刘易斯又发表了系列论文对其二元经济模型给予补充说明。

Fei 和 Rains[1]则对该理论进行了修正。他们把经济发展分为三个阶段：第一阶段，劳动力供给弹性无穷大，农业劳动力的边际产品大于零，但小于工资水平；第二阶段，经济中存在隐蔽性的失业；第三阶段，突破转折点后，经济已经实现商品化后的经济发展。他们认为，工业化过程中，必须保持农业生产率的同步提高，以此来增加农业剩余和释放农业劳动力。与 Lewis 模型相比，Fei 和 Rains 认为工业和农业两个部门的平衡增长对避免经济增长趋于停滞是很重要的。由于他们强调了农业对工业发展所提供的剩余，主张对农业给予充分的重视，因而在一定程度上完善了二元经济发展理论，完成了古典主义对于二元经济的理论构建。

2. 新古典主义的视角

新古典主义学者对二元经济理论进行了尽善尽美的演绎，他们力图建立一个规范的经济学分析框架。Jorgenson [2,3]将发展中国家的二元经济理论研究明晰为古典和新古典理论。他设定先进部门的代表是以资本和劳动力作为主要投入的制造业部

[1] 费景汉，古斯塔夫·拉尼斯. 劳力剩余经济的发展 [M]. 北京：华夏出版社，1989.

[2] Jorgenson Dalew. The Development of a Dual Economy [J]. Economic Journal, 1961, 71 (282): 309-334.

[3] Jorgenson Dalew. Surplus Agricultural Labor and the Development of a Dual Economy [J]. Oxford Economic Papers, New Series, 1967, 19 (3): 288-312.

门，后进部门的代表是以土地和劳动力作为投入要素的农业部门，农业部门没有资本积累，人口增长取决于食品供应和死亡率，国内部门间的贸易取决于工业制成品对农产品的替代率。在此前提下，他提出新的增长理论和发展理论来研究工业化和经济发展之间的关联。他指出，在古典经济理论中，农产品的真实工资率是固定的；在新古典模型中，只有牺牲农业产出，工业部门才能吸纳农业劳动力。对比分析古典和新古典两种理论的差别以及不存在隐蔽失业时的情形后，Jorgenson 认为，如果没有隐蔽性失业，工业在二元经济中居于战略性地位。此后，对于 Jorgenson 模型的宏观拓展从来没有中断过。Ramanathan[1]假设技术进步不是中性的且取决于过去的投资。如果技术进步是中性的，那么长期资本增长率、工业产出和真实工资与 Jorgenson 的一般化假设相同，资本产出比率、真实利率和工农业间的贸易条件也受影响，如果科技进步取决于资本水平，那么产出增长率、资本、真实工资和真实利率将高于它们在中性技术进步下的水平，这是对 Jorgenson 模型的进一步推演。Dixit[2]通过比较 Jorgenson 所对比分析的新古典模型和古典模型，获得了可比有限的 Jorgenson 模型中增长路径的数量特征，这是从经济增长形式上对于古典和新古典两种范式给予的客观评价。McIntosh[3]在 Jorgenson 模型的基础上研究欠发达国家的经济增长问题和经济二元主义，提出新的非尔萨斯人口理论，认为生育率的改变与迁移形式紧密相联，人口迁移降低了流动人口的生育率；人口增

---

[1] Ramanathan R. Using Data Envelopment Analysis for assessing the productivity of the State Transport Undertakings [J]. Indian Journal of Transport Management, 1967, 23 (5): 301-312.

[2] Dixit, A. On the Optimum Structure of Commodity Taxes [J]. American Economic Review, 1970, 24 (7): 295-301.

[3] McIntosh, C. and Williams, A. A Multi product Production Choices and Pesticide Regulation in Georgia [J]. Southern Journal of Agricultural Economics, 1992 (24): 135-144.

长率由城市和乡村两部门的人口分布决定。

3. 结构主义视角的拓展

早在17世纪，威廉·配第[1]就在其著作《政治算术》中提出不同产业间的收入差距导致了人口迁移的观点。英国经济学家克拉克在搜集和整理若干国家的统计资料基础上，从农业、制造业和服务业入手进行了国际比较和时间序列分析，在《经济进步的条件》[2]一书中他得出如下结论："随着时间的推移和社会在经济上变得更为先进，从事农业的人数相对于从事制造业的人数趋于下降，进而从事制造业的人数相对于服务业的人数趋于下降。"配第—克拉克定理最早解释了一国经济发展中的结构演变规律。

此后，许多经济学者对二元经济的形成机理和转换进行了更为深入的理论研究和实证分析。结构主义经济学家钱纳里[3]等对工业化国家的发展形式进行了对比分析，他采用101个国家1950年至1970年的有关数据进行回归分析，得出揭示部门产出结构与就业结构之间数量关系的劳动力配置模型，讨论了不同经济发展阶段的经济结构问题。两位学者的研究从宏观经济结构层面对于二元经济的转换给予了较好的解释。美国经济学家Kuznets[4]运用统计分析的方法对国民产值及其组成部分进行长期统计，通过对各国经济增长的比较，探索影响经济增长的因素。

结构主义学者从结构视角对国民产值及其组成部分的长期估量进行分析与研究指出：在一国经济发展过程中，劳动力逐

---

[1] 〔英〕威廉·配第. 政治算术［M］. 2版. 陈冬野，译. 北京：商务印书馆，1978.

[2] 科林·克拉克. 经济进步的条件［M］. 3版. 北京：商务印书馆，1985.

[3] 霍利斯·钱纳里，莫伊斯·赛尔昆. 发展的型式1950—1970［M］. 北京：中国经济科学出版社，1988.

[4] Kuznets, Simon S. Immigration of Russian Jews to the United States: Background and structure, in D. Flemming and B. Bailyn, eds, 'Perspectives in American History', Cambridge, Mass［M］. Harvard University Press, 1975 (9): 35-124.

渐从初级产业部门——农业部门中迁出，流入第二产业的制造部门，然后流入第三产业的服务部门，乡村人口和农业从业人员的比重随着国民经济的发展趋于下降，并在这一过程中完成由二元经济结构向现代经济结构的转换。

2.1.4 空间经济学的城乡理论

20 世纪 90 年代以来兴起的空间经济学其实是沿着城市经济学和区域科学的脉络展开的，对于区际贸易、国际贸易以及产业集聚具有很强的说服力。最早提出空间经济发展阶段论的是英国经济学家 Luis Suarez [1]，通过对空间人口集中、经济活动区位、城市和区域成长原因的系统分析，提出了空间经济长期演化的三阶段概念。亚当·斯密[2]也提出了一个相类似的三阶段论，与前者不同的是，斯密把贸易看做影响和决定区域长期经济变化和人口分布最重要的因素。冯·杜能在其著作《孤立国同农业和国民经济的关系》[3]中提出了杜能模型。该模型假设：（1）有一个很大的城市位于一个肥沃等平原中央，土壤可种植作物并且肥力相同；（2）在距离城市很远的地方是荒野，即孤立国和外界没有联系；（3）平原上没有其他城市，中心城市给乡村地区提供它所生产的制造品，并且从乡村中获得它所需要的粮食；（4）每种作物的单位面积产量和运输费用都不一样。这样，在均衡情况下，土地竞租梯度等状况能够诱使种植作物等农民种植充足的粮食满足需要，这一条件加上外围的土地利用竞租为零等条件就可以得出环状的土地利用模式。

---

[1] Luis Suarez. The Evolution of Regional Economics [J]. Southeast Economics Studies, 1989 (15): 35-48.

[2] 亚当·斯密. 国富论 [M]. 2 版. 北京：商务印书馆，1992.

[3] 约翰·冯·杜能. 孤立国同农业和国民经济的关系 [M]. 北京：商务印书馆，1986.

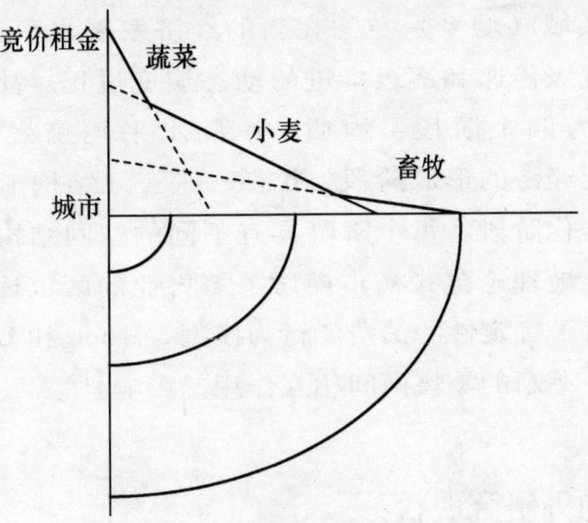

图 2.1 土地竞租曲线和土地利用

杜能模型对于分析区域和城乡空间结构是具有创造性的。Alonso[1]进一步发展了杜能模型，他用通勤者代替农户，中心商务区（CBD）代替孤立的城市，形成了同心圆状土地利用的“单一核心”城市模型。20 世纪初，Alfred Weber[2]提出了著名的工业区位论，指出区域经济演化体现出等级化和相互依赖性的特点。Wilbur Thompson[3]把城市长期经济发展划分为出口专门化阶段、出口综合体阶段、经济成熟阶段、区域中心城市阶段和技术—职业精湛化阶段等五个阶段。我国著名学者陆大道[4]指出，区域（包括城乡）地域结构的演化趋势是：从极化导致的二元性加强，核心向外扩散导致的二元性的削弱，

---

[1] Alonso-Villar. Urban Agglomeration: Knowledge Spillovers and Product Diversity [J]. The Annals of Regional Science, 2002 (36): 551-573.

[2] Alfred Weber. The theory of the lavation of Industries [M]. Chicago: Chicago University Press, 1929.

[3] Wilbur Thompson. The City as a Distorted Price System [J]. Development Economics Studies, 1968 (21): 120-133.

[4] 陆大道. 我国的城镇化进程与空间扩张 [J]. 中国城市经济, 2007 (10): 14-17.

最终实现区域（城乡）空间在新的经济发展水平上的均质化，从而形成逐级传递和逐级推进的动态演变过程。社会经济发展可以划分为四个阶段：均质——低水平均衡发展阶段，聚集——二元经济的形成阶段，扩散——三元结构形成阶段和区域空间一体化阶段。每个阶段具有不同的空间结构特征。同时廖什的中心地理论范式初步探讨了零售业的区位理论，雷斯尼克等人构筑了确定性的消费者行为模型，Eaton 和 Lipsey 考察了区位对寡头垄断的零售商间相互作用的影响[1]。

2.2 国内外研究现状

从前述城乡关系的理论研究中可以发现，经济学家主要对于城乡二元经济发展的成因、消除等感兴趣，并且从制度、空间等设计出如何协调城乡经济关系，但是并没有从商品市场协调发展的角度去考虑城乡经济问题。事实上，在以市场经济为主要运行机制的国家和地区，城乡经济的差异其一，必然体现在城乡商品市场的差异上，国内外学者对于城乡商品市场的发展问题也有着比较深入的研究。

2.2.1 国外研究现状

国外对于城乡商品市场的研究主要从城乡市场运行机制、城乡市场关系以及发展农村市场几个方面展开。

1. 城乡市场运行机制

城乡市场发展与农民收入关联，主要有直接和间接作用机制。间接作用机制是农村市场发展通过引起农村劳动力、金融和土地的变化影响农民收入。直接作用机制则主要体现在两个方面：其一，农村市场发展受到交易成本、贸易政策、政策传

---

[1] 埃德温·S. 米尔斯. 区域和城市经济学手册：第2卷［M］. 郝寿义，等，译. 北京：经济科学出版社，2003.

导路径的影响，而这些恰恰决定了农民是采用自给自足的非贸易方式还是与外界进行贸易，这必然影响农民的收入[1,2]。其二，市场也可以通过有选择性地选择农户以及商品来影响农户收入以及农村经济发展[3]。关于城乡市场的整合力度，Ahmed and Rustagi[4]比较了亚洲和非洲商品市场的运输成本和边际效率，发现非洲农民能够从最终市场价格中获取的收入仅占30%~50%，而亚洲农民则能够获取70%~85%的最终市场价格。Boselie and Weatherspoon[5]指出在城乡市场发展中，除了运输成本会影响其交易效率外，另外诸如缺乏市场竞争、缺乏市场信息、合同执行困难、缺乏信用以及贸易基础设施缺乏都会引起市场运行无效率。而在最近的研究中，圭亚拉和乌干达的城乡玉米市场之所以变得更加整合和有效率是因为市场网络体系更加健全（包括正式和非正式贸易商），竞争加剧导致了市场渠道更加富有弹性和效率[6]。同样的，将商品从富余地区转移到贫乏地区也能提升市场运行效率[7]。

---

[1] De Janvry, A., M. Fafchamps and E. Sadoulet. Peasant Household Behavior with Missing Markets: Some Paradoxes Expained [J]. The Economic Journal, 1991 (101): 1400-1417.

[2] Strauss, J. Appendix: The Theory and Comparative Statics of Agricultural Household Models: A General Approach [M]. New York: World Bank and The Johuns Hopkins University Press, 1986.

[3] Taylor, J. E. and I. Adelman. Remittance and Inequality Reconsiderde: Direct, Indirect and Intertemporal Effects [J]. Journal of Policy Modeling, 1992 (14): 187-208.

[4] Ahmed, R. and N. Rustagi. Marketing and Price Incentives in African and Asian Countries: A Comparison [M]. Agricultural Marketing Strategy and Pricing Policy, Washington D. C.: D. Eltz. World Bank, 1987.

[5] Boselie, D., S. Henson and D. Weatherspoon. Supermarket Procurement Practices in Developing Countries: The Role of the Public and Private Sctours [J]. American Journal of Agricultural Economics, 2003, 85 (5): 1155-1161.

[6] Abdulai, Awudu. Spatial Price Transmission and Asymmetry in the Ghanaian Maize Market [J]. Journal of Development Economics, 2000 (63): 327-349.

[7] Rahid, Shahidur. Spatial Integration of Maize Markets in Post-Liberalized Uganda [M]. Washington D. C.: International Food Policy Research Institute, 2004.

Rajesh K Aithal and Arunabha Mukhopadhyay [1]分析了通信和信息市场如何影响城乡市场发展，并分析了开拓农村市场的4A模型。

2. 城乡市场运行效率

这一部分研究从市场效率性角度来反映城乡市场发展。这一领域主要是以市场整合方法为代表。市场整合作为测度市场效率的一个重要指标，它主要是通过考察市场价格变动关系来进行的。自 Lele [2]在 1967 年所做的开创性工作以来，目前大多数的研究都集中在对市场整合的检验上，常用检验市场整合的方法大致有相关分析法、Ravallion 模型法共聚法和 Parity Bounds 模型法。由于每一种方法都有不同的假设条件，从而每一方法都有其自身的优缺点，但后两种方法在目前没有更好的方法来研究时得到了普遍运用[3]。市场整合研究方法虽能在一定程度上检验市场的效率，但难以较为准确地分析判定影响市场发育的因素，尤其是结构变化，诸如政策的影响。国外对城乡市场发展的一般性经验研究主要集中在市场效率性的检验上，尤以市场整合研究最具代表性（这类研究较多，此处力图评述较具代表性的研究）。这类研究大多以某一产品为分析对象，其中以粮食（食物）市场为例者居多。因为对所有国家来说，食物（粮食）都是一种特殊商品。Alexander and Wyeth [4]、Gard-

[1] Rajesh K Aithal and Arunabha Mukhopadhyay. Rural Telecom in India: Marketing Issues and Expericences from other contuntries [J]. Adopting E-governance, 2007 (15): 271-277.

[2] Lele, U. J. Market Integration: A Study of Sorghum Prices in Western India [J]. Journal of Farm Economics, 1967 (49): 14-59.

[3] Baulch, B. Transfer Costs, Spatial Arbitrage, and Testing for Food Market Integration [J]. American Journal of Agricultural Economics, 1997 (79): 215-230.

[4] Alexander, C., and J. Wyeth. Cointegration and Market Integration: An Application to the Indonesian Rice Market [J]. Journal of Development Studies, 1994 (30): 354-368.

ner[1]、Baulch[2]曾分别对印度尼西亚、美国和俄罗斯的粮食（食物）市场的整合做了研究。Sexton 等[3]研究了美国芹菜市场的整合情况。

3．城乡市场关系

Lipton[4]提出了“城市偏向”概念，它试图说明，贫困国家内最主要的冲突是在乡村阶级与城市阶级之间，即本国城乡间的冲突。他认为，发展中国家城乡关系的实质就在于城市人利用自己的政治权力，通过“城市偏向”政策使社会的资源不合理地流入自己利益所在地区，而资源的这种流向很不利于乡村的发展，其结果不仅使穷人更穷，而且还引起农村地区内部的不平等。Corbridge[5]认为“城市偏向”的症结，在于低廉的粮食价格以及其他一系列不利于农村的价格政策，偏向于城市工业的投资战略及由此引起的农村地区技术的缺乏，农村地区普遍存在的医疗、教育等基础设施的落后。Unwin[6]认为在假设城乡主要差别在于它们的社会“阶级”构成时，Lipton 的城市偏向理论的主要问题是将人口和空间合并，是人口，而非空间对创造城乡之间的“流”起重要作用。

---

[1] Gardner, B. L., and K. M. Brooks. Food Prices and Market Integration in Russia: 1992—1993 [J]. American Journal of Agricultural Economics, 1994 (76): 124-142.

[2] Baulch, B. Transfer Costs, Spatial Arbitrage, and Testing for Food Market Integration [J]. American Journal of Agricultural Economics, 1997 (79): 215-230.

[3] Sexton, P. M. Study on American Celery Market [J]. American Journal of Agricultural Economics, 1991 (35): 251-276.

[4] Lipton, M. Urban bias revisited [J]. Journal of Development Studies, 1984, 20 (3): 139-166.

[5] Corbridge, S. Urban-rural relations and the counterrevolution in development theory and practice [M]. in Potter, R. and T. Unwin (editors), The Geography of Urban-Rural Interaction in Developing Countries, London, 1989: 233-257.

[6] Unwin T. Rural-Urban interaction in developing countries: A Theoretical perspective [M]. in Poter, R. B. (eds.). The geography of Rural-urban interaction in developing countries, Rortiedge, 1989: 11-13.

Ravallion[1]提出了“次级城市发展战略”。他认为，城市的规模等级是决定发展政策成功与否的关键，因此需要建立一个次级城市体系，以支持经济活动和行政功能在城乡间进行必不可少的传播，同时，强调城乡联系作为平衡发展的推动力量。因此，他认为发展中国家政府要获得社会和区域两方面的全面发展，必须分散投资，建立一个完整、分散的次级城市体系，加强城乡联系，特别是“农村和小城市间的联系，较小城市和较大城市间的联系”。

Unwin认为过去许多关于“发展”的论著把城市和乡村分离开来研究，而对世界上的贫困地区与经济社会变化过程的理解产生了偏颇，因此，强调研究城乡相互作用的重要性。他在依赖理论的大框架下分析了发展中国家（古巴）的城乡关系，构建了“城乡间的相互作用、联系、流”的分析框架，试图从城乡联系角度探寻影响城乡均衡发展的规律。

McGee[2]通过比较在亚洲的许多核心城市边缘及其间的交通走廊地带出现了与众不同的农业和非农业活动交错的地区与西方传统城市化过程比较研究后认为，提出了“desakota”模式，这种模式反映了城乡市场之间的相互联系和经济变迁对区域发展的影响。

Douglas[3]从城乡相互依赖角度提出了区域网络发展模型，他划分了五种“流”：人、生产、商品、资金和信息，每一种都有多重成分和效果，通过城乡市场还体现出不同的空间联系模

---

[1] Ravallion, M. On the urbanization of poverty [J]. Journal of Development Economics, 2002 (68): 435-442.

[2] McGee, T. G. The Emergence of Desakota´Regions in Asia: Expanding a Hypothesis [M]. in N. Ginsberg, editor. The Extended Metropolis: Settlement Transition in Asia. Honolulu: University of Hawaii Press, 1991: 3-26.

[3] Douglas, I. Environmental Change in Peri-Urban Areas: Report and Recommendations [A]. in Environmental Change in Peri-Urban Areas-A.

式和多样的利益趋向特点。

4. 发展农村市场

国外学者对于发展农村市场问题的研究主要集中在农村商业以及农村市场相互作用等角度。Keeble 等人[1]就以案例分析城市与农村的不同，农村集中于零售业、旅游业和农业，而城市集中干高技术的制造业。Lowe and Talbot[2]指出，农村地区可能更缺少金融支持和商业服务。Courtney[3]实证分析了两个农村乡镇之间的经济关联。而韩国学者 Yong Hyo Cho 和 Jung Jay Joh[4]从实证和理论角度对 20 世纪 70 年代开始的韩国新农村运动进行了分析。国外学者的研究主要是针对成熟市场经济条件下农村经济的研究，因此研究的重点和我国有所不同，韩国的新农村运动虽然和我国的有些相似，但无论是目标还是实施的手段都与我国有较大的不同。

Minten[5]曾利用 1996 年和 1997 年在马达加斯加所做的农户调查，考察了基础设施对不同地区农产品价格变动的影响。他主要考察了大米在不同地区的不同季节性差价与基础设施之间的关系，其结论是基础设施是提高生产者价格和减少价格波动的必要而非充分条件。Emran and Shilpi[6]讨论了中间商对农村

[1] Keeble, D., Tyler, P., Broom, G. & Lewis, J. Business Success in the Countryside [M]. London: HMSO, 1992: 18-37.

[2] Lowe, P. and H. Talbot. Policy for Small Business Support in Rural Areas: A Critical Assessment of the Proposals for the Small Business [J]. Regional Studies, 2000 (5): 479-487.

[3] Courtney. Small Towns and the Rural Economy: A study of their contemporary functions and potential role in rural development [D]. Plymouth: The University of Plymouth, 2000.

[4] Yong Hyo Cho, Jung Jay Joh. Urbanizing The Rural Economy of Korea: the Central Government Policies to Develop Industries In Rural Areas [J]. Asian Journal of Public Administration, 1988 (10): 175-192.

[5] Bart Minten. Infrastructure, Market Access, and Agricultural Prices: Evidence from Madagascar [J]. Working paper, International Food Policy Research Institute, 1999.

[6] Emran, M. S, and Shilpi. F. Marketing Externalities and Market Development [J]. Working paper, World Bank, 2002.

市场的影响。他们采用商品和自外部性和交叉外部性两个概念来考察粮食、蔬菜和水果市场的发育情况。研究结论表明，市场虽是一个高度复杂而渐进的路径依赖，但对发展中国家农村地区的市场发育情况来说，购销递增收益及其所引起的外部性极为重要。Abare[1]在考察了APEC食糖市场的基本现状后，分析比较了不同政策对APEC食糖市场发育的影响，认为APEC的国策促进了食糖市场的贸易自由化，并且提高了人们的福利水平。

另外，许多学者对中国农村市场整合给予了高度关注。Park等人[2]考察了中国经济转型时期农村市场发展的特点，认为在解释中国农村市场发展时，除了关注贸易壁垒之外，还应考虑基础设施、运行机制和生产专业化政策对市场发展的影响作用。该研究虽然克服了前人研究的某些局限，但对专业化的实证分析仍然显得不够。Rozelle and Park等[3]同样以中国粮食市场为考察对象，利用1988年至1993年大米和玉米的每旬的市场价格的变异系数，探讨了中国市场化国策的反复对粮食市场发展的影响。他们得出的结论是，中国粮食市场整合程度在不断提高，即使在严格的管制期间也只是稍微受点影响。

2.2.2 国内研究现状

国内学者对于城乡市场发展的研究主要通过中国改革开放的实践，从城乡市场分割、城乡市场协调发展、城乡市场与新

---

[1] Abare. Policies Affecting Market Expansion of Sugar [R]. Aare Interim Report, 1999.

[2] Park. A., Jin. Hehui., Rozelle. S., Huang. J. K. Market Emergence and Transition: Arbitrage, Transition Costs, and Autarky in China's Grain Markets [J]. American Journal of Agricultural Economics, 2002 (84): 136-157.

[3] Rozelle. S. and Park. A., Jin. Hehui. Market Transition and China's Grain Markets [J]. American Journal of Agricultural Economics, 1997 (40): 35-51.

农村建设以及发展农村市场角度展开。

1. 城乡市场分割

洪银兴、高春亮[1]指出城乡市场分割是我国新农村目标实现的最大障碍，在产品市场上主要表现为工农业产品价格形成机制分割产生的价格体系导致的不等价交换，降低了全社会的福利。应该从培育农村市场主体着手解决统一城乡市场问题。柳思维、罗进华[2]指出过去长期实行的粮食生产承包责任制、重视工业轻视农业和重视城市轻视农村的二元政策以及农村改革后缺乏市场建设的投入主体是造成城乡市场不协调发展的重要原因，这种城乡市场失衡现象必然导致社会分工水平低下、社会配置资源效率偏低。

戴红梅、贾后明[3]指出城乡市场分割的表现主要在于农村商品流通网络薄弱、农村市场体系不健全、农村市场规模较小、农村交易成本过高等方面，其原因主要是在商品生产、交通基础设施建设、市场管理和建设方面的城市偏好性。陈雪梅、李景海[4]分析了城乡居民市场竞争地位的不平等导致了城乡收入差距的扩大，其模型显示：城乡市场的不平等是城乡收入差距扩大的重要原因之一。关于区域商品市场分割的问题也是学界研究的热点，在本书后面章节中有比较详细的论述。

2. 城乡市场协调发展

陈光明[5]指出应通过农工商联合的手段，增强城乡市场间

---

[1] 洪银兴，高春亮. 城乡市场的分割和统一 [J]. 经济学家，2006 (6)：42-49.

[2] 柳思维，罗进华. 城乡市场发展失调的制度原因及主要危害分析 [J]. 湖南社会科学，2006 (2)：96-99.

[3] 戴红梅，贾后明. 城乡市场分割的形成和统筹城乡的措施分析 [J]. 农业现代化研究，2004 (7)：262-265.

[4] 陈雪梅，李景海. 市场竞争地位的不平等与城乡收入差距的扩大 [J]. 商业研究，2008 (7)：26-31.

[5] 陈光明. 城乡市场的培育、发展与河南经济振兴的战略选择 [J]. 经济经纬，2001 (3)：61-65.

的信息交流来推动城乡市场发展。李雪飞、新望[1]分析了城乡市场供需结构失衡的表征，并指出主要是由于工业产品积压、农业投入不足、价格政策和产业政策出现偏差所致，应该从城市和农村两个角度调整产品结构和产业结构，促进城乡市场协调发展。李湘蓉[2]以成都市为例分析了城乡市场一体化的几大障碍，分别是：市场流通效率不高、城乡要素市场对农业产业化带动作用不强、农产品对城市居民的满足程度低、农民增收困难等，应该从加快城乡流通现代化步伐、完善农产品流通设施建设、建立城乡信息网络等方面实现城乡市场一体化。曾庆均、秦泰松[3]从时间角度和空间角度分析比较了我国城乡商品协调发展与不协调的表现，指出 1952—1978 年、1985—1998 年城乡市场发展出现不协调，其余年份则相对协调，而在东、中、西部的比较中发现城乡市场协调程度与地区市场化水平及经济发展水平密切相关。卢东宁、侯军岐[4]分析了城市市场带给农村消费者的交易成本，分别包括预期利息损失成本、市场进入成本、功能过剩成本、消费附加成本和预期消费意外损失成本等，提出只有大力发展农村市场，促进城乡市场协调发展才能有效启动农村消费。郭冬乐、王济光[5]分析了中国城乡市场结构的变动，指出城市市场相对农村市场发展速度更快、扩张力更大、现代化程度更高，

---

[1] 李雪飞，新望. 城乡市场供需结构失衡的表征、原因及其调整 [J]. 中国农村经济，1999 (3)：41-44.

[2] 李湘蓉. 城乡市场一体化的障碍分析及实现途径——对成都市城乡市场一体化的调查分析 [J]. 经济体制改革，2005 (2)：90-92.

[3] 曾庆均，秦泰松. 我国城乡市场协调发展与不发展之比较分析 [J]. 商业研究，2001 (12)：70-72.

[4] 卢东宁，侯军岐. 我国农村消费市场启而不动的经济学分析 [J]. 农村经济，2005 (6)：22-23.

[5] 郭冬乐，王济光. 中国城乡市场结构变动分析 [J]. 经济工作导刊，1997 (2)：13-15.

导致了城乡市场结构失衡。陈金生[1]特别探讨了欠发达地区的城乡市场统筹建设问题，指出应从体制和机制两个角度着手解决。

3. 城乡市场发展与新农村建设

王德章、王锦良[2]深入探讨了城乡市场协调发展与新农村建设的内在关联，并且通过回归分析发现农村市场与城市市场发展具有互动性，农村市场的推动力更大一些。因此，应从进一步转变观念、深化流通体制改革、寻找城乡市场结合点、发挥城市市场辐射作用等方面推进城乡市场协调发展。刘华富、刘成玉[3]提出富裕文明新农村应当是丰衣足食、精神健康向上、生态平衡、环境优美、社会安定祥和、具有良好发展机制、充满生机与活力的农村社会，并建立了相应的指标体系。林毅夫[4]提出了新农村运动的概念，指出拉动农村需求是解决我国内需不足的关键因素，政府应动用财政力量，在全国范围内发起一场以实现农村自来水化、电气化、道路化为核心的新农村运动。温铁军[5]主要从农村基本经济制度和产权安排角度来分析农村建设和经济发展问题，并指出只有在制度层面才能真正解决好农村经济问题。郭庆方、滕华勇[6]则回顾了20世纪70年代开始的韩国新农村运动，并从如何处理政府和农村合作组织的关系和传统文化道德与农村建设关系等方面分析了其

---

[1] 陈金生. 对欠发达地区城乡市场统筹建设若干问题的探讨 [J]. 前沿, 2005 (12): 191-194.

[2] 王德章, 王锦良. 城乡市场协调发展与新农村建设研究 [J]. 哈尔滨商业大学学报, 2007 (5): 3-8.

[3] 刘华富, 刘成玉. 富裕文明新农村的概念及指标体系研究 [J]. 软科学, 1998 (2): 62-65.

[4] 林毅夫. 新农村运动与启动内需 [J]. 中国物资流通, 1999 (10): 8-12.

[5] 温铁军. 半个世纪的农村制度变迁 [J]. 北方经济, 2003 (8): 12-16.

[6] 郭庆方, 滕华勇. 韩国新农村运动的合作经济机制分析及其启示 [J]. 中国合作经济, 2005 (2): 55-56.

对我国农村开展合作经济的几点启示。陈锡文[1]指出，新农村建设必须伴随一系列的体制改革，并用“五个五”解读了社会主义新农村建设各方面的协调发展。

4．发展农村市场

陈池波[2]指出农村市场的发育基础是劳动的专业化与协作化，具体包括市场主体制度、市场产权制度、市场竞争制度、市场组织制度等法律基础，农村市场的有效发育离不开自组织的过程。李芬儒[3]从农村批发商业业态创新的角度研究农村市场开拓问题，指出产供销一体化、批零一体化、产销地一体化、批发与物流配送一体化、批发代理制、贸工农一体化以及连锁经营是农村市场业态创新的主要方向。杜作峰[4]发现农村市场网络的完善有利于促进城市化的进程，因此可以通过创新市场功能、建设要素市场网络、加强市场组织、实施市场规划等多个方面完善农村市场网络建设。魏秀芬[5]以天津市为例，分析了农村市场信息提供情况，指出农户和企业对农村市场信息的需求很大，但同时农户素质偏低和政府作用的缺失导致了农村市场信息量不够、利用效率不高。李婷[6]从交易费用视角分析了城乡市场制度的演变，指出农村市场制度演变的主线是从马路市场到专业市场，而城市市场演变则是从国有商场到多种零

---

[1] 陈锡文. 走中国特色农业现代化道路 [J]. 求是，2007（22）：25-28.

[2] 陈池波. 论农村市场发育的基础 [J]. 中南财经政法大学学报，2005（3）：56-61.

[3] 李芬儒. 农村批发商业业态的创新与开拓农村市场 [J]. 商业经济与管理，2004（1）：15-19.

[4] 杜作峰. 农村市场网络的完善与城市化的推进 [J]. 中国农村经济，2001（9）：10-16.

[5] 魏秀芬. 我国农村市场信息服务和市场信息需求利用分析 [J]. 中国农村经济，2005（5）：54-63.

[6] 李婷. 从交易费用角度看城乡市场制度的演变 [J]. 商业时代，2007（15）：4-6.

售业态并存。

刘伟[1]主要研究了几种将农村科技开发项目与金融结合的模式（借贷型、参与型和结合型），并分析了各自优劣。梁灏[2]就如何开拓和发展农村市场提出了五项措施，更新观念、提高农民收入、注重农村基本设施建设、调整商品供给结构、构筑新型流通网络等。姜成洲、刘维东[3]以山东省潍坊市为例，分析了通过实施农产品市场和农村消费品市场“双向”开拓战略和坚持增加农民收入、调整工业产品结构、拓宽流通渠道、加快农村城市化建设等“四篇文章”全力启动农村市场。而刘炜[4]则分析了开拓农村市场与增加农民收入之间相互促进、相互制约的关系，并指出应通过加强农村基本设施建设，加快农村流通网络建设来促进农民收入增加。柳思维、唐红涛[5]从博弈和信息不对称角度分析了农村商贸流通市场创新对于农村消费的促进作用，提出应从加强农村基础设施建设、农村业态创新等方面完善农村商贸流通市场。

2.3　研究述评

从国内外学者对于城乡市场的研究看，国外学者侧重于城乡市场关系、城乡运行效率方面的分析，并倾向于通过对一些特定的国家或地区的样本数据进行实证定量分析，得出许多关

[1]　刘伟. 农业科技开发项目与金融结合模式研究［J］. 农村经济，1997（11）：45-49.

[2]　梁灏. 开拓和发展农村市场的几点思考［J］. 经济体制改革，1999（5）：99-104.

[3]　姜成洲，刘维东. 如何启动、开拓农村市场需求［J］. 中国农村经济，2000（7）：52-54.

[4]　刘炜. 开拓农村市场　促进农民收入的持续增长［J］. 经济问题探索，2003（1）：110-113.

[5]　柳思维，唐红涛. 关于加强农村商贸市场创新与拉动农村消费的思考［J］. 消费经济，2005（6）：27-30.

于城乡市场协调发展的有益对策，例如贸易方式的转变如何影响城乡市场的发展，城乡市场运行效率的衡量指标，等等。而国内学者则多从中国转型经济的现实出发，考虑中国特殊的经济结构或者区域经济发展状况，通过对城乡市场协调发展、一体化发展的分析与新农村建设、开拓农村消费市场结合起来，具有很强的政策性和时效性。

但国外的研究成果，研究的多是亚洲和非洲一些发展中国家的城乡市场问题，其国家规模小，不具备样本性。另外，他们研究的多是一些特定的商品市场，例如粮食市场、玉米市场等，而较少从整体宏观层面把握城乡商品市场的发展。中国作为最大的发展中国家，其城乡市场问题呈现出许多独特的状态，例如城乡市场失调与低城市化率同时存在、城乡市场与城乡二元经济关联，等等。国内学者对这些问题进行了一定的研究，但多是零散、定性的分析，缺乏系统、定量的分析。

3 CHAPTER 第三章 中国城乡商品市场发展概述

中国城乡商品市场发展首先是在中国城乡二元经济结构的背景下进行的，因此不可避免受到城乡二元经济的影响，但同时商品市场作为市场机制下配置资源的重要载体，其发展又有自身的特点。

3.1 中国城乡二元经济结构演变历程

发展中国家最基本的特征就是经济结构的二元性。中国是世界上最大的发展中国家，并且也是世界上二元经济结构特征最为突出的发展中国家。目前中国的二元经济结构具有较强的刚性，由于二元经济向一元经济的转变是一个漫长的过程，因此二元经济将是中国经济发展长期的特征。

改革开放以来，我国城乡二元经济结构的演变历程大体经历了以下三个阶段。

第一阶段（1978—1984 年）：二元经济逐步改善。在 1978—1984 年的改革开放初期，我国城乡二元经济结构的二元对比系数[1]呈逐步上升的态势，相反，二元反差系数则呈逐步

[1] 二元对比系数的计算公式为二元经济结构中农业与工业比较劳动生产率的比率，二元反差系数则是两部门产值比重与劳动力比重之差的绝对数的平均值。

下降的态势。从二元对比系数和二元反差系数的变动中可以看出，我国城乡整体二元经济的发展经历了一个逐步改善的过程。

从图 3. 1 中可以明显地看出，1978—1984 年这 7 年中是我国城乡二元经济的改善阶段，表 3. 1 显示我国城乡二元对比系数从 1978 年的 16. 405 3 上升到 1984 年的 26. 578 9，二元反差系数从 1978 年的 42. 337 2 下降到 1984 年的 31. 913 5。

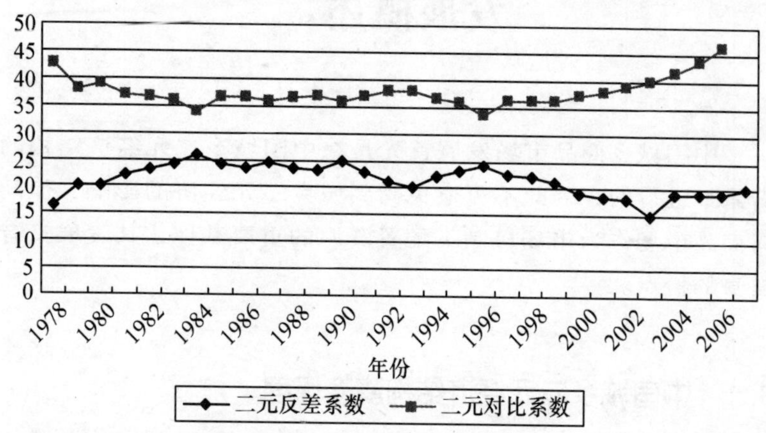

图 3. 1　1978—2007 年我国城乡二元对比系数与二元反差系数

1978—1984 年我国城乡二元经济状况得到改善，主要有以下两方面原因。

一方面，农业的发展潜力得到巨大的释放。从制度变革的角度来看，农业经营制度中家庭联产承包责任制的实行，使农民的经营自主权有所扩大，利益关系得到进一步调整，从事生产经营活动的积极性和主动性进一步增强，促进了农业生产效率的提高，使传统部门与现代经济部门之间的差距逐步缩小。1978—1984 年，按不变价格计算的农业总产值的平均增长率和工业总产值的年均增长率分别为 12. 5% 和 13. 0%，这一时期工农业发展的速度最为接近。由于农产品收购价格的大幅度提高大大缩小了工农产品交换中的“剪刀差”，改变了国民收入的分配格局。

表 3.1　　1978—2007 年我国城乡二元经济结构演变历程测度

年份	第一产业产值比重（%）	第二、三产业比重（%）	第一产业就业比重（%）	第二、三产业就业比重（%）	第一产业比较劳动生产率	第二、三产业比较劳动生产率	二元对比系数（%）	二元反差系数（%）
1978	28.186 6	71.811 4	70.527 0	29.475 5	0.399 7	2.436 3	16.405 3	42.337 2
1979	31.265 6	68.734 4	69.798 2	30.204 3	0.447 9	2.275 7	19.684 2	38.531 3
1980	30.173 9	69.826 1	68.747 2	31.252 8	0.438 9	2.234 2	19.644 8	38.573 3
1981	31.880 7	68.119 3	68.100 6	31.899 4	0.468 1	2.135 4	21.922 4	36.219 9
1982	33.388 8	66.611 2	68.128 9	31.871 1	0.490 1	2.090 0	23.448 6	34.740 2
1983	33.179 7	66.820 3	67.083 7	32.916 3	0.494 6	2.030 0	24.364 5	33.904 1
1984	32.132 0	67.868 0	64.045 5	35.954 5	0.501 7	1.887 6	26.578 9	31.913 5
1985	28.442 6	71.557 4	62.418 5	37.581 5	0.455 7	1.904 1	23.931 8	33.975 9
1986	27.140 1	72.859 9	60.945 4	39.025 7	0.445 3	1.865 7	23.868 9	33.806 3
1987	26.811 0	73.189 0	59.987 1	40.014 8	0.446 9	1.829 0	24.436 0	33.175 1
1988	25.695 7	74.304 3	59.353 3	40.646 7	0.432 9	1.828 1	23.682 5	33.657 5
1989	25.105 0	74.895 0	60.049 9	39.951 9	0.418 1	1.874 6	22.301 5	34.944 0
1990	27.116 2	72.883 8	60.099 8	39.900 2	0.451 2	1.826 7	24.700 2	32.983 6
1991	24.526 3	75.473 7	59.699 8	40.300 2	0.410 8	1.872 8	21.936 7	35.173 5
1992	21.789 9	78.210 1	58.500 1	41.499 9	0.372 5	1.884 6	19.764 4	36.710 2
1993	19.708 4	80.291 6	56.400 4	43.599 6	0.349 4	1.841 6	18.975 0	36.692 0
1994	19.861 2	80.138 8	54.299 9	45.700 1	0.365 8	1.753 6	20.858 4	34.438 7

续表

年份	第一产业产值比重（%）	第二、三产业比重（%）	第一产业就业比重（%）	第二、三产业就业比重（%）	第一产业比较劳动生产率	第二、三产业比较劳动生产率	二元对比系数（%）	二元反差系数（%）
1995	19.962 3	80.037 7	52.200 1	47.799 9	0.382 4	1.674 4	22.838 7	32.237 8
1996	19.691 0	80.309 0	50.500 4	49.499 6	0.389 9	1.622 4	24.033 2	30.809 4
1997	18.287 1	81.712 9	49.899 7	50.098 8	0.366 5	1.631 0	22.469 0	31.812 4
1998	17.556 0	82.444 0	49.799 7	50.200 3	0.352 5	1.642 3	21.465 7	32.644 0
1999	16.470 2	83.529 8	50.099 4	49.900 6	0.328 8	1.673 9	19.639 5	33.629 2
2000	15.063 0	84.937 0	50.000 7	49.999 3	0.301 3	1.698 8	17.733 9	34.937 7
2001	14.391 7	85.608 3	50.000 7	49.999 3	0.287 8	1.712 2	16.810 7	35.609 0
2002	13.742 7	86.257 3	50.000 0	50.000 0	0.274 9	1.725 1	15.932 3	36.257 3
2003	12.797 4	87.202 6	49.099 8	50.900 2	0.260 6	1.713 2	15.213 5	38.102 8
2004	13.393 1	86.606 9	46.900 3	53.099 7	0.285 6	1.631 0	17.508 4	39.706 6
2005	12.547 3	87.452 7	44.800 5	55.199 5	0.280 1	1.584 3	17.677 8	42.652 2
2006	11.730 9	88.269 1	42.619 1	57.380 9	0.275 2	1.538 3	17.893 0	45.650 0
2007	11.722 5	88.277 5	40.548 0	59.452 0	0.289 1	1.484 9	19.470 1	47.729 5

数据来源：《中国统计年鉴》，1979—2007 年；《新中国五十年统计资料汇编》，1999 年；《中国统计公报》，2008 年。

另一方面，以乡镇企业为核心的农村非农产业的发展。1979年党中央和国务院提出“社队企业要有一个大发展”，并在税收、信贷等方面给予了一定的支持。这一时期乡镇企业开始了其发展所需要的原始积累。在这种经济社会背景下，农村经济体制的改革和乡镇企业为核心的农村非农产业的发展、城乡隔离体制的变化、结构的调整与工业化路径的转化，共同促使我国城乡二元经济结构在逐步缩小。

第二阶段（1985—1997年）：经济二元性保持相对平稳。从1985年到1997年，我国城乡二元经济结构保持相对平稳。具体表现为：二元对比系数从1985年的23.931 8下降至1997年的22.469 0，二元反差系数相应的从1985年的33.975 9下降至1997年的31.812 4。可见，二元对比系数和二元反差系数在这一时期的变化不大。一方面，在这一时期中，虽然我国农业总产值年均增长速度达到16.2%，比1978—1984年间的年均增长速度高出29.6%，但同期工业总产值的年均增长速度则达到了26.1%，比1978—1984年间的年均增长速度高出100.77%。另一方面，乡镇企业增长率边际递减。我国乡镇企业的发展在经历了20世纪80年代中期的“外延扩张性”大发展之后，从80年代后期开始逐步向“内涵集约性”的发展模式转变，在这一转变过程中，诸多因素相互作用，使乡镇企业资本对劳动力的吸纳力逐渐降低。

第三阶段（1998—2007年）：二元经济结构强化。20世纪90年代中后期以来，我国城乡经济进入全面的转型时期，经济体制开始全面由计划经济向市场经济转型，1996年以后我国城乡经济进入结构调整时期，体制转型与结构调整的双重制度演进，使二元经济结构进一步强化了。从1998年到2007年，我国城乡二元经济结构出现了加剧的趋势。具体表现为：二元对比系数从1998年的21.456 7下降至2007年的19.470 1，二元反差系数相应的从1998年的32.644 0上升至2007年的

47.729 5。

从表 3.1 和图 3.1 可以看出，1985—1997 年我国城乡二元经济的差距基本保持稳定，而进入 20 世纪 90 年代中后期，随着改革开放继续深化，宏观经济形势出现了重要的转变。物价连续下跌和相对生产过剩现象严重影响着经济和社会的正常发展，经济增速的下滑也使城市下岗失业人员增多等矛盾日益突出。出于维护社会稳定等诸多方面考虑，宏观调控部门明显加大了对城市经济的扶持力度，各种社会保障制度也明显向城市部门倾斜。同时波及全球的亚洲金融危机爆发，虽然没有给我国带来灾难性的后果，但是也给我国城乡的经济发展带来了较大冲击，尤其是对农业的冲击更大，其表现为，随着全球买方市场的到来，我国农产品市场出口更加困难，农民增收的渠道进一步缩小。

1998—2007 年，我国城乡的二元对比系数一直在 15.2% ~ 21.5%之间徘徊，远低于发展中国家的平均水平31% ~45%；二元反差系数则介于 32.6% ~47.8%之间，并且越来越大。由此可知，我国城乡经济的二元性在 20 世纪 90 年代中后期以来，一直处于加剧阶段，并且形势严峻。

3.2 中国城乡商品市场发展概述

3.2.1 中国城乡商品市场发展回顾

中国商品市场体系发育是从农村集贸市场开始起步的，新中国成立后 50 多年来，我国商品市场经历了曲折的发展过程。1956 年上半年、1958—1960 年、1966—1978 年国家曾三次关闭集贸市场，在此前后，即使是改革开放后，集贸市场被赋予其合法地位以来，我国集贸市场也有一个“时关时开到常年开放”的曲折发展过程。粮食、棉花等大宗品种市场更是时开时关，直到 1998 年粮改才确定常年开放集贸市场。

计划经济时期，生产资料不是商品，实行统一调拨，只有商品的"外壳"。大多数农产品由国营部门统购统销。日用工业品实行"三级批发"、"三固定"。"三级批发"即一级批发供应商、二级批发供应商、三级批发供应商，最后到零售商，不可越雷池半步；"三固定"是指固定的供应区域、固定的供应对象以及固定的倒扣作价方式。

随着经济发展，开始打破了上述传统的流通模式，集贸市场和批发市场应运而生。据资料显示，农村集贸市场从 1961 年的 41 437 个，成交额为 137 亿元（1962 年为"文化大革命"前最高，达 164 亿元），到 1976 年达到最低点 29 227 个。在党的十一届三中全会以后，1979 年为 36 767 个，成交额为 71 亿元，绝大部分不成规模（当年城乡集市为 38 993 个，成交额为 183 亿元）。

表 3.2　　**我国城乡商品市场发展简表**　　单位：个、亿元

年份	市场数	成交额	城市市场数	农村市场数	城市市场交易额	农村市场交易额
1961	41 437	137	–	41 437	–	137
1962	38 666	164	–	38 666	–	164
1976	29 227	102	–	29 227	–	102
1979	38 993	183	2 226	36 767	12. 0	171

资料来源：《中国统计年鉴》。

改革开放以来，我国从恢复开发集贸市场开始，经历了 5 个发展阶段。

第一阶段：1979—1983 年。在这个时期，我国为集贸市场正名，并给予了合法的地位，于是集贸市场得到了迅速的发展，城镇小商品批发市场也得以产生和发展。我国汉正街小商品市场（1979 年）和义乌小商品市场（1982 年）也在这一时期产生。

第二阶段：1984—1991 年。20 世纪 80 年代中期，随着我国取消一些农副产品的统购和派购，我国农产品批发市场开始起步。1984 年，全国人大六届二次会议明确提出“广泛设置农产品批发市场”，同年我国第一家产区蔬菜批发市场——山东寿光蔬菜批发市场成立。1985 年进入大发展的时期——形成了“贸易中心热”，1986 年对贸易中心进行清理整顿。1990 年，中国郑州粮食批发市场成立，这不仅在国内有较大的影响，而且在国外也有较大的影响，被视为中国继续改革开放的标志和市场经济的里程碑。此外，其他一些批发市场也相继建成。

第三阶段：1992—1997 年。这一时期是商品市场数量型扩张时期。1992 年邓小平南方讲话，1993 年中国共产党十四届三中全会召开，确立了社会主义市场经济体制。《关于建立社会主义市场经济体制若干问题的决议》指出：“改革现有的商品流通体系，进一步发展商品市场，在重要的产地、销地或集散地，建立大宗农产品、工业消费品和生产资料的批发市场。”至此，培育市场体系成为经济体制改革的一项核心内容，我国商品市场进入了一个发展的新阶段，这一时期我国制定了《批发市场管理办法》、《全国商品市场规划纲要》等法规。

第四阶段：1998—2000 年。这一时期我国商品市场由数量型扩张转变为质量效益型发展。我们用商品市场（包括批发市场、集贸市场）数据进行分析。据统计，1998 年城乡商品市场总数达到历史最高 89 177 个，其中农村商品市场达到 65 050 个，于是国家开始调整商品市场结构，1999 年比上年调减了 601 个，农村商品市场 1999—2001 年调减了 5 295 个，但交易额仍然是年年增加，城市商品市场 1999—2001 年仍然有所增加，比 1998 年增加了 2 572 个，许多城市的“市场极点”作用得到发挥（详见表 3.3）。截至 2000 年年底，全国城乡商品市场共有

88 811个，消费品成交额 24 279.6 亿元，其中农副产品、工业消费品批发市场共 7 728 个，成交额 10 518 亿元。

表 3.3　　1997—2001 年我国城乡商品市场结构调整

单位：个、亿元

年份	市场数	成交额	城市市场数	农村市场数	城市市场交易额	农村市场交易额
1997	87 105	17 424.5	22 352	64 753	9 468.8	7 955.7
1998	89 177	19 835.5	24 127	65 050	11 042.8	8 792.7
1999	88 576	21 707.8	24 983	63 593	12 325.7	9 382.1
2000	88 811	24 279.6	26 395	62 416	13 800.4	10 479.2
2001	86 454	24 949.4	26 699	59 755	14 319.7	10 629.6

资料来源：《中国统计年鉴》。

第五阶段：2001 年至今。从 2001 年开始，国务院决定进行“市场经济秩序整顿与规范”，并将商品市场作为治理整顿的重点。其整顿的主要问题有：（1）假冒伪劣产品集散；（2）商贩偷税漏税；（3）藏污纳垢。

按照世界贸易组织（WTO）规则，2003 年年底开放批发经营后，2004 年批准设立 11 家外资批发企业。2005 年商务部批准入华的外商批发企业多达 571 家，当年第 4 季度每月批准的批发企业数量分别是 106 家、163 家、123 家，当月数量均超过 100 家。2005 年批准的外商批发企业中，有 303 家为生产资料领域的外商批发企业，此外，钢铁、矿石、化工等领域也很热门。

2000 年以来，我国商品市场在结构调整中发展。以消费品商品市场为例，总体市场规模趋于减少，2005 年有各种消费品市场 69 520 个，比 2000 年减少 19 291 个，而城市商品市场呈现先减少后增加的趋势。2005 年城市有商品市场 25 905 个，比 2000 年减少 490 个，但比 2004 年增加 501 个，增加势头较猛；农村商品市场呈现减少趋势，2000 年有 62 416 个，2005 年为43 615 个，减少 18 799 个，2005 年比上年减少 2 533 个，见图 3.2。

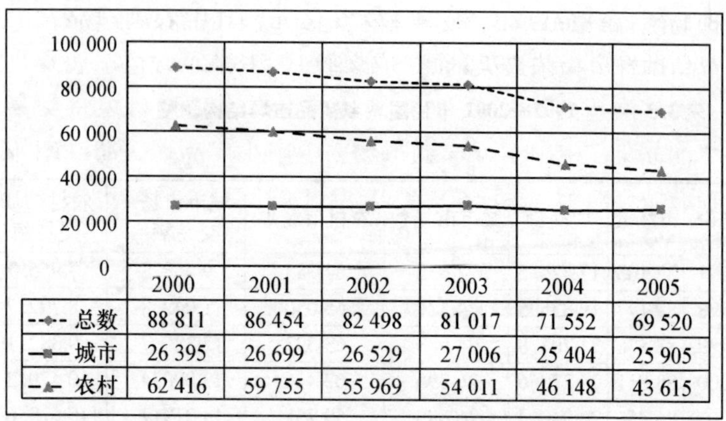

	2000	2001	2002	2003	2004	2005
总数	88 811	86 454	82 498	81 017	71 552	69 520
城市	26 395	26 699	26 529	27 006	25 404	25 905
农村	62 416	59 755	55 969	54 011	46 148	43 615

图 3.2　2000—2005 年我国城乡商品市场情况

资料来源：《中国统计年鉴》。

商品市场的变化是市场结构调整的必然结果。在总数减少的情况下，城市市场充分发挥其区域经济增长极的作用，显示其市场的极点作用，其辐射面较广，功能较多；农村在结构调整过程中，数量减少具有正常的因素，农村市场相对较传统，层次较初级。在结构调整过程中，一部分市场越来越大，另一些市场越来越小，甚至退出或者转换其业态结构，变成农村商品超市等。

但在必然过程中也存在不正常的因素：一是 2005 年城市商品市场数量增加太猛，增加了 501 个，存在投资不合理现象，有些地方出现商铺过剩现象，甚至一些地方追求“大而全”，不讲究效益，搞所谓的“面子过程”，这应引起人们的高度重视；二是农村商品市场减少了 2 533 个，幅度太大。

在商品市场结构调整过程中，一方面，出现了一些大型商品交易市场，而且规模越来越大，这是一个发展方向；另一方面，出现了一些较具专业性的市场，呈现越来越专业的趋势，这是另一个发展方向。

除了消费品市场外，我国还有生产资料市场 6 545 家，交易额近万亿元，这样加起来，我国有各类市场 76 065 家。据国家统计局统计，2005 年，交易额在亿元以上的商品市场有 3 281 家。据统计，全国最大的市场是上海物贸中心有色金属交易市场，交易额达到 588.62 亿元，其后上海逸仙钢材现货交易市场、江苏吴江中国东方丝绸市场、中国小商品城、浙江绍兴中国轻纺城分获第 2～5 名。经过 30 年的发展，商品市场在国民经济中发挥着越来越重要的作用。

3.2.2　中国城乡商品市场失衡表现

中国具有典型的城乡二元市场格局，城市商品市场无论是在市场容量、市场效率还是市场业态方面都比农村商品市场拥有明显的优势。城乡商品市场发展还存在许多不协调的地方，主要表现为城乡商品市场之间存在着比较明显的贸易壁垒以及城乡商品市场发展存在明显的差距。

1. 城乡商品市场的贸易壁垒

中国的城乡贸易壁垒主要来自于市场主体身份的缺失、制度偏好以及剪刀差等。在本书第五章将详细分析中国城乡商品市场的贸易壁垒，这里先简要介绍。

（1）市场主体身份缺失。农村市场主体大致可分为三种：乡镇企业、农村基层社区组织、农户。随着企业改革的不断深化，乡镇企业已是独立的法人实体，也是完整的市场经济主体，与城市市场主体并无二致。农村基层社区组织是一个特殊的群体，有着自身的独立利益要求，这是历史形成的，因此也可以看作是一个特殊的农村市场主体。农户在实行联产承包责任制之后，已是独立的生产主体，但农户的土地产权所有者身份不明确，致使农民利益无法得到保障，农民无法也无力直接面对市场。农产品的商品率不高，农户的自给性消费还占有相当的比重。一些落后地区几乎没有什么真正的市场交换行为。所以，农户虽然是中国最主要的农村市场主体，但其市场主体人格缺乏独立性，决定了其还不是严格意义上的市场主体。这与城市居民户有着明显的差别。因此在城乡商品市场的发展过程中，会产生城乡间贸易壁垒，农民由于市场主体身份缺失不得不依靠国家或者其他中介组织进行贸易，无形增加了贸易层次，加大了贸易成本，形成了城乡商品市场间的贸易壁垒。

（2）新旧剪刀差。“剪刀差”这一概念产生于20世纪20年代的苏联，其含义是工业品和农产品之间的不等价交换。具体地说，“剪刀差”指的是工农业产品在交换过程中工业品的价格高于价值，而农产品的价格低于价值的不等价交换。把不等价交换的变化趋势画成图表，呈现出剪刀状张开，故称“剪刀差”。我国存在的传统剪刀差既是一种模仿前苏联工业化模式的制度安排，又有旧中国城乡之间工农业产品不等价交换的遗迹。从1953年起，我国对主要农产品实行统一收购，以较低的价格将农产品进行收购。根据赵伟的研究表明，1952—1989年通过工农业产品剪刀差，国家从农业中获取了7 000多亿元。[1]在我国进入市场经济发展新阶段后，一方面传统剪刀差并未消亡，还在顽强表现；另一方面，城乡市场二元格局又催生出新的剪刀差。因此，在中国特定的转轨经济过程中，同时存在着由旧体制遗留下来的剪刀差和城乡市场不对称产生的新的剪刀差。

新剪刀差来源于传统的剪刀差，但不再是工业品和农产品价格的偏离，由于经济体制的变化，它的影响比传统剪刀差要小许多，主要表现在农业生产资料价格和农产品价格之间的剪刀差，农业生产资料价格相对于农产品的价格依然偏高。农业生产资料价格上涨的主要原因是成本推动型，石油、化工、煤、能源、电力的价格不断上涨以及国家对农业生产资料生产的优惠政策的取消，还有流通环节的不规范都导致了农业生产资料价格持续上涨[2]。

---

[1] 赵伟. 中国的城乡差距：原因反思与政策调整［J］. 武汉大学学报（哲学社会科学版），2004（6）：742-748.

[2] 柳思维，唐红涛. 转轨经济过程中的新剪刀差与消费差距的扩大［J］. 消费经济，2006（6）：15-19.

新旧剪刀差的存在使得城乡商品市场发育过程中贸易壁垒得以形成。

（3）制度偏好。在我国，城乡关系都是强制性的，或者说是城市偏向的，城市偏向制度导致了城乡商品市场的贸易壁垒不断提升。城市偏向制度安排具体表现为：（1）扭曲相对价格和工农业交换关系的政策，如垄断产品流通、提高工业品价格和压低农产品价格、制造不利于农民的贸易条件。（2）通过政府投资政策的城市偏向，形成工农业或城乡之间的不同发展机会；通过制度障碍阻止农业剩余劳动力向非农产业和城市转移，提升城乡商品市场间贸易壁垒。（3）缺乏城市商品市场和农村商品市场的关联机制。城乡商品市场作为城乡市场经济中不可或缺的基础环节，互相之间的联系却少得可怜。并且这种联系还是建立在城市商品市场对农村商品市场的“极化效应”之上的，农村商品市场上的优秀人才、资金、企业大量流失到城市商品市场。例如，曾公开宣称企业经营战略是“农村包围城市”的苏果集团，还是将重心转移到城市。虽然也有连锁超市下乡，但那些更多地采用自愿连锁的形式，没有对农村商品市场产生本质影响。因此城乡商品市场贸易壁垒不断增加。

2. 城乡商品市场的发展差距

城乡商品市场发展的差距是全方位的，在市场容量、基础设施建设、流通业态、市场组织管理以及市场人才等方面都有明显的差距。

（1）城乡市场容量差距。1978 年到 2001 年，我国城乡居民平均收入之比为 2. 52:1，尽管近年来农村居民人均纯收入保持了较快的增长速度，但是与城市居民人均收入增长速度相比，依然很低。2002 年到 2006 年平均为 3. 21:1，2007 年，我国城乡居民收入比达到 3. 35:1，绝对额的收入差距已达到 9 646 元。农民持续增收的长效机制还没有完全建立起来，促进农民增收的任务还非常艰巨。国际劳工组织 1995 年发布世界几十个国家城乡居民收入差距，一般水平为1.6:1，超过2:1的有4个国家，其中包括中国，其后中国城乡居民收入差距及消费差距一直在扩大。

2007年中国城市居民人均纯收入13 876元，农民人均4 140元，两者之比为3.35:1，实际收入之比为6:1；城市居民人均消费现金支出7 942.88元，农民人均为2 134.58元，两者之比为3.72:1；2005年中国消费品零售总额6.7万亿元，县以下农村市场1.459 6万亿元，仅占全国消费品市场的22%。

（2）城乡市场基础设施建设差距。农村目前所拥有的基础设施无论是在规模还是在数量上都无法满足农村市场化的要求，农村基础设施建设直接制约着农村生产的发展程度。长期的二元经济结构使得绝大部分消费品的生产和完善的商业网络集中在城市，而在农村、商业网点缺乏，售后服务也差。农民即使买了耐用消费品，由于服务跟不上，也会使农民对消费望而却步。交通运输设施不发达，农产品就卖不出去，产品的价值就无法实现；没有水利设施，农业生产力就上不去；没有通讯信息设施，农民就无法获得及时准确的市场信息，农业和农村经济的商品化和市场化程度就无法提高。因此基础设施薄弱的地方农村经济就一直发展不起来。

农村的交通、通讯（信息）和物流等设施建设和服务水平，对农村流通的发展存在着巨大的制约作用。一条道路可以改变一个村庄的命运，一条信息可能带动一个乡镇经济的发展。但是，农村交通运输条件的改善，信息服务平台的搭建，农产品仓储、保鲜设施的建设，需要投入大量的资金，需要培养具有较高知识水平的人才。

农村地区水、电、路等基本设施普遍不能满足现代生活水平的要求，这些都直接影响耐用消费品在农村地区的消费与市场交易活动。过去农民的消费以基本生存消费为主，这种自给性消费对外在的消费环境要求并不高。但在步入现代生活和商品性消费阶段之后，对于环境和基础设施的要求会愈来愈高，消费环境对消费市场的制约作用日渐突出。农村基础设施建设滞后，尤其是中西部农村有些地方供水、供电、道路等问题仍未能解决，相当程度上削弱了农民对农用车和家用电器等商品的购买欲望。因此，加强农村基础设施建设，将极大地刺激农民购买商品的积极性。

近年来，农村交通条件得到了较大改善，但仍处于比较落后的状态，特别是中西部地区交通运输条件更差；另外，农村通讯落后，许多农村还处在一种相对与世隔绝的状态，甚至没有电视或电也不通，和外界交流非常困难，缺乏市场信息，供求信息不畅通。落后的基础设施使得我国农村商品的采购、运输、仓储成本很高，流通效益低下。

（3）城乡市场商贸流通业态差距。由于城市人口集中，市场规模大，因此长期以来市场设施建设主要集中在城市。不仅建立了各种农贸市场，还有各种商场、超市，以及银行网点和其他生产要素市场。与城市相比较，农村市场设施建设比较滞缓，市场体系残缺不全，缺乏联系农村居民需求与供给的纽带。农村商业零售网点不足，大大地限制了农民的消费行为。

另外，农村商品流通网络大多按行政区划形成，其网络主要结构表现为：县城—乡镇—村宅，而不是按经济区划形成。在全国农村劳动力就业人员中，从事批发零售餐饮业的人员仅有1 864万人（2001年），农村商品流通企业规模相对较小。农村商品市场数量虽然多于城市，但大多数规模小，层次低。主要是摊位式交易，属于商品市场的初级形式。如2001年城乡消费品市场有86 454个，其中城市26 699个，农村59 755个，农村比城市多33 056个。但农村市场交易额不如城市多，农村交易额为10 629.6亿元，而城市交易额则为14 319.7亿元。

业态结构不合理，产业组织化程度不高。供销、物资、商业等国有流通企业在农村的销售网络明显萎缩，不能发挥主渠道作用；连锁经营涉及行业不多、规模不大，门面不多；物流配送相应滞后，网络体系不够健全；个体工商户虽然活跃，但在运输、经营、仓储设施等方面局限性较大；农村市场主流业态仍以传统百货店为主，商品种类以日用品为主，市场定位趋同。据统计，农村市场实行连锁经营的交易额占农村总交易额的比重不足10%；农村日用消费品90%以上通过对手交易销售；农村商品流通的信息化建设处于起步阶段，农村批发市场仅有9.23%全部或部分采用了电子商务交易技术。

（4）城乡市场组织与管理差距。由于农民的消费水平比较低，文化水平不高，对商品的了解和认知程度不如城市居民，加上农村市场分散，监管不力等因素的影响，假冒伪劣商品以及一些损害消费者的现象更容易发生在农村地区。假冒伪劣农资坑农害农主要表现在农资掺杂使假严重、农资质量差、违规生产和销售等方面。由于很多农民在这些受害的事件中无法得到解决，大部分农民消费者在受到损害后都采取忍耐的态度。

法律法规和政策不健全、市场监管乏力。尽管我国农村市场体系初步形成，但涉及农村流通的一些重要法律法规至今尚未出台，地区封锁仍时有发生，阻碍了全国统一市场的形成。农村市场存在有法不依、执法不严的现象，不少执法部门重复检查、盲目检查，以罚款代管理，干扰了农村商品流通的正常经营秩序。由于缺乏严格的市场准入制度和健全的商品质量检测制度，农村市场假冒伪劣商品泛滥，农产品化肥农药残留超标等现象也屡见不鲜。另外，一些地方乱涨价、欺行霸市等问题比较突出，农民利益时常受到损害。

（5）城乡市场人才素质的差距。与城市商品市场相比，农村商品市场在人才素质层面的差距更加明显。农村商品市场商业人才总量供给不足，顶尖人才缺乏。总体表现为农村居民总体文化程度相对较低，低素质人口数量依然很庞大（居民受教育的年限较低、文盲人口数量较大等）；各种教育的总体供给能力仍显不足（义务教育发展基础仍然相当薄弱、高中阶段的教育发展严重滞后、优质教育资源严重缺乏等）；教育设施条件较差（教学基础设施落后、教育技术现代化程度还很低、普通中学和职业中学教师队伍缺口较大等）；教育经费投资力度严重缺乏（总体教育投入水平低下、义务教育投资中政府负担部分仍然比较低）。

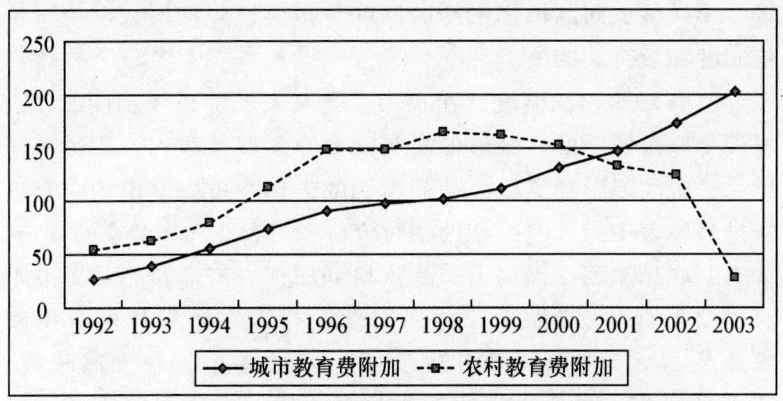

图 3.3　1992—2003 年国家财政城市－农村教育费支出比较

资料来源：《新中国 55 年统计资料汇编》。

1992—2003 年，国家财政对于城市教育费附加和农村教育费附加的支出情况见图 3.3。从中可以看出，教育资源向城市集中，1992 年农村教育费附加为 55 亿元，城市教育费附加为 26.7 亿元；而在 2003 年，农村教育费附加下降到 27.83 亿元，而城市教育费附加则增加到 202.92 亿元。由于教育投入水平的差距导致城乡商业人才的差距，同时由于优秀的农村商业人才被城市吸引，更加剧了城乡人才层面的差距。

3．城乡商品市场的制度失衡

总体上看，城乡商品市场失衡是与城乡制度相关联的。根据杨格定理“分工决定市场，市场也决定分工”，城乡在制度上的差异导致城乡商品市场的交易成本产生差异，而这种交易成本的差异又会直接导致城乡商品市场的分工水平不一致。城市商品市场由于各种“城市倾向”的制度设计降低了运行的交易成本，分工也不断深化，产生各种新型商业业态以及出现规模经济和范围经济；与之相对应，农村商品市场由于制度安排始终处于低分工水平状态中，发展速度远远落后于城市商品市场。导致城乡商品市场失衡的制度有很多，包括产权制度、价格制度和教育制度等。

（1）城市偏向制度。在我国，城乡关系都是强制性的，或者说是城市偏向的，城市偏向制度导致了城乡收入差距的不断扩大，也间接影响了城乡商品市场的失衡程度。城市偏向制度安排具体表现为：（1）扭曲相对价格和工农业交换关系的政策，如垄断产品流通、提高工业品价格和压低农产品价格、制造不利于农业的贸易条件。（2）强制性实行人民公社体制，扭曲农业经营活动中的激励机制。（3）扭曲整个经济发展政策，特别是扭曲工农业之间的产业关系。如：高估本国币值、利用出口农产品补贴进口工业设备；通过政府投资政策的城市偏向，形成工农业或城乡之间的不同发展机会；通过制度障碍阻止农业剩余劳动力向非农产业和城市转移。（4）建立不公平的福利体系（如住房、医疗、教育、托幼、养老等一系列排他性福利制度安排），通过将农民排斥在各种社会福利体系之外，形成城乡之间不同的生活条件。（5）城乡金融发展差异，农村金融机构不仅没有为农村发展提供必要的资金，相反通过各种渠道流到城市，加大了城乡金融差距。20世纪70年代末开始进行的农村经济改革，在解决激励机制、改革农产品流通体制和价格形成机制方面实现了巨大的突破，这一改革效应使得同时期城乡收入差距趋于缩小。然而，80年代中期以后，随着改革重心向城市转移，农村根本性的制度变迁趋于停滞。80年代末开始出现的农村劳动力大规模向城市迁移，虽然引发了城乡一系列适应性的制度改革，包括户籍制度的地区性改革、城市劳动就业制度的改革和社会保障体系的改革等，然而仍未从根本上改变二元经济格局，从而使得此后的城乡收入差距进一步加大，同时也拉大了城乡商品市场发展的差距。

（2）教育制度差别。城乡教育制度（包括初等教育和高等教育）安排上的差别导致城乡教育资源的不公正分布，加剧了城乡人力资本积累的差距，从而拉大了城乡商品市场软环境的差距。

随着改革开放的深入发展，尤其是20世纪90年代后，这种教育二元分割性被制度化地加强了。就城乡而言，最突出的表现就是实行分级式的办学制度：即实行县办高中、乡办初中和村办小学的办学模式，以及相应的教学经费分别由县、镇、乡和村支付。而城市的办学经费则全部由城市政府拨款，在这种教育投资制度下，中央政府的教育经费绝大部分投入到高等教育。20世纪整个90年代这一部分的投入始终在90%左右，而包括高中在内的中小学得到的比例始终未超过1%，并且这部分的投入也主要是针对中央的中小学。高等教育机会的不平等首先是基础教育阶段机会不平等累积的结果。城乡分割的义务教育办学制度的不断加强，使农村的少年儿童在通向学业成功的竞争中从一开始就处于劣势。在公共教育经费不足、靠农民自身的力量又无法承受义务教育之重的困境中，80%左右的农村适龄人口无缘参加高考。这种由高等教育资源的有限性引致受教育机会初次分配的失衡，以及城乡教育制度差别决定着或拉大了高等教育机会的不平等。

（3）城乡商品市场制度差异。城市商品市场的发展一直都是由政府主导，从最早的计划体制下的统购统销到现在的城市商贸网点布局规划无一不体现出正式制度的特点。而农村商品市场则更多地受到非正式制度的影响，虽然也有着“万村千乡”和“新农村建设”的影响，但整体上看是非正式制度起到了主导作用。正式制度和非正式制度作为制度体系的两个重要组成部分，它们既有相似性，又有显著区别。从相似的角度看，它们都承担着规范主体行为、维护经济社会正常秩序的功能，都由核心制度和一般配套制度组成，都要经历产生、发展、成熟和衰退的过程。差异性主要体现在：（1）具体的实施机制不同。正式制度的实施要通过对主体行为的评价、监督、奖惩，影响其实体利益来实施；非正式制度主要通过主体对自己行为的反思、内省和相关个体及群体的评价、认可、排斥或谴责等来规范主体行为，保持社会的有序性。（2）影响范围不同。一般地说，正式制度借助正式机构实施，能够在较大的范围发挥作用；非正式制度的价值观念和行为模式具有一定的地域性，不利于在较大范围内规范人们的行为。农村商品市场制度就属于非正式制度，虽然具有自发形成的特点，但是与城市商品市场的正式制度安排相比，缺少了更大的影响范围和执行力度。从长远看，正式制度安排对于商品市场交易主体的约束性更强，更有利于商品市场的发展。

（4）城乡商品市场间关联制度。我们曾经调研过湘潭市郊区的一家农家超市，心连心超市的连锁店，但除了牌子更换之外，其经营手段、经营方式都体现不出城市超市的影响。目前外资不断进入我国商品市场，更加剧了城乡商品市场的逆流状况。城市由于具备良好的基础设施、投资回报率得到了国外资本的青睐，而广大农村商品市场似乎成了被遗忘的角落，这无疑加剧了城乡商品市场的失衡。从整体看，城乡商品市场之间缺乏互动机制，而且城市商品市场对农村商品市场的“极化效应”远远大于“扩散效应”。

3.3 湖南省农村商品市场发展现状

湖南省作为中部省份，其城乡商品市场发展具有典型意义。因为湖南是传统的农业大省，农村市场问题在湖南非常有代表性，在这个问题上，湖南可以说是我国中部地区，甚至是全国的缩影。因此，湖南农村市场的情况可以代表着中部农村市场的现状，而且在很大程度上也反映了全国的状况。

为了全面深入了解湖南省农村商品市场体系的发展现状，以柳思维教授为首的《统筹城乡问题研究》国家社会科学基金项目课题组[1]设计拟定了31个相关问题调查表（见附录），并对湖南省安仁县、屈原行政区、宁乡县、沅江县、花垣县、长沙县等六个县（区）的农村进行了调查。这六个县（区）既有湖南县域经济最发达的县域，也有国家级贫困县域；既有洞庭湖周边的县域，也有湘西山区的县域。从2006年4月发出312份调查问卷到9月份回收了224份，回收率达70%，其中安仁县24份、花垣县40份、益阳农村24份、长沙县37份、宁乡县38份、屈原行政区45份。考虑到农村市场问题的复杂性和各种实际情况，我们在问卷答案的设计中允许被调查者有两项以上的选择，调查形式有经济学教授带领学生直接到农户家调查和委托农村基层干部去农户家调查。调查问卷涉及农村市场体系发展的主要方面，主要从农民收入（市场总量的约束条件）、农村销售渠道、农

[1]　笔者也是课题组的一员，全程参与了调研活动，本调查报告曾经作为《湖南省政府参事报告》获得时任湖南省委书记的张春贤同志批示，我们在这只截取了与农村商品市场关系密切的一部分。

村假冒伪劣商品、农村流通业态等方面展开。现将主要项目列举如下。

1. 农民收入

农民收入主要来源仍以种植业和养殖业为主。为了摸清湖南省各地农民收入来源的主要渠道，我们设计了4个备选答案，调查问卷统计结果见表3.4。

表3.4　　农民收入主要来源*

农民收入主要来源	频数	百分比
种植业和养殖业	144	64.29%
外出务工收入	75	33.48%
经商业	55	24.55%
其他副业收入	2	8.04%

* 因为是多项选择，所以最后各选项百分比之和并不为100%，以下同。

表3.4显示，作为农业大省的湖南，农民现阶段收入的主要来源仍然依靠种植业、养殖业的格局尚未发生根本变化。

当前农民收入不高受多种相关因素的影响。农民收入不高加剧了我国城乡市场购买力差距的扩大，针对“当前农民收入不高的主要原因”这一项目的统计结果，见表3.5。

表3.5　　农民收入影响因素

农民收入影响因素	频数	百分比
农产品价格较低	23	10.32%
本地经济不发达	64	28.57%
农民就业能力差	113	50.45%
农资价格高	105	46.80%

回收问卷的统计结果显示，多数农民认为收入不高是由几个主要相关因素造成的，即本地经济不发达、农业投入成本高、产出品价格低，自身素质和能力不是主要原因。农民的这种直观看法，表明了农民对当地经济不发达的忧虑，以及对农产品

价格低和农业生产资料价格高的明显不满。

2. 农村销售渠道

农产品销售方式落后，农民卖难的问题仍然十分严重。我们在调查问卷中专门设计了一项询问农民家里生产的农产品的市场流通方式，对此项调查结果见表3.6。

表3.6　　农产品市场流通方式

农产品市场流通方式	频数	百分比
私商来家里收购	96	42.86%
自己进城销售	80	35.71%
农村集贸市场摆摊	66	29.46%
根据购销合同交货	16	7.14%

表3.6说明，在农产品流通环节，农民仍然以分散的自我销售模式为主，没有形成任何专业化规模流通优势和发达的农产品销售网络，农民对自己生产的农产品大都以传统的非正规方式销售，或“等客上门”，或“自己摆摊”，或“白运自销”，这三个选项答案合计比重在92.86%，而实行“订单农业”按购销合同交货的仅占7.14%。这说明湖南省农产品流通方式十分原始，农民卖难的问题突出。

部分商品在农村买难的问题也十分突出。我们在调查问卷中专门设计了一个调查选项，即“您认为目前农村生产难以买到的商品是哪种商品”，见表3.7。

表3.7　　农村市场匮乏商品

农村市场匮乏商品	频数	百分比
价廉物美的日用消费品	105	46.88%
建筑装饰材料	104	46.63%
急需的农业生产资料	82	36.61%
交电五金商品	54	24.11%

表3.7说明，价廉物美的日用消费品、建筑装饰材料以及

急需的农业生产资料在农村商品市场都存在不同程度的买难问题。

3. 假冒伪劣商品

假冒伪劣商品泛滥是目前农村市场中的突出问题。我们在调查问卷中设计了“您认为目前农村市场存在的主要问题是：1. 网点少、不方便；2. 经商户服务差；3. 假冒伪劣商品多；4. 虚假广告、欺诈经营”。对这4个选项答案的选择结果是：62.5%的被调查者认为，主要问题是“假冒伪劣商品多”；38.39%的被调查者认为是“虚假广告、欺诈经营”；36.16%的认为是“网点少、不方便”；16.52%的被调查者认为是“经商户服务差”。以上说明，假冒伪劣商品泛滥是农村市场最突出的问题。

为了了解农村市场假冒伪劣商品的种类集中情况，我们在调查问卷中单设一项“农村市场假冒伪劣商品主要集中在哪类商品”，见表3.8。

表3.8　农村市场假冒伪劣商品种类

农村市场假冒伪劣商品种类	频数	百分比
食品类（含饮料、烟酒）	178	79.46%
农业生产资料	72	32.14%
服装	5	2.23%
建材	2	0.09%
家电	0	0.00%
其他	2	0.09%

调查结果统计，79.46%的被调查者认为是食品类（含饮料、烟酒），在4个备选答案中选项占绝对优势，还有32.14%的人选择假冒伪劣商品最多的是农业生产资料，而对服装、日化用品、建材、家电等商品的选项较少。这表明，农村市场中食品类中的假冒伪劣商品影响农民的生活质量的问题十分严重，农业生产资料中的假冒伪劣商品问题也十分严重，农业生产资料中的假冒伪劣商品也严重影响农业生产效率。因此，农村市

场打假的重点应是食品类商品和农业生产资料商品。

4. 农村市场商业网点

农民对目前农村商业网点表示比较满意与基本满意的占多数。在回答“您对当前农村现有商业服务网点的供应和服务是否满意”时，选择“基本满意”的占48.21%，选择“比较满意”的占29.91%，这两项相加为78.11%，说明农民对现有农村商业服务业网点的供应和服务处于基本满意状态。26.34%的问卷调查答案选择了“不满意”，但选择“十分满意”的很少，只占3.57%。

针对农民到农村商店购买商品是否方便，我们设计了两个调查项目：一是“您平时购买大件商品（电器、家具等）主要去什么地方”，二是“您家购买日常生活用品主要到何种商店”，结果见表3.9。

表3.9　　商品购买地点

大件商品购买地点	频数	百分比	日常用品购买地点	频数	百分比
乡镇商店	114	50.89%	乡镇商店	35	15.89%
县城商店	80	35.71%	县城商店	53	23.66%
市里商店	60	26.79%	市里商店	24	10.89%
本村商店	16	7.14%	本村商店	97	43.41%

表3.9显示，对于大宗商品，只有7.14%的被调查者选择到“本村商店”购买。这表明，农民要购买大件商品，基本要出村外，92.86%以上选择去乡镇、县城和市区购买。即便农民购买日常生活用品也未能完全实现在本村商店就近购买，56.59%的人选择在本村以外的商店，其中还有23.66%的人去县城商店购买。以上说明，相当部分农民在购买日常生活用品时还要支付相当高的交易成本，而购买大件商品时超过50%的人要去县城及以上的商店购买，支付的交易成本也就更高了。

5．农村市场商业业态

关于对连锁店在农村延伸的地点选择问题。对于“连锁店在农村延伸在什么位置较好”的提问，统计结果见表3.10。

表3.10　农村连锁店的延伸地点

农村连锁店的延伸地点	频数	百分比
中心集镇	106	47.32%
自然村	62	27.68%
乡政府	55	24.55%
所有城镇	24	10.71%

表3.10表明，农民并不希望村村都发展连锁店，71.87%的农民希望将连锁店选在农村“中心集镇”和“乡政府所在地”，是因为这样才能使连锁店延伸不走样，也易于规范管理。这说明，湖南农民对发展农村连锁店要求较为理性。农村市场流通的商品种类繁多，究竟农民最迫切需要发展哪些商品经营的连锁店？我们在问卷中对此进行了调查，统计结果显示：48.66%的农民认为应该首先发展“食品、副食品连锁店”，46.43%的农民认为应该首先发展“农业生产资料连锁店”，至于首先发展“建筑、装饰、家电、五金商品的连锁店”，只有5%的被调查者选择了这一答案。以上表明，农民对发展与自身生产生活密切相关的两大类商品的连锁店十分关切且要求强烈，这也再次证实了国家商务部提出“万村千乡工程”发展农村连锁店的观点是十分正确的。

6．农村市场流通组织及商业信息

对于农村在供销社改革后的流通组织创新，农民有什么期望、有什么要求，也是我们所关注的。我们在调查问卷中特地设计了一道调查题，即“您认为农村供销社改革后农民参与市场流通的最好形式是哪种”，选择结果见表3.11。

表 3.11　　　　供销社改革形式

供销社改革形式	频数	百分比
发展个体工商业	58	54.46%
农民自己组建商贸公司	64	28.57%
重建农民入股的新型合作社	25	11.16%
建立农村专业生产协会	22	9.89%

表 3.11 说明，发展个体工商业仍是湖南省农民参与市场流通的主要方式和首位选择，对于发展新型股份制、公司制的流通组织，多数农民仍感到陌生或没有这种创业冲动，仍然习惯于夫妻店式的个体经营。这一调查结果也表明湖南省农村市场流通组织的发展尚未达到从整体上进入流通组织创新的阶段，农民流通观念还较为传统。但部分农民对建立“专业生产协会”要求强烈。另一项调查结果表明，传统的集市贸易仍是湖南省农民参与农村商品流通走向市场的主要交易方式，在“您一个月去集市参加交易活动有多少次”的调查选项中，一个月参加过 3 次以上交易的占 35.71%，一个月参加 2 次交易的占 28.57%，一个月参加过 1 次交易的占 12.95%，被调查者当中也有 15.18% 的人从不参与集市贸易交易的活动，但前 2 项（2 次交易以上）合计达到 74.28%，说明湖南省农民参与集市贸易交易的占大多数，这意味着传统的交易在农村比重很大，也说明农村市场的业态创新与农民流通观念的创新是一个渐进的过程。

农民接受商品信息的渠道仍然有限。调查结果显示，农民接受商品信息的渠道十分有限，城乡信息差距十分明显，见表 3.12。

表 3.12　　　　农村商品信息获得渠道

农村商品信息获得渠道	频数	百分比
村民交谈口头传播	114	50.89%
电视和广播	141	62.95%
报刊杂志	30	13.39%
参加会议	13	5.8%

以上说明，农民接受商品信息主要通过广播电视和口头交流，基本上以传统渠道为主。看来进一步发展和完善农村广播电视网络十分重要，而互联网在农村基本没有开通，农民从互联网上了解商业信息的很少。随着电话网络在农村的普及，加快互联网在农村的建设从而缩小城乡信息市场差距也势在必行。

从调查报告中可以看出，农民的买难和卖难问题显然体现了城乡商品市场发展的贸易壁垒问题。另外，调查报告也体现出农村商品市场发展在销售商品种类、销售方式、商品市场主体发育、商品市场业态、商品市场布局、商品信息等方面存在着非常大的缺陷，同时农村居民收入增长缓慢也相当程度上制约了农村商品市场的发育。

3.4 本章小结

本章主要研究了中国商品市场发展概况，并且分析了湖南省几个具有典型意义的农村商品市场和农村连锁店的发展。主要得出了如下结论：

（1）中国经济整体上处于二元经济结构状态，从 1978—2007 年经历了二元经济结构相对改善、二元经济结构保持相对平稳和二元经济结构强化三个阶段。

（2）中国城乡商品市场从城市和乡村各自发展角度来看都有很大进步，但是城乡商品市场间仍然存在明显的贸易壁垒，这主要是由农村市场主体缺失、制度偏向以及新旧剪刀差导致的。而城乡商品市场发展在商品市场总量、商品流通业态、商品市场基础设施、商品市场组织监管以及商品市场人才方面存在着非常大的差距。

（3）笔者参与的《统筹城乡问题研究》国家社会科学基金课题组在 2006 年分别考察了安仁县等六个县区以及慈利县的农家连锁店，通过实地调研，发现城乡间仍然存在着贸易壁垒。

同时，农村商品市场在销售商品种类、销售方式、商品市场主体发育、商品市场业态、商品市场布局、商品信息等方面存在着非常大的缺陷，农村居民收入增长缓慢也在相当程度上制约了农村商品市场的发育。

4 CHAPTER 第四章 中国城乡商品市场运行机理分析

市场经济体制下，社会经济活动的协调主要依靠市场来进行。市场的这种重要协调功能最基本地表现在两方面：一是协调人们之间的分工活动，二是促进资源有效配置。商品市场的运行对于经济有着非常明显的影响，无论是宏观经济还是微观经济主体，如果城乡市场发展出现失衡，整个经济系统也将不稳定。商品市场的合理运行能够影响区域经济增长，有效降低交易成本，提升城市化水平。

4.1 商品市场与区域经济

4.1.1 商品市场的基础地位

商业的发展和商品市场的发展对于国民经济的发展有着非常重大的影响，它直接为满足城市和农村居民消费服务，是居民生活的基础，是区域经济运行的基础，是国民经济运行的基础。商业是劳动者就业的主要渠道，是财政收入的主要来源之一。纵观世界各国的商业，它们在第三产业中的比重大都在

40% ~45%之间，占整个GNP增长率的比重在12% ~15%之间[1]。商品市场作为商业的直接载体，必然也会对经济增长产生很大的影响。

1. 商贸流通业是区域经济的基础产业和支柱产业

商贸流通业直接为满足城市和农村居民消费服务，是居民生活的基础，是区域经济运行的基础，是国民经济运行的基础，是实现各区域和国家之间交往、交流和交易的基础。流通是市场的杠杆，可以起到撬动生产、启动消费的作用。现代流通，流通的是资本、商品和服务，它是生产的基础和前提条件。在商品经济条件下，任何一个生产活动都离不开流通；企业的经济行为，最终都要表现为交换行为，市场状况直接关系企业的生存和发展。没有这个基础生产无法进行下去，更谈不上吸引外资进行合作。商贸流通产业直接影响区域经济总量（GDP）增长，是劳动者就业的主要渠道，是财政收入的主要来源之一。同时它还是创造价值的产业。流通职能不仅在实现生产部门创造的价值，它本身也创造价值、提供税利，进行有益有效的劳动，成为国民经济不可或缺的重要部门。

2. 商贸流通业是区域经济的先导产业

商贸流通业是区域经济的先导产业——直接影响生产、决定生产。以流通为先导实现资源在城市范围内的合理配置，进行各种商品和服务的交换，促进各行业更加紧密地合作。同时，城市经济发展以流通为先导，提供咨询、信息、中介、设备、原料和生产用品，才能保证社会再生产的顺利进行。流通业在整个区域经济中发挥着承上（生产）启下（消费）的重要功能，对资源配置、结构调整都起着不可替代的重要作用。各种

---

[1]　陈文玲. 当代流通发展趋势和若干理论内涵［J］. 市场营销导刊, 2003（4）: 3-7.

流通企业依据市场供求状况，以大额定单的方式，对商品及其制造商实行优胜劣汰。如果商业流通领域的发展落后，必然导致城市经济发展受到阻碍。从时间角度考察，流通产业通过其消除“耽搁迟滞和断档脱销”的天然职能，可以极大地优化实体经济的流程，从而决定区域经济的运行顺畅程度和节奏、速度；从空间角度考察，流通产业通过其“整合优化资源配置”的天然职能，可以极大地优化实体经济的结构，从而提高经济效率。

3. 商贸流通业与区域经济发展的多重目标相适应

商贸流通业与区域经济发展中的多重目标，如扩大就业、提升居民福利水平、搞活商贸流通市场等相适应。商贸流通业是推动经济社会发展，提高人民生活水平，促进城乡协调发展，构建和谐社会，实现全面小康的重要力量。一是商贸流通业强大的劳动力吸纳能力可以大大缓解社会就业压力。商贸流通业具有吸纳劳动力容量大的特点，目前吸纳从业人员数仅次于工业和农业。以发达国家为例，日本商贸业就业人员占社会就业人员的比重为21%左右，美国约20%，德国约15.8%。二是商贸流通业引导生产、拉动消费的功能可以促进社会资源的优化配置，实现经济增长方式由粗放型向集约型转变，由单纯追求量的扩大向质的提高转变，缓解经济增长对资源和环境的压力，创建节约型社会的发展模式。三是商贸流通业的发展可以带动交通基础设施、商品储运、饮食服务等行业的发展，推动发达畅通的城市商品流通渠道和体系的建设，转移和吸纳农村剩余劳动力，是加快城市化进程，实现城乡统筹协调发展目标的必由之路。四是商贸流通业是城市功能的重要组成部分，是城市发展进步的标志，是发挥城市辐射功能的载体，承担着城市与周边地区进行人流、物流、资金流交换的功能，并支持着交通流的发展。为居民提供商贸流通服务，保证居民购物方便快捷，是城市的一项基本功能，关系到城市的综合竞争力。科学规划城市商贸流通网点，按照城市发展要求和居民消费需求，合理布局商贸流通网点，进一步完善城市的商贸流通功能，是保证城市整体功能充分发挥的条件之一。因此，商贸流通业必然会成为实现城市经济发展目标的最有力手段。

4. 商贸流通业是区域经济增长极的主要动力和实现者

法国著名经济学家 Perroux [1]等人于 1955 年提出经济发展的极化理论。他指出，一些主导部门和有创新能力企业的集聚，会形成一种资本与技术高度集中、具有规模经济效应、自身经济增长迅速并对附近地区产生强大辐射作用的一些地区和区内大城市中心。在佩鲁之后，英美经济学家对之进一步补充和发展，形成增长点理论。城市的极化集聚到一定程度就会扩散，商贸流通业是以上功能的主要动力，聚集性流通与辐射性流通两者相辅相成，同时，商贸流通业还是城市辐射功能的主要实现者。发达的商贸业必然会加大城市经济的对外辐射能力，提升城市竞争力和影响力。

4.1.2 研究模型

目前，国内外对于商业和经济增长关系的研究并不少见，王德章 [2,3]通过分析发现，当流通业增加值每增加 1%，城市 GDP、消费、建筑业和金融业等就会有较大的增长，提出应该统筹规划流通业和城市经济发展。冉净斐 [4]运用菲德模型对 1980—2001 年中国流通业推动经济增长的全部作用和外溢效应

[1] Perroux, Francois. Note sur la notion de pole de croissance [J]. Economique Appliquée, 1995 (1): 307-322.

[2] 王德章. 现代流通业在区域经济中的作用 [J]. 商业经济, 2006 (4): 3-5.

[3] 王德章. 流通业促进城市经济发展的实证分析 [J]. 财贸经济, 2007 (10): 98-102.

[4] 冉净斐. 流通发展与经济增长的关系：理论与实证 [J]. 生产力研究, 2005 (3): 21-22.

贡献进行经济计量测算，结果证实了流通与经济增长具有正的相关关系。杨宜苗[1]分析了流通业对 GDP、经济增长、三次产业、社会就业、社会福利等的影响，并进行了国际比较。郭文杰[2]和谭清美等[3]分别从服务业和物流业对经济增长的影响进行了计量分析。国外关于贸易和增长之间影响机制的最有影响的研究是 Frankel 和 Romer[4]开展的，该研究吸收了贸易引力模型（Gravity Model）的成果，利用地理因素拟合出一个贸易工具变量，然后从水平量角度出发将人均产出分解为三个要素，最后利用拟合得到的贸易工具变量分析贸易通过哪些途径影响人均产出。

但是，以上分析多采用时间序列对流通产业与经济增长进行分析，并且多采用国别数据，有些则采用东、中、西部的划分进行分析，我们认为这些分析都不全面。我们借鉴上面的方法对于商品市场与区域经济的关联进行面板分析和聚类分析，尝试解释商品市场与区域经济增长的关系，分析商品市场拉动系数与地区 GDP 之间的关联，并验证马克思提出的“商业的独立发展与社会生产发展呈反比例”的规律[5]。马克思原意指的是商业相对于社会生产发展而言，呈现出一定的独立性，我们在此则理解为商业的发展与社会经济的发展并非呈现出一种简单的线性关系，而有可能是一种非线性的关系，这样在社会经

---

[1] 杨宜苗. 试论流通产业的贡献 [J]. 财贸经济，2006（7）：16-22.

[2] 郭文杰. 服务业增长、城市化与经济发展 [J]. 当代经济科学，2006（5）：91-97.

[3] 谭清美，等. 物流能力对区域经济的贡献研究 [J]. 现代经济探讨，2003（8）：22-24.

[4] Jeffrey A. Frankel, David Romer. Does Trade Cause Growth? [J]. Journal of the American Economic Review, 1999, 89（3）：379-399.

[5] 在《资本论》第 3 卷第 366 页中，马克思原文中讲，“商人资本的独立发展与资本主义生产的发展程度呈反比例的这个规律”，本文简化为“商业的独立发展与社会生产发展呈反比例”的规律。

济发展的一定阶段，两者就呈现出一种负相关关系（即反比例关系）。

本文采用的是面板数据模型（Panel-data Model）。它用来描述一个总体中给定样本在一段时间的情况，并对样本中每个样本单位都进行多重观察，集合了时间序列和截面数据的共同优点。伴随经济理论，包括宏观经济理论和微观经济理论、计算机技术和统计方法的发展，面板数据在经济学领域的应用逐渐被经济计量学家推广。

与纯横截面数据或纯时间序列数据比较起来，面板数据具有降低估计误差、更好地研究经济行为变化的动态性和区分各个个体间的差异等优点。

面板数据模型的基本形式为：

$$y_{it} = \alpha_{it} + x_{it}\beta_i + u_{it}, \quad t = 1, 2, \cdots, T, \quad i = 1, 2, \cdots, N \qquad (4\text{-}1)$$

其中 y_{it}是因变量，x_{it}是 $K \times 1$ 维解释变量向量，N 为截面成员个数，T 为每个截面成员的观测时期总数。利用面板数据模型进行经济分析时，应该首先对模型作如下假设检验，来确定回归模型中参数 α_i 与 β_i 在不同横截面上是否相同，然后再估计参数。本文采用了广泛使用的协方差分析检验来检验如下两个假设：

假设1：截距 α 和斜率 β 在不同的横截面样本点和时间上都相同（不变系数模型），即 $\alpha_i = \alpha_j$，$\beta_i = \beta_j$。

$$H_1: y_{it} = \alpha + x_{it}\beta + u_{it} \qquad (4\text{-}2)$$

该模型假设在横截面上既无个体影响也无结构变化，即在各截面方程中，系数向量相同且不含有个体影响。利用普通最小二乘法即可给出 α 和 β 的有效估计。

假设2：斜率 β 在不同的横截面样本点和时间上都相同，但截距 α 不同，即 $\alpha_i \neq \alpha_j$，$\beta_i = \beta_j$。

$$H_2: y_{it} = \alpha_i + x_{it}\beta + u_{it} \tag{4-3}$$

该模型假设在横截面上存在个体影响而无结构变化，并且个体影响可以用截距项 α_i 的差别来说明。显然，如果接受了假设 1，则没有必要进行进一步检验；如果拒绝了假设 1，则应对假设 2 进行检验，判断斜率是否都相等。

如果假设 2 也被拒绝，则应采用下面公式，即变系数模型：

$$H_3: y_{it} = \alpha_i + x_{it}\beta_i + u_{it} \tag{4-4}$$

该模型假设横截面上既存在个体影响，又存在结构变化，即允许个体影响由跨截面变化的截距项 α_i 来说明，同时允许系数向量跨截面变化，来说明横截面的结构变化。

检验是通过两个 F 检验进行的，检验 H_1 的 F 统计量为：

$$F_1 = \frac{(S_3 - S_1)/[(n-1)(K+1)]}{S_1/[nT - n(K+1)]} \sim F[(n-1)(K+1), n(T-K-1)] \tag{4-5}$$

检验 H_2 的 F 统计量为：

$$F_2 = \frac{(S_2 - S_1)/[(n-1)K]}{S_1/[nT - n(K+1)]} \sim F[(n-1)K, n(T-K-1)] \tag{4-6}$$

经计算，$F_1 = 43.7764$，$F_2 = 24.4284$。给定 5% 的显著性水平，查 F 分布表得到临界值：$F_{0.05}$（58，240）= 1.38，$F_{0.05}$（29，240）= 1.50。由于 $F_1 > 1.38$，所以在给定的自由度水平下拒绝原假设 H_1；继续检验 H_2，由于 $F_2 > 1.20$，在给定的自由度水平下拒绝原假设，故拒绝 H_2。因此模型应该采用第三种形式。

4.1.3　数据搜集和面板分析

为了测算商品市场发展对中国区域经济的影响，我们采用如下模型：

$$\ln y_{it} = \boldsymbol{\alpha}_{it} + \ln x_{it}\boldsymbol{\beta}_i + u_{it} \tag{4-7}$$

其中，我们搜集的样本数据从 1995 年到 2007 年，主要来自于各年的《中国统计年鉴》，y_{it}是按中国各省份统计的 1995—2007 年的 GDP，x_{it}是各省份的 1995—2007 年商品市场发展状况（为了简便起见，我们采用流通业统计值作为商品市场产值的替代，两者高度相关）。林文益[1]曾指出：流通产业是指整个流通领域里所包含的产业部门，主要有商业、物资贸易业、仓储业、邮电通讯业、金融业、保险业等。但我们认为如果将金融业和保险业全部纳入流通业范畴，会高估流通业对于经济增长的拉动作用。因此，本文计算所采用的流通业的产值主要是在《中国统计年鉴》中统计的各省批发零售贸易餐饮业增加值和交通运输仓储及邮电通信业增加值两者的加总。特别值得注意的是，在各省份数据中，由于重庆在 1997 年才成为直辖市，所以把重庆市数据合并到四川省。考虑到商品市场与经济增长的关系，我们可以定义商品市场拉动系数为商品市场在区域经济增长中的贡献率，通过对其进行横截面和时间序列的比较分析，得出商品市场在不同时间和区域对于经济增长的不同影响。

我们的回归方程采用了对数形式以消除宏观面板数据的异方差，估计软件为 Eviews5. 0，模型的参数估计结果和统计检验结果分别显示于表 4. 1。

表 4. 1 中变系数模型的 R^2 和调整后的 R^2 值都很高，均在 0. 999 9 以上，表明采用对数模型整体的拟合效果很好，另外观察各省份的系数的 t 检验均很显著，反映了面板分析的有效性。初步分析各省份商品市场的发展对经济增长的拉动系数可以发

[1]　林文益. 贸易经济学［M］. 北京：中国财政经济出版社，1995.

表 4.1　　变系数模型回归结果

省份	商品市场拉动系数	T 值	省份	商品市场拉动系数	T 值	省份	商品市场拉动系数	T 值
北京	0. 711 700	20. 033 86	浙江	0. 907 600	91. 673 16	海南	0. 805 875	34. 283 15
天津	0. 884 385	86. 674 77	安徽	0. 971 361	71. 529 39	四川	1. 395 362	7. 502 681
河北	0. 917 496	33. 356 03	福建	0. 903 378	57. 168 10	贵州	0. 858 720	35. 995 31
山西	0. 876 898	15. 350 02	江西	0. 935 034	92. 543 95	云南	0. 868 344	37. 383 93
内蒙古	0. 946 617	25. 740 49	山东	1. 023 782	23. 706 82	西藏	0. 873 823	65. 429 65
辽宁	0. 966 370	131. 832 90	河南	0. 981 186	85. 081 43	陕西	0. 922 669	26. 586 90
吉林	0. 929 927	43. 804 61	湖北	1. 037 467	13. 645 93	甘肃	0. 915 456	31. 925 67
黑龙江	0. 992 618	30. 790 56	湖南	1. 034 347	58. 946 50	青海	0. 902 223	99. 096 51
上海	0. 759 637	16. 829 92	广东	0. 709 072	23. 426 30	宁夏	0. 829 317	17. 382 72
江苏	0. 954 295	252. 695 40	广西	0. 953 887	15. 222 72	新建	0. 870 010	93. 147 53

R-squared	0. 999 995	Mean dependent var	23. 621 03
Adjusted R-squared	0. 999 994	S. D. dependent var	20. 855 33
S. E. of regression	0. 051 990	Sum squared resid	0. 729 806
F-statistic	897 289. 1	Durbin-Watson stat	1. 352 054
Prob（F-statistic）	0. 000 000		

现，越是经济发达的地区，商品市场对其经济的拉动效应越小，这与马克思提出的“商业的独立发展与社会生产发展成反比例”规律不谋而合，这是巧合吗？还是流通业本身的特性导致的？为了解释这个问题，我们另外进行一个回归分析，将中国30个省份按照东、中、西三个区域[1]进行重新组合，并考虑到组合后各区域GDP的时间序列存在自相关问题，采用滞后一阶方程（因为方程改变了，此时结果与表4.1会有所不同），结果如表4.2。

表4.2　　中国东、中、西部商品市场拉动系数结果

地区	商品市场拉动系数	R^2	调整后 R^2	F 值	t 值
东部	0.591 074	0.999 274	0.999 067	4 817.174	8.012 425
中部	1.147 093	0.999 367	0.999 186	5 527.646	15.984 57
西部	1.091 873	0.997 707	0.997 052	1 523.059	11.705 37

从表4.2中可以看出，中部的商品市场拉动系数最高，西部次之，而东部省份则最低。商品市场拉动效应最大的地区并不是经济最发达的东部，也不是最不发达的西部，而是中部地区，这在一定程度上验证了马克思的假说。当然，我们这里只是按照传统的区域划分将中国分为三个板块，但我们观察表4.1可以发现，并不是所有东部地区商品市场拉动系数都低，也不是所有中部地区和西部地区的商品市场拉动系数就非常高，还需要进一步分析。

4.1.4　聚类分析

我们将回归得出的拉动系数（反映商品市场对于区域经济

[1]　本文按照新三分法来划分我国不同的经济区域，东部地区包括北京、天津、河北、辽宁、上海、江苏、浙江、福建、山东、广东、海南等11个省份；中部地区包括山西、吉林、黑龙江、安徽、江西、河南、湖北、湖南等8个省份；西部地区包括重庆、四川、贵州、云南、西藏、陕西、甘肃、青海、宁夏、新疆、广西、内蒙古等12个省份。但由于重庆市1997年才升格为直辖市，统计资料的收集上存在一定的局限。因此，本文西部地区将重庆市合并到四川省一并计算。

的拉动效应）与各省份2007年的GDP总值（反映地区的经济发达程度）导入SPSS15.0，对上述数据进行Two-Step聚类分析，可以将中国30个省份分为5类，见表4.3所示。

表4.3　中国各省份商品市场拉动系数和GDP聚类分析

省份分类	省份名称							
第Ⅰ类	北京	海南	宁夏	上海				
第Ⅱ类	福建	甘肃	吉林	江西	山西	陕西	天津	云南
第Ⅲ类	安徽	广西	贵州	黑龙江	内蒙古	青海	西藏	新疆
第Ⅳ类	河北	河南	湖北	湖南	辽宁	四川	浙江	
第Ⅴ类	广东	江苏	山东					

其中这5类地区的拉动系数和国内生产总值的均值和标准差见表4.4所示。

表4.4　聚类中心值

	拉动系数		国内生产总值	
	Mean	Std. Deviation	Mean	Std. Deviation
Cluster 1	.77663234	.052076193	4385.2900	4299.79907
2	.90451140	.025365793	3900.7038	1278.56399
3	.92115732	.051353215	3029.4625	2024.53656
4	1.03426097	.167086507	9373.9243	2512.67133
5	.89571644	.165330485	19729.6900	2286.01965
Combined	.92129518	.121843644	6592.9677	5554.92532

从原始数据和分析过程来看，第Ⅰ类的省份主要有北京、海南、宁夏和上海共4个。它们共同的特征是商品市场拉动系数非常小，均值只有0.776 632 34，说明这些地区的商品市场对经济增长的贡献比较小。而国内生产总值均值并不低，甚至高过第Ⅱ类和第Ⅲ类地区，但显然是上海、北京和海南、宁夏平均的结果，这从标准差的数字就可以看出。上海、北京和海南、宁夏的情况有所不同，前者更多地是由于区域面积狭小，经济发展水平很高，商品市场发展对经济增长的拉动作用已经达到

了极限，所以这两个直辖市的商品市场产值虽然绝对值很高，但无法增加弹性。而海南和宁夏则属于另一种情况，这两个省份的商品市场的发展规模也非常小，且一个位于最南端，另一个位于西北，显然商品市场尚未起到其应该的作用，因此商品市场拉动系数也非常小。

第Ⅱ类的省份则比较多，共有福建、甘肃、吉林、江西、山西、陕西、天津和云南 8 个省份。它们共同的特性是商品市场拉动系数均为 0.90 左右，略低于全国平均水平 0.921 295 18，但是国内生产总值 3 900 亿元则只有全国平均水平 6 592 亿元的一半，这些地区都处于商品市场尚不发达的状态，同时经济总量也非常小，因此商品市场发展也没有充分发挥其引导效应。

第Ⅲ类同样有 8 个省份，它们是安徽、广西、贵州、黑龙江、内蒙古、青海、西藏和新疆。这些地区的商品市场拉动系数与全国均值非常相近，都是 0.921 左右，但是这 8 个省份的 GDP 均值却是 5 类地区中最低的，只有 3 029 亿元，仔细观察也可以发现，广西、贵州、内蒙古、青海、西藏和新疆都是我国的边疆地区，而安徽和黑龙江一个是中部地区，一个是老工业基地，均是我国目前最不发达的地区，但独特的区位优势使得商品市场拉动系数能够达到全国平均水平。

第Ⅳ类地区主要包括河北、河南、湖北、湖南、辽宁、四川和浙江共 7 个省份。它们的最主要特征是极高的商品市场拉动系数，达到了 1.034，大大超出了全国的平均水平。同时这 7 个省份的 GDP 均值也达到了 9 373.9 亿元，也超出了全国的均值。这些地区分别是中国中部以及西南和东北的流通中心，而浙江是我国著名的经济大省，商品市场在浙江经济发展中占据了极为重要的地位，因此这些地区商品市场拉动系数如此之高也就不足为奇了，并且这些地区的经济发展正在工业化过程中，最有利于流通业发挥其先导产业的优势。

第Ⅴ类地区数目最少，只有广东、江苏和山东 3 个省份。

它们最为显著的特征是具有5类地区中最高的GDP均值，达到19 729.6亿元，是全国平均水平的3倍。但是它们的商品市场拉动系数也非常小，仅有0.895 7，低于全国平均水平，只比第Ⅰ类地区稍好。这些地区的商品市场拉动系数偏低其实与第Ⅰ类地区中的北京和上海非常类似，都是商品市场的拉动效应达到了比较高的水平。

其实从上面的分析不难看出，商品市场拉动系数与地区经济总量之间存在一种类似边际生产率的曲线关系，我们可以将其分为三个阶段（见图4.1）：

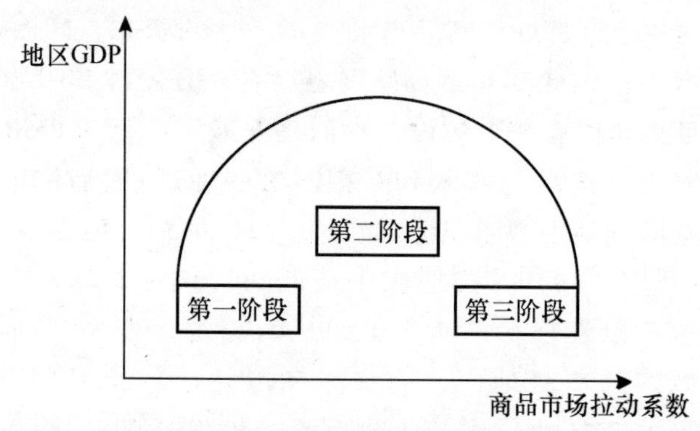

图4.1　商品市场拉动系数的三个阶段

第一阶段：在经济总量非常小的情况下，由于基础设施以及工业化程度偏低的影响，导致了作为先导产业的流通业不能充分发挥其刺激区域工业发展、优化区域工业结构、提升区域竞争力的作用，商品市场尚不能起到基础配置作用，因此商品市场拉动系数偏小。

第二阶段：在经济总量发展到一定阶段时，相应基础设施以及工业化程度开始逐步完善，这时商品市场拉动系数能达到最大（但是流通业产值的绝对值并不一定很大），应该充分利用好商品市场的拉动效应。

第三阶段：在经济总量达到非常高水平时，此时商品市场拉动系数开始逐渐减少，因为流通业的拉动效应已经无法再提升了。

事实上，我们进行聚类分析后得出的五类地区，第Ⅱ类和第Ⅲ类地区还处在第一阶段，而第Ⅳ类地区则恰好处于第二阶段，第Ⅴ类地区则已进入到了第三阶段，而第Ⅰ类地区则比较复杂，上海和北京应该是由于进入到第三阶段而导致的拉动系数小，而海南和宁夏则显然还处于第一阶段。

4.1.5　启示

通过以上对商品市场与中国区域经济增长的关系分析，我们可以得出以下结论：商品市场是区域经济增长的重要动力，但是商品市场对区域经济增长的拉动系数又与当地区域经济总量有着密不可分的关系，因此在中国发展商品市场也应该因地而异。我们有以下的启示：

对于第Ⅱ类和第Ⅲ类地区以及海南和宁夏来说，由于这些地区的经济发展水平比较落后，商品市场发展水平本身也相对较弱，这也验证了马克思关于“生产决定交换”，生产的规模与结构决定交换规模与结构的原理，这些地区发展的关键是进一步加快市场经济的发展，提高生产的商品化、集约化、现代化水平。因此，应特别注重发挥商品市场在经济落后和边远地区促进生产发展的先导作用与造血功能，应该通过政府加大对商品市场的倾斜力度以及向发达的地区进行联合，加速地区商品市场的发展，逐步发挥商品市场在区域经济中的带动作用，加速区域经济的增长。

对于商品市场拉动系数较高的第Ⅳ类地区而言，这些地区正是我国经济发展潜力最大的地区，也正处于工业化、城市化、市场化和现代化的快速发展的中期阶段，多是国内经济发达地区与经济落后地区的过渡地带和联结地区，如中部地区六省正是我国承东启西、连南接北的关键地区，这些地区具有明显的区位优势、资源优势和交通优势，发展商品市场基础深厚，商品市场的发展在区域崛起中的作用身份明显。这些地区应进一步重视完善城乡商品市场流通网络体系，提高现代化水平，真正释放出商品市场对经济增长的巨大拉动作用，形成一种“流通带动经济增长模式[1]”。

对于第Ⅴ类地区以及北京、上海，这些地区本身的商品市场发展水平已经相当高了，而商品市场拉动系数偏小，并不说明商品市场在经济增长中的作用减弱，而是进一步验证了马克思关于“商业的独立发展与社会生产发展呈反比例”的规律，马克思分析了在前资本主义社会商业资本是独立发展的，在后资本主义社会，商业资本融入了产业资本的循环，整个生产过程已完全建立在流通的基础上，流通已经成为生产的一个单纯要素[2]。因此，在这些地区和城市，更应重视商品市场的新一轮革命，应该充分利用商品市场为产业结构升级、工业技术创新服务。

4.2 商品市场与交易成本

Spulber [3,4]曾经指出，经过商品市场进行交换比直接交换具有下列优势：

（1）减少交易的成本；

（2）集中和分散风险；

---

[1] 如浙江义鸣就是以商贸兴市，2006 年义鸣人均 GDP 超过 6 000 美元，与北京等大城市相当，其主导产业就是商贸流通业。

[2] 见《资本论》第 3 卷，人民出版社 1995 年第 2 版，第 366 页。

[3] Spulber, Daniel F and David Besanko. Delegation, Commitment, and the Regulatory Mandate [J]. Journal of Law, Economics, and Organization, 1992 (8): 126-154.

[4] Spulber, Daniel F. Market Microstructure and Intermediation [J]. Journal of Economic Perspectives, 1996 (10): 135-152.

（3）减少配对和搜寻的成本；

（4）抑制逆向选择；

（5）减轻道德风险和机会主义；

（6）通过放权来促使守约。

4.2.1　商品市场与交易成本

具体而言，商品市场可以节约微观经济主体的交易成本。

1. 搜寻和信息成本

搜寻和信息成本指交易主体需要搜集有关交易机会的信息，寻找可以与之洽谈业务的交易对象时发生的费用，以及市场信息失真或滞后导致决策失误的损失。在现实生活中，产品价值、价格信息具有分散性特点，为获取最大效用，消费者就必须通过搜寻找到市场最低价商品，而搜寻是一种有代价的经济活动，需要投入时间和精力。对交易主体而言，市场信息成为经营决策的主要依据，交易效率的高低从根本上讲取决于交易主体对稀缺信息的掌握是否具有完全性和准确性以及交易双方是否存在信息上的不对称性。正因为交易双方对信息的掌握是不完全的，才会有额外的交易成本发生。商品市场实行集中公开交易，买卖双方汇聚于一处，在交易场所可以及时准确了解供货（或需货）的厂家、品种、数量、质量、价格、交割日期等相关信息。

法国伦吉斯市场是目前欧洲乃至世界上最大的农副食品批发市场，内设300台闭路电视，23个频道滚动播出商品的实时价格、销售量等信息，这些信息经计算机中心分析处理后，传送给批发商和生产商，以便安排生产和供货，减少了交易次数，降低了搜寻市场信息的成本，提高了交易效率[1]。但需要注意的是，尽管拥有包括交易主体和交易客体的大量公开的信息，

---

［1］纪良纲，刘东英．中国农村商品流通体制研究［M］．北京：冶金出版社，2006.

仍不能认为商品市场内信息就已经是完全的或信息对交易双方是对称的，仍然会出现信息不对称的现象。

2. 谈判和决策成本

市场信息搜寻费用的降低是提高交易效率的关键，但不能低估或忽视谈判和决策成本对提高交易效率的作用[1]。谈判和决策成本指交易主体在购买或销售产品过程中，与交易对象讨价还价、订立交易合同、检验商品质量、交割商品和贷款等业务所发生的费用。在规模较大的商品市场内，可以实行拍卖交易方式。拍卖被用来决定市场价格和已有商品的配置，通常分为四种方式：英国式拍卖、荷兰式拍卖、第一价格拍卖和第二价格拍卖。商品市场对产品质量等级、重量标准以及包装规格都作了详细的分类，加上严格的监督制度使拍卖交易机制得以顺利实施。在完善的拍卖机制下，交易过程中交易主体可以凭借先进电子技术设备，“可以蒙上眼睛参加拍卖”，使价格的形成过程公开透明，可以明显提高信息的集散传播效率，节约交易主体的交易成本，有利于理性的交易决策。

3. 监督与执行成本

交易成本除了以上两个因素影响外，其水平还取决于个人的行为。如果相互信任在社会中占主流，则监督和执行费用就会非常低[2]。在有利的情形下，产权会得到尊重，对于有关冲突的公平解决的性质方面就会存在相对较为一致的认识。监督与执行成本指交易主体为防止和解决批发市场内交易纠纷以保障自身权益所发生的费用，包括防止交易纠纷的费用和处理交易纠纷的费用。这些费用的产生是因交货时间需要监督，产品数量和质量需要度量等等。度量交易中有价值的属性涉及费用，

---

[1] 埃里克·弗鲁博顿，鲁道夫·芮切特. 新制度经济学 [M]. 上海：上海三联书店，2006.

[2] Williamson. O. E. Credible Commitments：Using Hostages to Support Exchange [J]. American Economic Review，1983 (83)：156-210.

保护权利和执行合约的条款会产生费用。就监督和执行存在的高昂费用而言，违约的发生在某种程度上就是不可避免的，对机会主义行为可以通过适当的制度安排来降低其发生的可能性。在商品市场上，交易双方的机会主义行为受到市场力量、市场投资主体直接监督两方面的约束。市场内交易双方的博弈具有多次性博弈的特征，这是因为：（1）商品市场内的经营者由于资产的专用性，一定程度上已被“锁定”在市场上，迫使其进行多次交易；（2）每一个经营者都是独立的经营主体，其经营目标之一是永续经营；（3）市场内的经营者之间及经营者与采购者之间的反复交易，使与每一个经营者信誉有关的信息易于被交易的另一方所掌握；（4）市场是近似完全竞争的，这会给交易双方构成“选择威胁”。这是以市场力量来约束交易双方的机会主义行为，减少不确定性。商品市场投资主体作为受邀仲裁人还会以类似企业内的直接监督的形式来约束双方的行为。它通过市场管理为交易双方提供公平、公正、有序的交易环境，并由此获取收益。为此，它会监督交易双方在交易中是否存在欺诈行为，交易是否是平等自愿的，并通过经济、法律、行政等手段惩罚机会主义行为和不正当竞争（把不法经营者清理出场）。因此，商品市场投资主体与交易双方共同构成“三方规制结构”，交易中的不确定性被降低到了最低程度，减少了交易的监督与执行成本，提高了交易效率。

4.2.2　商品市场的简单模型

假设仅有一个消费者和一个生产者（他可以是另一个消费者）的简单经济，生产者有一个单位的产品可供消费者购买，生产者提供这个产品的机会成本为 C，消费者愿意为这一个单位的产品支付 V。“直接交换”是指消费者直接通过生产者进行购买，其总交易成本假设为 T，同时假设交易带来正的净利益 $V-C-T>0$，消费者和生产者均分交换的利益（$V-C-T$）/2。

再设想商品市场的出现，市场能够以价格 ω 从生产者那里购得产品并以价格 ρ 转卖给消费者，假设此时市场承担所有的交易成本并令它为 K[1]。

（1）当 $K \leqslant T$ 时，即通过商品市场进行交换能够减少交易成本时，这在理论和实践上都是必然的，通过一个集中的组织进行交换其交换效率显然更高，同时市场处理的交易量要大大超过单个的消费者和生产者，市场的信誉比单个的消费者和生产者的信誉更加好。那么，此时消费者和生产者通过市场进行交换，由于自行交换，整个社会的帕累托改进量为 $T-K$，至于这部分如何在生产者、消费者和商品市场分配则视三者的讨价还价能力而定。

（2）在实际生活中，生产者消费者直接交易需要等待搜寻和讨价还价，而通过市场交易则可立刻发生。如果消费者和生产者以比率 δ 来贴现未来的利益，那么，直接交易利益的现值则等于 $\delta(V-C)/2$，此时直接交换的交易成本为 $T=(1-\delta)(V-C)$，如果贴现因子很小，消费者的支付意愿很高，并且生产者的机会成本很小，则此时直接交换的交易成本很高，市场对于交易成本的节约效应就更加明显。

（3）如果生产者和消费者的搜寻过程是不完全的，即消费者和生产者仅以概率 β 相遇，而通过市场（由于市场的信息是大家都知道的）交易是没有搜寻过程的，这样，直接交换的交易成本则为 $T=(1-\beta)(V-C)$，如果搜寻过程很漫长，消费者和生产者配对效率很低，从而 β 很小，那么通过市场进行交易对于交易成本的节省就更加明显。

（4）在很多市场上，买卖双方对于信息的了解是不对称的，卖方通常并不了解构成市场需求基础的消费者特征；买方通常

[1] 模型的详细推导见张军翻译的《市场的微观结构——中间层组织与厂商理论》一书（中国人民大学出版社 2002 年版，1～22 页）。原书中是用中间层组织，本文则采用商品市场的提法，范围有些缩小，但经济学本质不变。

也不了解他们想买的产品的质量、耐久性和安全性。商品市场的出现通过收集和向消费者及生产者提供与产品和服务有关的信息从而填补空白。例如，零售商可以检测产品并向消费者描述产品的特性；批发商可以向生产者报告市场需求和消费者的要求。将交易集中在商品市场层面进行，可以产生生产和分配信息的规模经济效应，通过市场投资质量监督机制有效降低柠檬市场（信息不对称导致的次品市场）的出现。

假设生产者的产品质量可高可低。提供质量 j 的产品有一个机会成本 C_j （$j=L$，H）。这里机会成本随质量提高而提高：$c_L<c_H$。消费者有一个随质量提高而提高的支付意愿：$v_L<v_H$。假定交易的利益总为正：$c_L<v_L$，$c_H<v_H$，令 λ 为产品有高质量的概率。假定柠檬条件成立，即

$$v\equiv(1-\lambda)v_L+\lambda v_H<c_H \tag{4-8}$$

所以，基于产品期望质量的消费者支付意愿小于生产者提高高质量产品的机会成本。

假设在均衡中，消费者无法区别产品的质量高低，从而高质量的生产者有离开市场的动机。消费者和生产者分割交换的利益：$(v_L-c_L)/2$。低质量产品的生产者愿意交换，所以交换发生的概率为（$1-\lambda$）。

假设一个市场能够以成本 K 观察到产品的质量并能向消费者见证其质量。市场将向高质量产品的卖者出价 $w_H=c_H$。市场对低质量的卖者选择价格 w_L，使得生产者把产品卖给市场或进行直接交换是无所谓的：

$$w_L-c_L=\frac{v_L-c_L}{2} \tag{4-9}$$

市场将对高质量的产品选择一个要价 $p_H=v_H$。市场对低质量的产品向消费者索取一个价格 p_L，使消费者购买低质量的产品与直接交换无所谓：

$$v_L - p_L = \frac{(1-\lambda)(v_L - c_L)}{2} \tag{4-10}$$

市场在观察产品的质量之前必须对检测技术 K 进行投资。所以，市场的期望利润为：

$$\begin{aligned}\Pi &= (1-\lambda)(p_L - w_L) + \lambda(p_H - w_H) - K \\ &= (1-\lambda)\frac{\lambda(v_L - c_L)}{2} + \lambda(v_H - c_H) - K\end{aligned} \tag{4-11}$$

如果两类产品的交易都有足够的利益，商品市场的进入是有利可图的。市场之所以能从见证低质量产品中获得回报，是因为它减少了消费者的不确定性。当 $v_H - c_H > K$，那么有一个临界值 λ^*，当高质量产品比重大于该临界值时，市场的出现才有利可图。

4.3 商品市场与城市化

4.3.1 中国城市化特点

中国的城市化进程与中国独特的城乡二元经济分不开。一直以来，中国的城市化水平不仅大大低于发达国家，而且也大大低于许多发展中国家，从 1978 年的 17.9% 开始，一直到 1996 年才首次突破 30% 的大关，2007 年中国的城市化率为 44.9%，仍然低于绝大多数同等收入国家。

城市化的过程不仅仅是一个经济增长与发展的过程，更大程度上应该是一个社会进步与人的现代化过程。马克思与恩格斯就把现代化的历史理解成为农村城镇化的历史。当前，在理论研究和经济实践两个方面都同时出现了较为严重的“唯经济增长”观点，将城市化直接、简单地等同于农村工业化与农村产业化。

同时，城市化的动力来源问题非常复杂，有学者提出基于农村、农业和农民三位一体的分析框架；并从农村工业化、农业产业化以及农民现代化三者与城市化之间形成的动态关系入手，建立了城市化动力机制。其中，农村工业化是推动力，农业产业化是拉动力，而农民现代化则是根本驱动力；前两者通过促进经济增长而直接推动城市化发展，后者则通过提高人与社会的发展从而根本地推动城市化进程。

而中国的城市化伴随着城乡商品市场二元化程度的加深。在中国这样一个城乡二元商品市场的国家，城市商品市场和农村商品市场在交易效率方面有着明显的差异，它们与城市化有什么关联呢？下面，通过杨小凯的模型和协整分析来描述两者的关联。

4.3.2　商品市场和城市化的一般均衡模型

我们主要借鉴 Yang Rice 的简化模型[1]对城乡市场和城乡二元结构进行分析。该模型中有三种产品，产品 1 和产品 2 为工业品，该产品生产所需的土地面积很小，因而生产该两种产品的人可以分散居住在大面积的地区；也可以集中居住在一个面积很小的地区；产品 3 为农产品，产品 3 的生产是土地密集型的生产，故必须分散居住在大面积的地区。现有 M 个消费—生产者，他们可以选择不同的专业化，生产不同的产品，也可以自由选择居住模式（远离邻居或紧靠邻居）。选择只生产一种工业品的消费—生产者称为 C 类人，而选择生产农业品的消费—生产者称为 R 类人。购买一单位产品的交易成本叙述为 $1-K$，或者说交易效率系数为 K，但不同类型的人之间的交易效率系数不同。K 值的大小取决于人们选择居住地理模式的决策，C 类人之间（集中居住）的交易效率系数设为 $K=k$，R 类人之间（分散居住）的交易效率系数设为 $K=r$，而一对 C 类人与 R

[1]　Yang, X. and Rice, R. An Equilibrium Model Endogenizing the Emergence of a Dual Structure between the Urban and Rural Sectors [J]. Journal of Urban Economics, 1994 (25): 346-368.

类人之间的交易效率系数设为 $K=s$，则成立如下不等式[1]，即 $k>s>r$。

每个消费—生产者的效用函数为：

$$u=(x_1+Kx_1^d)(x_2+Kx_2^d)(x_3+Kx_3^d) \tag{4-12}$$

每个消费—生产者有如下生产函数和禀赋约束：

$$x_i+x_i^s=\text{Max}\{l_i-\alpha,0\},l_1+l_2+l_3=1$$
$$\alpha\in(0,1),l_i\in[0,1],i=1,2,3 \tag{4-13}$$

其中，α 是生产一件产品时固定的学习或训练费用，l_i 表示生产产品 i 时的专业化水平，下标 i 表示产品 i，上标 s 和 d 分别代表消费和生产。

和前面的讨论一样，有三种模式：一是自给自足［用 A 来表示，图 4.2（a）］；卖产品 i 且买产品 j（用 i/j 来表示）；卖产品 i 且买产品 j 和 t（用 i/jt 来表示）。第二种类型的模式又有六种：（1/2），（2/1），（1/3），（3/1），（2/3），（3/2），如图 4.2（b）。第三种类型的模式有三种：（1/23），（2/13），（3/12），如图 4.2（c）。这些模式的组合就产生四种结构。在自给自足结构 A 中，M 个人都选择模式 A。所有 M 个人在模式（1/2）和（2/1）之间选择的结果，就组成局部分工结构 P_1，而所有 M 个人在模式（1/3）和（3/1）之间选择的结果，就组成了结构 P_2。基于模式（2/3）和（3/2）的一个结构与结构 P_2 相对称，产生的人均真实收入与 P_2 相同，故可以省略。在模式（1/23），（2/13）以及（3/12）之间选择的结果，组成了完全分工的结构 D。

杨小凯计算各个结构的人均真实收入的结构[2]表明，当 s

[1] 此不等式的第一个不等式是容易理解的，对第二个不等式，杨小凯认为 R 类人居住在半径为 1 的农场的中心，C 类人要和 R 类人进行交易，他将居住在农场的边界，因为这时的交易距离为 1。但两个 R 类人进行交易时的交易距离为 2. 因此，$s>r$。

[2] 杨小凯. 经济学——新兴古典与古典框架［M］. 张定胜，张永生，李利明，译. 北京：社会科学文献出版社，2003：288.

$>s_0 \equiv [(1-3\alpha)/(1-2\alpha)]^3$ 时，结构 P_2 好于结构 A；当 $s>s_1 \equiv [(1-2\alpha)(1-\alpha)]^9/k^2$ 时，结构 D 好于结构 P_2。S_1 和 S_0 的比较表明，当 $k<k_0 \equiv [(1-2\alpha)^4/(1-\alpha)^3(1-3\alpha)]^{1.5}$ 时，$S_1>S_0$。这意味着，如果 $S<S_0$，则一般均衡结构是 A；如果介于 S_0 和 S_1 之间，则一般均衡结构是 P_2；如果 $S>S_1$，则一般均衡结构是 D。当 $K>K_0$ 时，结构 P_2 要次于结构 A 或结构 D。因此，如果 $S<S_2$，则结构 A 是均衡；如果 $S>S_2 \equiv [(1-3\alpha)(1-\alpha)]^{9/4}/k^{0.5}$，则均衡结构是 D（其中，S_2 的值由 $u_{(A)}=u_{(D)}$ 给出）。

在结构 P_2，出售一种工业品的人不会生产农产品，因此他可以居住在远离农场的地方，也可以居住在农场的边界。他将选择后一种居住模式以节省交易成本。这意味着，当 $K<K_0$ 时，每一个半专业化的工业品出售者将紧挨着一个半专业化的农民居住。这样，在结构 P_2 的情况下，尽管存在着农民和工业品生产者之间的分工，但没有城市。这就说明，尽管分工是城市出现的必要条件，但它不是充分条件。在结构 D，完全专业化的工业品 1 和 2 的制造者可以居住在一起以节省交易费用，因为居住在一起时的交易效率为 k，而分散居住时的交易效率为 s，而 $s<k$。随着交易效率的提高，一般均衡从自给自足（A）演进到农民和工业品制造者之间的局部分工（P_2），此时没有城市（因为没有居住在一起）。然后，随着交易效率的进一步提高，出现专业化的工业品制造者之间以及农民与制造业者之间的完全分工（D），这时出现了城市。因此，城市从分工中出现的充分条件是在非土地密集型的工业品制造中的高水平分工。

在图 4.2 中，图（a）为自给自足；图（b）为局部分工（P_2），此时没有城市；图（c）为有城市的完全分工，两个专业制造业者之间的居住距离远远小于一个制造业者与农民之间的居住距离。尽管图（c）表示的是一个社区，但实际上此类社区有 $M/\left[2+\left(\frac{s}{k}\right)^{1/3}\right]$ 个。为了节省交易费用，人们将同最近的人进行交易，故不同的社区之间不存在交易。因而，如果把这些人口集中的社区看做城市，那么共有 $M/\left[2+\left(\frac{s}{k}\right)^{1/3}\right]$ 个城市。

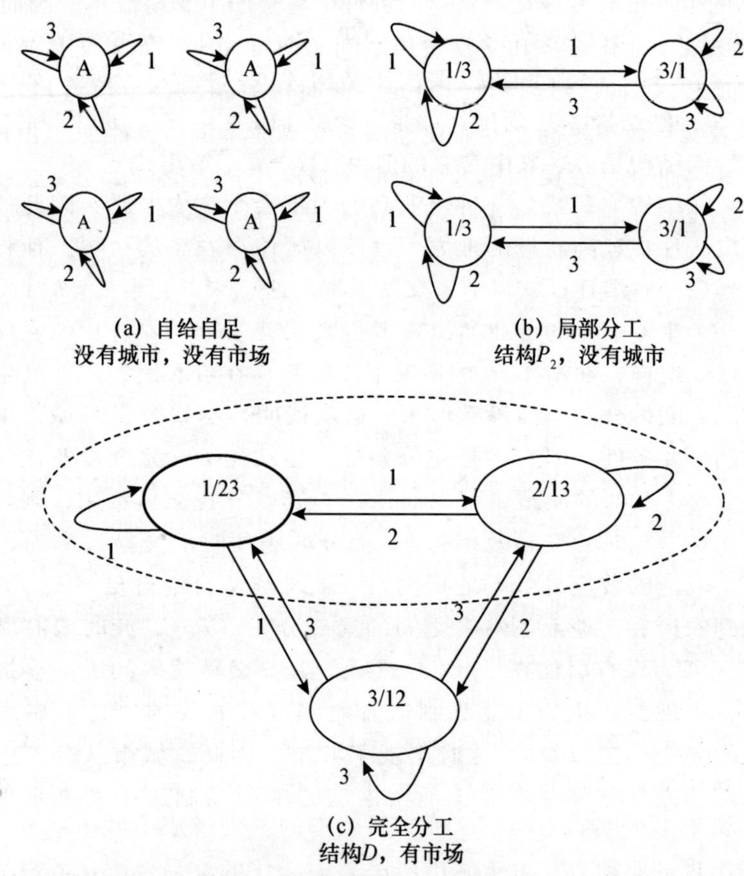

图 4.2　城市从分工演进中出现 [1]

假定粮食的生产是土地密集型的，而很多工业品的生产不

---

[1]　杨小凯. 经济学——新兴古典与古典框架［M］. 张定胜，张永生，李利明，译. 北京：社会科学文献出版社，2003：287.

是土地密集型的，因而，农业活动不能像工业活动那样集中在一个小区域内，而工业品的生产由于不需要占用大量土地，既可以分散布局在广大地区，也可以集中布局在城市。在每种产品的生产上有专业化经济，而进行交易会产生交易成本。因而，就出现专业化经济和交易费用之间的两难冲突。如果交易效率很低，人们就会选择自给自足，此时没有市场，也没有城市。随着交易效率提高，专业化经济与交易成本的权衡结果，出现了半专业化的农民和半专业化的工业品生产者之间的分工。由于农业是土地密集型而工业品生产不是土地密集型，所以农民只能分散居住，而工业品生产者选择离农民最近的地方居住，以降低分工带来的交易费用。因此，如果农业和制造业之间的分工水平较低（也就是半专业化的农民和工业品生产者），就不可能产生城市。如果交易效率进一步提高，在农业和制造业分工之外，又出现制衣、房屋制造、家具制造等为职业的制造业者。由于这些制造业的生产并非土地密集型，他们可以分散居住，也可以集中居住。为了节省不同非农职业之间交易引起的交易成本，他们将居住在一起。因此，根据新兴古典经济学，城市以及城乡差别因专业制造者之间以及专业制造业与农民之间的分工水平的提高而产生。

如果不同的专业制造者居住在城市，那么制造业者（居住在城市的居民）之间的交易效率比农民（居住在农村的居民）与城市居民之间的交易效率高得多。由于农业和工业生产中土地密集型程度的不同，这种交易效率的差别就成了城市从分工中出现的驱动力。由于城市居民集中居住的交易效率比农村分散居住的交易效率高得多，城市的分工水平也就由于交易效率的提高而大大提高，因而城市和农村之间在生产力和商业化等方面就会出现差距，城市里的专业化水平总是比农村提高得快。因而，经济从自给自足向高分工水平发展时，就会出现用生产力差别和商业化收入差别表示的城乡二元结构。这种二元经济状态，是经济发展过程中的必然过程，不会有资源配置的扭曲或内生交易费用。在这种二元结构中，由于农村居民的专业化水平较低、生产率水平也较低，因而商业化水平和从市场中得到的收入水平较低。但只要有城乡迁居的自由和择业的自由，城乡之间的真实收入就会均等化，而且从市场中得到的收入、商业化程度以及生产力水平都趋于均等。在这种二元结构的演进过程中，城乡之间的自由迁居、自由择业、自由价格以及私有财产制度都是加速经济发展、消除城乡二元经济状态的条件。随着交易效率的持续提高，整个经济将演进到一个完全的分工状态，这时二元结构将消失，农村和城市间生产力水平、商业化程度以及商业化收入将趋于一致。

4.3.3 实证研究

从前面的模型中可以很清楚地发现，城乡经济的分工程度与城乡市场的交易费用和交易效率有很直接的联系，即城乡二元经济的状态主要是由城乡商品市场的发展差距（主要是交易效率的差距）导致的。

目前，尚无衡量我国城乡商品市场发展差距程度的指标，许多学者采用人均收入比较或者人均消费指标。而具体到本文，我们研究的是城乡商品市场发展状况，并且从交易效率角度进行分析，因此尝试用城乡商品市场场均交易额和城市亿元以上商品市场营业面积及成交额对城乡商品市场交易效率进行初步分析。

1．城乡商品市场交易效率初步分析

我们可以采用城市和农村市场场均交易额来分析，由于数据不完整，我们只能分析1989—2003年的数据，详见图4.3。

图4.3表明，在1989年城市商品市场场均交易额为551万元，而农村商品市场场均交易额为211万元；而在2003年，城

市商品市场场均交易额上升为 5 720 万元，而农村商品市场场均交易额也有所上升，达到 2 045 万元。从图上还可以看出，1993 年以前，城乡商品市场在效率方面差距并不大，而之后开始呈现出逐步扩大的趋势，这与城市商品市场的集约度不断提高有关联，但同时也反映了农村商品市场仍处于一种比较落后的状态。

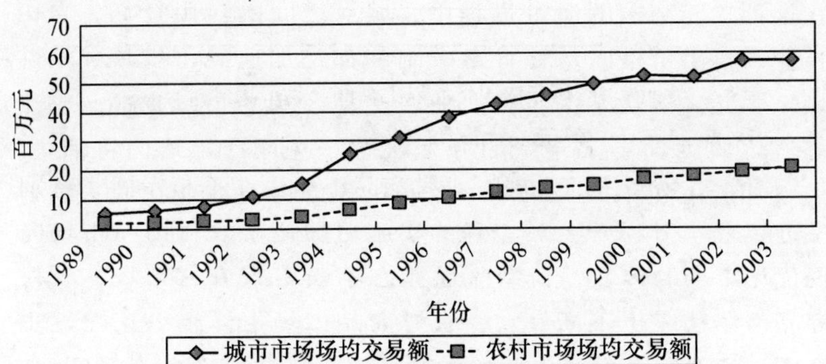

图 4.3　城乡商品市场场均交易额比较

资料来源：根据 1989—2005 年《中国统计年鉴》整理，其中 2003 年之后中国统计年鉴不再列入城市市场交易额和农村市场交易额指标。

同时，在中国城市商品市场已经出现了集约化、专业化的趋势。自改革开放以来，中国城市商品市场中综合市场和其他市场所占的比重，无论是市场数量，还是成交额、摊位数、营业面积，均逐年下降，而专业市场则逐年上升。2005 年专业市场比重比上年增加了 11 个百分点，而成交额则提升了 13.5%，这些导致了城市商品市场的专业化程度不断加深。而城市商品市场的集约化程度也在不断加深。仅以亿元及以上商品交易市场为例（见图 4.4），从 2001 年到 2005 年，城市商品交易市场经营面积从 8 261 万平方米增加到 1.3 亿平方米，营业额则增加了近一倍，这些都体现了城市商品市场的集约化程度不断加深，开始呈现出规模经济的态势。

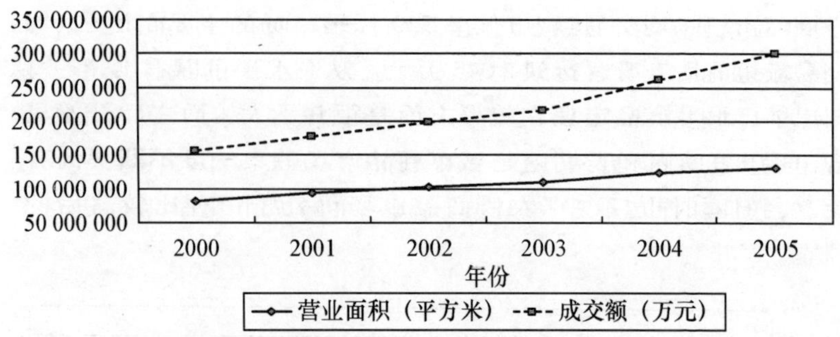

图 4.4　历年中国亿元以上商品交易市场分析

资料来源：历年《中国商品交易市场统计年鉴》。

随着市场经济的发展，农村商品市场也在不断发展，特别是近年来“万村千乡”工程的实施更加速了农村商品市场向现代化市场的转变，新型流通业态不断引入农村市场，农村商品市场秩序也不断好转，农村商品市场主体组织正在逐步形成，商业服务质量也开始提升。但是与城市商品市场相比，在市场效率方面仍然有着非常大的差距，例如许多超市下乡，只是贴了个超市牌子，而超市的经营方式、模式和现代化技术工具均没有应用，这不可避免地导致了农村商品市场的低效率。

从上可知，城市商品市场发展规模上显著优于农村市场，并且由于我国对外开放的不断深入，外资在城市商品市场的全面进入更是加大了城乡商品市场发展的不均衡性。

2. 城乡商品市场效率与城市化协整分析

正如杨小凯的模型显示的那样，同时 Young 也曾经提出过 Young's theorem（杨格定理），即“分工决定市场，市场决定分工”。[1]城市化就是交易和内生分工水平达到一定层次的结果。

[1]　Young，Allyn. Increasing Returns and Economic Progress [J]. The Economic Journal，1928 (38)：527-542.

在本论文中，我们将城市化率视为代表市场的主要变量[1]，而将城乡商品市场运行效率视为衡量分工水平的最佳变量，这样为了证明杨格定理，实际上就是要深入分析上述两个变量之间在短期内和长期内是否存在相互关联。

我们同样选取中国 1989—2003 年的城市化率指标进行分析，见图 4.5。

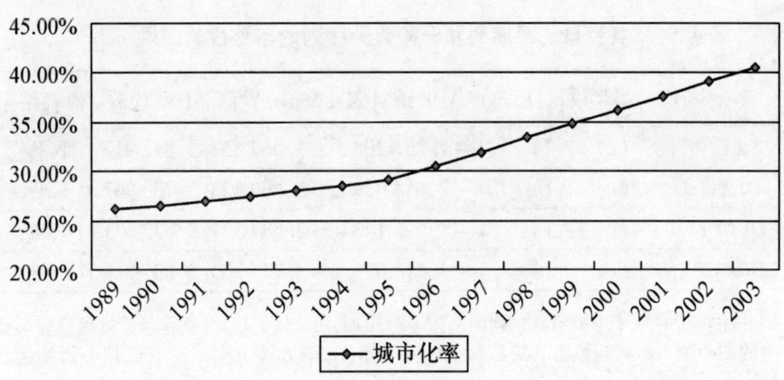

图 4.5　1989—2003 年中国城市化率

资料来源：历年《中国商品交易市场统计年鉴》。

本文选取中国城乡商品市场场均交易额之比作为城乡商品市场效率（城乡二元商品市场）的代表变量，选取城市化率作为城市化的代表变量，研究的数据区间为 1989—2003 年（因为从 2003 年开始统计口径发生变化，故舍弃），均为年度数据。将城市化率和市场效率实际量分别用 Y、X 表示，为了减少数据的异方差和波动性，分别对各变量取自然对数，用 LY、LX 表示。

（1）时间序列平稳性的单位根检验。

本文运用 ADF 方法对各个变量的单整性进行单位根检

[1]　因为城市化水平的提高一般就意味着市场的扩大，我们隐含了这样的假设，即城市相对于农村有很大或者更有效率的市场。

验。如果非平稳时间序列在经过 d 次差分后变为平稳时间序列，则称这样的序列是 d 阶单整，记作 $I(d)$。进行协整分析之前必须检验序列是否为 $I(1)$[1]。根据水平序列时序图显示有时间趋势和常数项，故在检验水平序列时确定有趋势项和常数项，滞后阶数采用 *AIC* 最小准则。检验结果如表 4.5 所示。

表 4.5　各变量的原序列和一阶差分序列的单整检验结果

变量	检验类型（c，t，n）	ADF 统计量	5%临界值	DW 检验	检验结果
LY	（c，t，2）	−1.251 308 3	−3.467 527	1.872 912	不平稳
LX	（c，t，1）	−2.653 029	−3.460 623	1.780 907	不平稳
D(LY)	（c，t，1）	−4.038 140*	−3.587 527	2.073 631	平稳
D(LX)	（c，t，1）	−3.517 623*	−2.976 263	2.005 810	平稳

注：其中 D（）表示原序列的一阶差分序列，（c，t，n）分别表示单位根检验模型中的截距项、时间趋势项和滞后阶数。* 表示在 5% 水平显著。所有数据分析均运用 Eviews5.0 软件进行。

单位根检验结果显示，所有变量水平序列的统计量的 ADF 绝对值均低于 5% 临界值水平，因此，水平序列是非平稳序列。一阶差分后，*D(LY)*、*D(LX)* 的 ADF 统计量在 5% 水平显著，说明两个序列的一阶差分序列为平稳序列。

（2）VAR 模型构建与协整检验。

本文采用 Johansen 所提出的 Johansen 检验[2]，对多变量系统进行检验。根据 AIC 信息准则，经过多次实验，当最大滞后阶数选择 1 时是优良的，AR 根均落在单位圆内，满足 VAR 稳定性条件，因而自回归滞后阶数取为 1。采用 Johansen 检验的最大特征值法，得出协整检验结果，如表 4.6 所示。

---

[1] 李子奈，叶阿忠．高等计量经济学［M］．北京：清华大学出版社，2000.

[2] Johansen, S. Estimation and Hypothesis Testing Of Co-integra-tion Vectorsin Gaussian Vector Autoregressive Models [J]. Econometric, 1991, 59 (6): 1551-1580.

表 4.6　　Johansen 协整关系检验结果

H_0	特征值	最大特征值统计量	5%临界值
$r=0$	0.699 157	70.202 90	47.856 13
$r\leqslant 1$	0.653 915	36.570 23	29.797 07
$r\leqslant 2$	0.193 124	6.860 222	15.494 71
$r\leqslant 3$	0.029 964	0.851 823	3.841 466

注：r 表示协整关系的个数。

检验结果表明，在 5% 显著水平下，变量 Y、X 之间存在 1 个协整关系，协整关系式可表示为：

$$LY = 0.765^{*} LX - 0.052$$

（3）基于水平 VAR 的因果关系检验[1]。

选取自回归滞后阶数分别为 1 和 2，对各变量的因果关系检验结果如表 4.7 所示。

表 4.7　　各变量之间的长期因果关系检验结果

零假设 H_0	滞后阶数	F 检验统计量	拒绝零假设的概率	结果
X 不是 Y 的 Granger 原因	2	0.686 88	0.513 61	拒绝
	1	5.428 52	0.028 18	
Y 不是 X 的 Granger 原因	2	1.778 17	0.213 02	拒绝
	1	4.205	0.050 93	

注：确定以滞后 1 期或 2 期的概率，以大的为准，概率是否大于 0.05。

因果检验结果表明，长期来看，城乡商品市场交易效率和城市化率存在双向因果关系。

（4）VEC 模型的建立。

建立 VEC（向量误差修正）模型的过程是，先估计由 $D(LY)$、$D(LC)$、$D(LI)$、$D(LE)$ 这四个 $I(0)$ 过程组成的向量

[1] Engle, R. F. and C. W. J. Granger. Co-integration and ErCorrection: Representation, Estimation and Testing [M]. Econmetrica, 1987 (5): 251-276.

自回归模型，然后将前文估计的协整关系以误差修正项的形式引入到模型中，即：

$$VECM = LY - 0.765 * LX + 0.052$$

表 4.8　　向量误差修正模型的估计结果

方程	$VECM_{t-1}$	$D(LY_{t-1})$	$D(LY_{t-2})$	$D(LX_{t-1})$
$D(LY)$	-0.006374 (-3.18711)		-0.823030 (-2.53180)	0.616325 (1.65489)

VEC 模型结果表明，中国城市化率在短期内受到城乡市场交易效率的影响。

（5）基于 VEC 的因果关系检验。

基于 VEC 的因果关系检验可以揭示变量之间的短期因果关系。可以就相应的参数作约束检验。假设相应的变量系数为零，如果假设被接受，则可以认为没有短期 Granger 因果关系，否则，接受该变量存在短期 Granger 因果关系。[1,2]

表 4.9　　各变量之间的短期因果关系检验结果

零假设 H_0	F 检验统计量	拒绝零假设的概率	结论
ΔX 不是 ΔY 的 Granger 原因	0.324 53	0.470 61	接受
ΔY 不是 ΔX 的 Granger 原因	1.553 53	0.067 27	拒绝

以上结果表明，在短期内城乡商品市场交易效率是城市化率的原因，而反之则不成立。

而这种城乡商品市场运行效率的差异恰恰证明了从 1989 年开始中国快速城市化率进程，因此城乡商品市场运行效率与城市化之间有着杨格所说的“分工决定市场，市场决定分工”的联系。

［1］ Granger, C. W. T. Some Recent Development in a Concept of Causacity [J]. Journal of Econometrics, 1988 (39): 199-211.

［2］ 曾令华，王朝军. 经济增长与贷款增长相关性的实证分析［J］. 财经理论与实践，2004（3）：15-20.

4.4 本章小结

本章主要研究了城乡商品市场运行机理，主要得出了如下结论：

（1）在宏观经济层面，商品市场对于区域经济有着非常明显的拉动作用，在区域经济发展的第一阶段，在经济总量非常小的情况下，由于基础设施以及工业化程度偏低的影响，因此商品市场拉动系数偏小。在第二阶段，在经济总量发展到一定水平时，相应基础设施以及工业化程度开始逐步完善，这时商品市场拉动系数能达到最大。在第三阶段，在经济总量达到非常高水平时，此时商品市场拉动系数开始逐渐减少，因为商品市场的拉动效应已经无法再提升了。

（2）商品市场的发展能够减少交易成本、集中和分散风险、减少配对和搜寻的成本、抑制逆向选择、减轻道德风险和机会主义。从一般意义上讲，商品市场运行效率与城市化进程互为因果，城市化能带来商品市场交易效率的提升，商品市场交易效率的提升也能够促进城市化进程，这可以从城乡商品市场运行效率的初步分析得到证明。

（3）城乡商品市场交易效率的差别可以从城乡商品市场场均交易额反映，事实证明，城市化率与交易效率呈现出互为因果的关联。本文通过城乡商品市场交易效率和城市化率的协整分析发现，从长期看两者互为因果；而从短期看，市场效率是城市化率的原因，反之则不成立。

5 CHAPTER 第五章 中国城乡商品市场贸易壁垒实证研究

建立统一的全国大市场是从计划经济体制向市场经济体制转型所要达到的重要目标之一。统一市场要求竞争和开放，而竞争有序又依赖于统一市场。但目前的中国商品市场，既有政府主管部门从上到下的“条条”分割，又有各地方政府的“块块”分割，更为严重的是城乡市场之间也存在贸易壁垒和市场分割。从城乡经济发展的角度讲，统一市场的基本内容是打破市场封锁，促进商品在全国市场自由流动，从而在更大程度和更大范围上发挥市场在资源配置中的基础性作用，以促进城乡经济的发展。

历史表明，市场经济不断深化发展的一个重要表现就是市场，特别是商品市场之间的壁垒逐步消除，市场一体化逐步形成的过程。由分割性市场向范围更广的全国性市场的转变是经济发展过程中的一个重要阶段。商品市场分割是我国改革开放以来经济运行中一直存在的突出问题，20 世纪 90 年代以前学者的研究主要从行政权力分割、地方保护主义等角度进行过分析，但是囿于研究工具的限制，一直没有取得重要的突破。进入 21 世纪以来，国内外学者开始运用制度经济学、面板数据分析等经济学工具对商品市场贸易壁垒问题进行大量研究，并且这种研究主要围绕着区域商品市场展开[1]。

[1] 其实国内外学术界对于中国区域市场分割的研究基本等同于省际市场分割。

5.1 贸易壁垒的相关研究

国内外学术界对于我国存在严重的区域商品市场贸易壁垒现象这一点并无不认同，但是对于商品市场在改革发展中是否存在着整合（或称市场一体化趋势）则存在较大争议。Young[1]在“Quarterly Journal of Economics”发表了研究中国商品市场贸易壁垒的重要论文，他指出，在中国渐进式改革中，各地区专业化程度没有加深，商品市场受各地方政府控制趋于分割状态。这个论断与世界银行 1994 年[2]根据类似数据分析得出的结论相同。世行报告指出，市场统一程度严重不足的国家具备以下特征：（1）地区价格差异显著并且常见；（2）行业产出的地区分布表明，每一个主要工业群实际上分布于所有的省份；（3）在许多省份和就全国整体情况而言，地区间贸易量占总零售额的比例实际上有所降低；（4）各省之间的投资占投资总量的比例降低；（5）劳动力地区间流动性变得更差。Poncet[3-5]运用边界效应模型对于 1987—1997 年的商品市场贸易壁垒现象进行了研究，并指出商品市场出现“非一体化”趋势，中国省内贸易壁垒与美国和加拿大之间、欧盟之间的贸易壁垒相当，而这是

---

[1] Young, Alwyn. The Razor's Edge: Distortions and Incremental Reform in the Reople's Republic of China [J]. Quarterly Journal of Economics, 2000 (35): 1091-1135.

[2] 见 1995 年世界银行报告，世界银行网站。

[3] Poncet, Sandra. The Magnitude of Chinese Provinces' Internal and International Trade Integration, Is Chinese Provinces' Greater International Openness Threatening China's Domestic Market Integration? [A]. paper presented at the 3rd international conference on the Chinese economy, "Has China Become A Market Economy?" 2001 CERDI, Clermont-Ferrand, France.

[4] Poncet, S. Measuring Chinese Domestic and International Integration [J]. China Economic Review, 2003, 14 (1): 1-21.

[5] Poncet, S. A Fragmented China: Measure and Determinants of Chinese Domestic Market Disintegration [J]. Review of International Economics, 2005, 13 (3): 409-430.

受到国际经济一体化和各省自给自足的影响。黄赜琳[1]运用边界效应模型，分行业分析了1997年我国区域商品市场贸易壁垒的状态，指出农业保护最为严重，商业、运输业其次，轻重工业则相对较轻。

根据世界银行2005年的《中国：全国产品和要素市场的分割：经济成本和政策建议》报告，过去10年地方保护主义大大降低了。高达67.3%的被调查者认为地方保护主义已略有或大大好转。如果把中国分成四个主要地区：东部、中部、西部和东北地区，我们可以非常明显地看出地方保护主义的改善在东部最为显著（分数为3.89），其次是中部（3.73）、西部（3.72）和东北地区（3.56）。值得注意的是，即使是情况最差的省份，我们仍然可以认为其变化优于平均水平，因为所有省份的平均分均大于3。

国内外学者运用省际贸易流、相对价格法和数据包络法对我国商品市场贸易壁垒进行了深入研究。Naughton[2]采用1987—1992年的省际贸易流（以制造业产品为主）数据分析得出与Young完全相反的结论，商品市场出现了逐渐一体化的趋势。Bai等人[3]发现，1985—1997年期间各省产业结构的雷同程度有所降低，这表明地区专业化分工的加强和市场保护程度的降低。他们发现地方政府倾向于保护以下几种行业：（1）历史上创造高额利税的行业，从而削弱了这类企业地域上的集中程度；（2）国有企业占较高份额的行业；（3）企业规模较大的行

[1] 黄赜琳. 地方保护与市场分割：来自中国的经验数据［J］. 中国工业经济，2006（2）：60-67.

[2] Naughton, B. How Much Can Regional Integration Do to Unify China's Markets?［J］. Paper presented for the Conference for Research on Economic Development and Policy Research, Stanford University, 1999.

[3] Bai Chong-En, Du Yingjuan, Tao Zhigang, and Tong, Sarah Y. Local Protectionism and Regional Specialization: Evidence from China's Industries［J］. Journal of International Economics, 2004（28）：17-42.

业。郑毓盛等[1]则采用数据包络技术分析了我国整体技术效率，指出由于市场贸易壁垒造成的省际要素配置效率损失逐渐减少，反映了区域市场一体化程度不断增强。蒋满元[2]尝试用中国各省份通过铁路运输的货物比重来分析商品市场的贸易壁垒状态，将中国划分为高度开放地区、中度开放地区、自我循环比率高的地区和以省内市场为主的地区，不过由于数据较少并且代表性不强，其结论有待进一步分析。出于对数据的考虑，国内外学者更多采用相对价格法进行研究，相对价格法的思想主要来自于 Samuleson[3]提出的冰川模型，假定某种商品的售价在 i 地为 P_i，j 地为 P_j，商品在两地间运输会损耗成本，即“融化”了的“冰川”成本，因此可以用区域商品价格指数的不同（考虑地理距离和交易成本等）来刻画区域商品市场间一体化程度。朱希伟等[4]利用 Melitz 模型构建了一个开放经济模型，从国内市场贸易壁垒的角度解释了中国出口贸易的强劲增长，从另一个侧面反映了国内商品市场贸易壁垒的严重程度。桂琦寒等[5]、陈敏等[6]利用各地商品价格指数，通过计算 61 对接壤省（市）的相对价格方差的时间序列，得出我国商品市场一体化程度在不断加深。范爱军等[7]、刘小勇

---

[1]　郑毓盛，等. 中国地方分割的效率损失［J］. 中国社会科学，2003（1）：64-72.

[2]　蒋满元. 区域性市场分割：测度、成因及影响分析［J］. 广西财经学院学报，2007（4）：21-26.

[3]　Samuelson，Pau. Theoretical Note on Trade Problem［J］. Review of Economics and Statistics，1954（46）：145-164.

[4]　朱希伟，等. 国内市场分割与中国的出口贸易扩张［J］. 经济研究，2005（12）：68-76.

[5]　桂琦寒，等. 中国国内商品市场趋于分割还是整合？——基于相对价格法的分析［J］. 世界经济，2006（2）：20-30.

[6]　陈敏，等. 中国经济增长如何持续发挥规模效应？——经济开放与国内商品市场分割的实证研究［J］. 经济学季刊，2007（10）：125-150.

[7]　范爱军，等. 国内市场分割及其影响因素的实证分析——以我国商品市场为例［J］. 南开经济研究，2007(5)：111-119.

等[1]运用了相似的面板数据分析方法，不同的是，他们将相对价格方差从相邻省份拓展到全国省份之间，得出的结论是相似的。

现有研究商品市场贸易壁垒问题的文献绝大多数集中在省级或者区域市场贸易壁垒上面，忽视了城市和乡村之间其实也存在着商品市场贸易壁垒的现象。他们之所以避开城乡商品市场贸易壁垒问题的研究，可能是出于城乡商品市场之间的贸易联系不如区域市场之间那样紧密，同时中国各省份之间由于实力相差不多，其贸易壁垒问题相对于城乡之间显得更为突出。

但是城乡统筹一直就是我国经济发展的重要问题，而城乡商品市场作为城乡经济发展的重要载体，在我国转轨经济的新形势下，对其贸易壁垒的研究就显得格外重要和迫切。在前面章节的分析中，我们看到了交易效率的提升有利于城市化的进程，但是这种优势往往没有通过城乡贸易传递到农村，因为尽管贸易和专业化的优势很清楚，但实现这些优势的前提条件却并非总能得到满足。由于城乡间存在的贸易壁垒，商品和服务的自由流通往往难以实现，使自由贸易变得困难，从而削弱了专业化本应具有的优势。

但是值得注意的是，城乡商品市场的贸易壁垒问题不完全等同于城乡商品市场的发展问题，即使城乡商品市场贸易壁垒不显著，城乡商品市场的发展差距仍然可能非常大[2]。本文尝试运用 Young 和 Poncet 采用的相对价格法对城乡商品市场贸易壁垒问题进行研究。

---

[1] 刘小勇，等. 财政分权与地区市场分割实证研究［J］. 财经研究，2008（2）：88-98.

[2] 因为商品市场贸易壁垒问题主要考察的是城乡商品市场之间的分割和贸易障碍，城乡之间市场贸易壁垒不明显体现的城乡商品市场之间交流和贸易没有障碍，但并不意味着两者发展水平同步，其实按照国际贸易比较优势理论，可能两者之间发展水平相差越大，他们的相互贸易反而越可能发生。

5.2　城乡商品市场贸易壁垒概述

我国农村发展的初始条件是自给自足的自然经济。虽然现在自然经济已经被打破，但农村存在的自然经济的残余是明显的。相比城市，农村的市场化水平要低得多。其突出原因有：一是农业劳动生产率低，农产品在农民自给后余下部分进入市场的不多；二是农业剩余生产要素特别是剩余劳动力流出困难；三是农用生产要素（维持性的要素）也不需要都从市场取得，相当部分是自给自足的。这种经济的货币化程度也低。农业市场化和货币化程度低意味着缺乏农业部门生产率的提高所需要的现代投入要素，或者说现代生产要素难以通过市场途径进入农业部门[1]。城乡之间市场化水平存在明显差距时，城乡之间进行交易会产生的明显后果是：市场化水平高的城市剥削市场化水平低的农村，而且市场化水平高的城市对农村要素有强烈的吸引力。

根据经济学的观点，要素、产品供需在竞争中实现均衡。然而，我国长期存在的工业品和农产品的价格形成机制分割，使价格机制对资源的配置达不到均衡状态，农业和农村不能得到必要数量的资源。历史上存在的工农业产品价格剪刀差形成价值再分配，导致工业对农业、城市对农村的剥夺。改革开放以来，我国进行的农产品价格制度改革扭转了工农业产品价格指数剪刀差的势头。但是工农业产品价格形成机制的差别实际上仍然保留了城乡商品市场机制的分割。其主要特征是：第一，工业品价格在市场上形成，主要农产品（粮棉油）价格不完全在市场上形成，国家的一些政策因素和制度因素对农产品价格

---

[1]　费景汉，拉尼斯．增长和发展：演进观点［M］．北京：商务印书馆，2004：8-9.

形成的影响仍较大。第二，农产品的价格仍然低于价值，突出表现在农产品价格中实际上没有充分体现甚至是没有体现农民的活劳动价值。第三，农产品生产由于在较长的劳动期间中受自然影响大，可能出现的自然灾害风险难以规避，市场不能提供锁定农产品价格风险的机制。因此，即使扭转了剪刀差，仍然无法改变农产品在市场交易中的弱势地位。农民常常是市场风险的最后承担者。由工农业产品价格形成机制分割产生的价格体系导致不等价交换，导致降低农业生产效率，从而降低全社会的福利。

例如，在农产品市场上就存在城乡商品市场贸易壁垒[1]。在计划经济体制中，国家实行统购统销，农民只有生产粮食的义务，没有选择市场的权利。从 20 世纪 80 年代中期起，农村改革进入农产品流通体制改革的层面，国家对农产品实行合同收购，同时允许在合同以外的部分自由进入市场。合同收购部分由国家定价，合同以外的可以自由定价，随行就市。这时农民开始具有了一定程度的市场主体的地位。从 2004 年起，粮食流通体制进一步改革，国家在减少直至取消合同收购基础上实现粮食购销市场化和市场主体多元化。这种新的制度安排基本上克服了政府行为对农产品收购市场和销售市场的分割，但这种分割仍然存在。导致这种状况的原因与市场本身的组织相关。

在原有的政府合同收购制度中，虽然农民的市场主体地位是不完全的，农民直接与政府交易，政府的收购行为虽然僵化和缺乏效率，但对农民来说，不需要特意寻找市场和寻找价格，政府也较少存在机会主义行为，因此，农产品合同收购可以降低农民的交易成本。

在政府的合同收购部分逐步减少后，农民需要自己寻找市场，对长期生活在计划经济体制下的农民来说，其市场意识薄

---

[1] 洪银兴，高春亮. 城乡市场的分割和统一 [J]. 经济学家，2006 (6)：42-49.

弱，分散经营的农户，不仅信息严重缺乏，而且对市场行情的认知能力也很差。农户在交易活动中处于相对弱势地位，因而不可能以平等的市场主体身份参与产品交换。在这种情况下，中间商进入是不可避免的。中间商作为买方和卖方的中介，相比分散经营的农民具有市场信息的优势，对市场行情的认知能力也强。在中间商进入农产品购销环节后，农户生产的产品除部分自用、部分自销外，大部分通过批发商销往城市，批发商将产品批发给零售商，由零售商将产品销售给城市居民。如果将农产品的生产和流通视为专业化分工，那么从理论上说，农民可以从专业化生产中节省交易成本。然而，事实是农民产出增加的同时，收入却没有随之增加，尤其是农民相对收入明显下降。据2004年对全国9 000个农业生产经营单位小麦收益情况的调查，小麦亩均总收入420.5元，扣除生产费用，纯收入为199.1元，比上年增加111.3元，小麦价格上涨因素使亩均增收78.6元，政府补贴因素使亩均增收12.6元[1]。可见农户收入增加与粮食产量之间的关系相对较弱。农民收入增加主要由其他因素如国家补贴、农业税收减少等因素引起。粮食产量增加并没有导致农户收入增加，农民得不到农产品销售价格上涨的收益，在很大程度上与中间商压低收购价格有关，与城乡商品市场间贸易壁垒有关。

5.3　城乡商品市场贸易壁垒研究

5.3.1　研究方法

现有对于商品市场贸易壁垒的测量方法主要有边界效应模

[1]　李培林．构建和谐社会：科学发展观指导下的中国——2004—2005年中国社会形势分析与预测［DB/OL］．中国网．

型、省级贸易流法、数据包络法和相对价格法等。下面简要介绍边界效应模型和相对价格法。

1. 边界效应模型

以 Head 和 Mayer[1]模型为例解释一个适合分析地区间行业贸易的边界效应模型。假设代表性消费者的效用函数为常替代弹性型，其函数形式为：

$$U_i = \left\{ \sum_{j=1}^{K} \sum_{h=1}^{n} (a_{ij} C_{ijh})^{\frac{\sigma-1}{\sigma}} \right\}^{\frac{\sigma}{\sigma-1}} \tag{5-1}$$

其中，C_{ijh} 表示 i 地区消费者从 j 地区购得商品 h 的消费量（$h=1$，…，n_j）；n_j 为 j 地产品的种类数量（或生产规模）；a_{ij} 是 i 地消费者对从 j 地进口商品的消费者偏好权重；σ 为任意两种产品的替代弹性。这里的消费者效用函数中双边偏好存在异质性，消费者能根据产地衡量产品的价值。对每种商品 h，预算约束条件为：

$$m_i = \sum_{k=1}^{K} m_{ik} = \sum_{k=1}^{K} C_{ik} p_{ik} \tag{5-2}$$

其中，m_i 为 i 地进口的所有商品总额（包括本地生产部分）；m_{ik} 为 i 地进口贸易伙伴 k 地的所有商品额；C_{ik} 为 i 地从 k 地进口的商品量；p_{ik} 为 i 地从 k 地进口商品的到岸价（该价格由生产价格及货物运输的交易成本所组成）；K 为贸易伙伴总数。在预算约束（5-2）下对效用函数求极值，并对所有商品 h 求和，可得：

$$m_{ij} = \frac{a_{ij}^{a-1} n_j p_{ij}^{1-\sigma}}{\sum_k a_{ik}^{a-1} n_k p_{ik}^{1-\sigma}} m_i \tag{5-3}$$

公式（5-3）表明双边贸易流量与消费者偏好 a_{ij}、供应规模

[1] Head. K.，T. Mayer. Non-Europe: The Magnitude and Causes of Market Fragmentation in the EU [R]. Weltwirtschaftliches Archiv, 2000 (136): 100-121.

n_j 和价格 p_{ij} 相关。而 p_{ij} 又与产品价格 p_j、运输距离 d_{ij} 及各种壁垒 u_{ij} 有关。将 i 地消费 j 地和本地的产品对比，得：

$$\frac{m_{ij}}{m_{ii}}=\left(\frac{a_{ij}}{a_{ii}}\right)^{a-1}\left(\frac{n_j}{n_i}\right)\left(\frac{p_{ij}}{p_i}\right)^{a-1} \tag{5-4}$$

根据 Dixit-Stigliz 垄断竞争模型，假定生产存在规模经济，技术共享，每种产品只由一个厂商生产，产量为 q，则 j 地的生产总值为 $v_j=qn_jp_j$，利用这个关系式可从方程（5-3）、（5-4）中消去 n_j；假设运输成本 tc_{ij} 是两地距离 d_{ij} 的函数，即 $tc_{ij}=d_{ij}^{\delta}$，δ 为参数；假设各地对外的贸易壁垒是一致的，对内不存在贸易壁垒，即 $i=j$ 时，$u=0$，否则 $u>0$；假设 B_{ij} 为虚拟变量，当 $i=j$时，$B_{ii}=0$，否则 $B_{ij}=1$，这表示对本地不征关税，对其他地区征收关税。则：

$$p_{ij}=(1-uB_{ij})d_{ij}^{\delta}p_j \tag{5-5}$$

公式（5-5）的经济含义是，当 $i=j$ 时，表明产品由本地生产，则产品价格主要由区内的运输成本决定；当 $i\neq j$ 时，表明产品是由外地进口，则产品价格由区际间的运输成本和由于区际间的贸易壁垒所支付的关税成本这两部分组成。

设消费者偏好 a_{ij} 由本地偏好 DB_{ij} 和随机项 ε_{ij} 组成，即：

$a_{ij}=e^{DB_{ij}+\varepsilon_{ij}}$，其中，当 $i=j$ 时，DB_{ij} 等于 0，否则为 $-\beta+\eta A_{ij}$。

其中，β 表示 i 地消费者对于外来品的厌恶程度，$\beta>0$；η 为一常系数，对外来产品，DB_{ij} 一般为负；A_{ij} 为虚拟变量，当 $i=j$时，$A_{ij}=1$，否则 $A_{ij}=0$，这表明相邻地区能在一定程度上抵消对外来品的厌恶度。上面公示的经济含义为，本地生产的产品比外地生产的产品更受消费者的偏爱；而在外地生产的产品中，产地与销售地区相邻所生产的产品比不相邻所生产的产品更受消费者偏爱。将以上定义的诸因子代入表达式（5-3）并转换成对数形式，得：

$$\ln m_{ij} = \ln m_i + \ln v_j - \delta(\sigma - 1)\ln d_{ij} - \sigma \ln p_j + (\sigma - 1)\eta A_{ij} - (\sigma - 1)[\beta + \ln(1 + \mu)]B_{ij} + \varepsilon_{ij} - I_i \quad (5\text{-}6)$$

$$I_i = \ln\left\{\sum_{k=1}^{K} exp\left[\begin{array}{l}\ln v_k - \sigma \ln p_k - \delta(\sigma - 1)\ln d_{ik} - (\sigma - 1) \\ (\beta - \eta A_{ij} + \ln(1 + \mu))B_{ik} + \varepsilon_{ik}\end{array}\right]\right\} \quad (5\text{-}7)$$

I_i 为 i 地进口者的“包容值”，它反映了 i 地所有潜在供应者的特征，如经济规模、价格、距离和边界效应等。为了避免求解 I_i，我们以区内贸易为参照，用相对量代替绝对量，即方程（5-6）两边减去 $\ln m_{ij}$，并令 $e=(\sigma-1)(\varepsilon_{ij}-\varepsilon_{ii})$，得：

$$\ln \frac{m_{ij}}{m_{ii}} = \ln \frac{v_j}{v_i} - (\sigma - 1)\delta \ln \frac{d_{ij}}{d_{ii}} - \sigma \ln \frac{p_j}{p_i} + (\sigma - 1)[\beta + \ln(1 + \mu)] + e_{ij} \quad (5\text{-}8)$$

方程（5-8）即为边界效应计算公式。

然而，边界效应模型需要大量区域间贸易的数据以及距离和经济规模的情况，而在城乡商品市场贸易壁垒研究中，这些都比较难以搜寻，因此我们采用下面的相对价格法。

2. 相对价格法

相对价格法模型的核心思想是以交易成本的存在解释两地间一价定律（Law of One Price）的失效。简而言之，因为存在交易成本，所以两地的价格最终不可能完全相等，而是在一个区间内上下波动。我们以 i、j 两地为例，假定某种商品的售价在 i 地为 P_i，j 地为 P_j，商品在两地间运输会损耗成本，即“融化”了的“冰川”成本。推而广之，“冰川”成本也可以泛指各种交易成本导致的商品损耗。令该损耗的大小为每单位价格的一个比例 $c(0<c<1)$。此时，只有当条件 $P_i(1-c)>P_j$，或者 $P_j(1-c)>P_i$ 满足时，套利行为才可行，两地会进行此商品的贸易。当上述条件不成立时，商品的相对价格 P_i/P_j 将在无套利区间［$1-c$，$1/(1-c)$］内波动。所以，即使两地之间市场完全整合，没有套利壁垒，相对价格 P_i/P_j 也不必趋近于1，而可能有一定的活动范围。也就是说，即使 P_i 与 P_j 的运动方向不同或者运动幅度不同，市场仍然有可能是整合的。可见，协整法与 Young 采用的价格波动标准差都难以准确地反映市场整合程度。

"冰川"成本模型并不是对传统一价定律的全盘否定，而是合理地修正了原有的理论。现有的许多研究正是以相对价格 P_i/P_j 的这一运动规律，进行计量检验。第一种应用是对相对价格 P_{it}/P_{jt} 的时间序列进行单位根检验（unit root test）。若不能拒绝 P_i/P_j 服从单位根运动的原假设，则表明方程 $P_{it}/P_{jt}=\beta P_{i-1}/P_{jt-1}+e_t$，有 $\beta=1$。此时，序列 P_{it}/P_{jt} 为非稳定（non-stationary）的随机过程，其方差随时间的推移而不断扩大。从经济含义上看，P_i/P_j 的非稳定性反映了两地间市场存在严重的贸易壁垒，每一次意外冲击都将对 P_i/P_j 造成永久性影响，都会使相对价格 P_i/P_j 无法回到无套利区间 $[1-c,\ 1/(1-c)]$。反之，拒绝单位根假设则表明 P_i/P_j 的方差为固定值，其变动幅度有限，冲击只是暂时的，长期来看 P_i/P_j 有回到无套利区间的趋势。

Parsley 与 Wei [1] 的研究开拓了以相对价格的方差 Var（P_i/P_j）变动为观察对象的第二种应用。如果方差 Var(P_i/P_j) 随时间变化而趋于收窄，则反映出相对价格波动的范围在缩小，"冰川"成本 c 降低，无套利区间 $[1-c,\ 1/(1-c)]$ 在缩窄，两地间的贸易壁垒有所削弱、阻碍市场整合的因素减少。据此，我们有理由推断市场整合程度在提高。换言之，我们可以将相对价格的方差视作市场一体化程度的指标。

本文使用相对价格法 [2] 分析城乡商品市场贸易壁垒，以相对价格的波动反映城乡间商品市场贸易壁垒的变化。相对价格

---

[1] Parsley, David and Wei, Shang-Jim. Convergence to the Law of One Price without Trade Barriers or Currency Fluctuations [J]. Quarterly Journal of Economics, 1996 (111): 1211–1236.

[2] 根据"冰山成本"理论，如果相对价格差异的波动随时间变化趋于收敛，说明城乡间的交易成本降低，商品市场分贸易壁垒降低，反之则商品市场贸易壁垒提高。

法包括三个指数的计算，一是相对价格差异$|\Delta Q_{ijt}^{k}|$，二是价格差异残差Δq_{ijt}^{k}，三为相对价格方差$V(\Delta q_{ijt}^{k})$。我们采用$|\Delta Q_{ijt}^{k}|$[1]来衡量城乡商品市场的贸易壁垒，其中，i、j分别代表城市和农村，t代表年度，k代表某一类商品。

5.3.2 城乡商品市场贸易壁垒数据分析

我们的原始数据是1985—2007年[2]城乡商品零售分类价格指数[3]，该指数的变动可以直接影响到城乡居民的生活支出和国家的财政收入。基于数据的统一性和可靠性，我们选择了粮食、饮料、衣服、药品、书报、日用品、家具和燃料等八类商品进行分析。经过数据处理，可以得出1985—2007年城乡商品市场的分割，以反映城乡商品市场综合商品价格的波动情况（见图5.1)。

图5.1 1985—2007年城乡商品市场贸易壁垒

从图5.1中可以发现，在1985—2007年，我国城乡商品市场整体上呈现出日趋整合的趋势，但是在某些年份仍然具有比较剧

[1] $|\Delta Q_{ijt}^{k}|$的计算公式为：$\Delta Q_{ijt}^{k}=\ln\left(\frac{P_{it}^{k}}{P_{jt}^{k}}\right)-\ln\left(\frac{P_{it-1}^{k}}{P_{jt-1}^{k}}\right)=\ln\left(\frac{P_{it}^{k}}{P_{it-1}^{k}}\right)-\ln\left(\frac{P_{jt}^{k}}{P_{jt-1}^{k}}\right)$，其中从统计年鉴中获得的原始数据正是商品零售价格的环比指数。

[2] 将数据起点选在1985年是因为之前的数据缺乏，并且统计口径不一。

[3] 数据来源：《新中国55年统计资料汇编（1949—2004)》，2005、2006、2007、2008年《中国统计年鉴》。

烈的波动，例如1985年、1992年和2004年等。城乡商品市场的发展大体经历过三个阶段：1985—1992年是第一阶段，改革开放处于初期，经济市场化程度不高，并且经济改革的重点刚从农村转向城市，城乡市场之间联系不是很紧密，因此城乡商品市场呈现出比较分散的状态，城乡商品市场之间贸易联系非常微弱，城乡商品市场贸易壁垒较大，并且这种贸易壁垒较大程度上是由于计划体制向市场经济体制的转型过程产生的，因此可以发现代表了市场化经济全面推进的1992年是一个明显的拐点，在此之前城乡商品市场贸易壁垒还是上升趋势，但是之后则日趋整合。1992—2002年为第二阶段，在这一阶段随着市场化改革的不断推进，城市的市场化改革进程不断加快，城乡商品市场开始呈现出整合的趋势，但仍然有比较大的波动性，这主要是由于城市优先的战略深入到各地政府和中央政府的决策中，一方面城市商品市场不断扩大规模，提高运行质量；另一方面，农村商品市场日益萎缩。2002年以后是第三阶段，随着各城市商贸网点规划的实施、“万村千乡”工程的顺利展开，城市和农村各自的市场化程度不断提高，同时随着城乡之间人口、技术和资金的不断流动和融合，城乡商品市场一体化的程度日趋提高，出现了城乡商品市场协调发展的良好趋势[1]。

5.3.3　城乡商品市场贸易壁垒的影响因素

由图5.1，我们已经初步分析了城乡商品市场的贸易壁垒，但为什么在1985—2007年间城乡商品市场贸易壁垒日趋缩小呢？为什么在1992年图形呈现出明显拐点的趋势呢？哪些因素影响了城乡商品市场的贸易壁垒呢？

从经济理论上分析，城乡商品市场的贸易壁垒受到城乡居

---

[1]　李燕，李颖．“万村千乡”工程的困境与对策［J］．湖北经济学院学报，2007（1）：90-91．

民收入差异、城乡居民消费差异的影响，同时城乡的交通状况以及国家对于城乡市场的投入也会极大地影响城乡商品市场的发展。因此我们可以建立如下的计量模型：

$$Y = c + \alpha_1 X_1 + \alpha_2 X_2 + \alpha_3 X_3 + \alpha_4 X_4 + \alpha_5 \text{Dummy92} + \varepsilon \quad (5\text{-}9)$$

方程左边的被解释变量是城乡商品市场壁垒 Y，X_1、X_2、X_3、X_4 分别代表城乡消费差异、交通状况、国家对城乡商品市场的投入和城乡收入差异。

在进行具体实证分析前，我们先对1985—2007年城乡商品市场贸易壁垒度进行单位根的检验以分析其是否平稳序列[1]。根据ADF检验可以发现（见表5.1），该时间序列在5%的显著水平下拒绝单位根假设，因此可以认为该序列是平稳的时间序列。

表5.1　城乡商品市场贸易壁垒度的ADF检验

城乡商品市场分割度		t-Statistic	Prob.
ADF 检验		-3.533 670	0.042 2
Test critical values:	1% level	-3.788 030	
	5% level	-3.012 363	
	10% level	-2.646 119	

在方程（5-9）中，方程式左边的Y取值就是图5·1中计算出来的城乡商品市场贸易壁垒，由于该数据的绝对值过小，我们将它放大100倍。方程式右边的各变量，出于数据的连续性和可得性，我们作以下处理。

（1）我们用城乡恩格尔系数之差反映城乡居民消费差异，因为恩格尔系数直接体现了城乡居民在消费层面上的本质差别。改革开放以来，城市和农村居民的恩格尔系数都出现了非常明显的下降，其中城市居民恩格尔系数下降更为明显，从1985到

[1] 如果平稳性验证通过才能直接运用回归分析，否则会出现伪回归现象，只能通过协整进行分析。

2007 年城乡居民的恩格尔系数分别从 53.3% 和 57.8% 下降为 35.8% 和 43.0%，显然城乡居民消费水平的逐步靠近会加强城乡商品市场的整合力度，因此预期系数为负。

（2）城乡交通状况通过计算每年全国公路通车里程、铁路里程和内河里程，将三者按照相应权重[1]复合而成。交通状况对于城乡商品市场的发展起到两方面作用：一方面，不断发展的交通连接了城乡商品市场，降低了贸易壁垒程度；另一方面，高速公路和高速铁路的发展又在一定程度上割裂了城乡联系。

（3）国家对于城乡商品市场的投入指标很难衡量，我们采用国家财政支出中的工、交、流通部门事业费，这项指标是不分城乡的，是整体指标。国家对流通部门投入经费越大，城乡商品市场的发展就越有基础，对于城乡商品市场的整合就越有利，预期系数为负。

（4）城乡收入差异，采用城镇居民人均可支配收入与农村居民人均纯收入之比。城乡居民收入的差异在新世纪出现越来越被拉大的趋势，从 1985 到 2006 年城乡收入比从 1.86 扩大到 3.28，这无疑会影响到城乡商品市场的贸易壁垒程度。

（5）无论是从图形上还是从实际上，我们都很容易发现 1992 年在城乡商品市场分割研究中的特殊地位。从图 5.1 中可以发现 1992 年是仅次于 1985 年的城乡市场贸易壁垒的极值，而从实际生活看，1992 年代表了我国市场化改革进程的起点。因此我们特意设置虚拟变量 Dummy92，1992 年取值为 0，1992 年之后取值 1。

我们采用 Eviews5.0 对方程（5-9）进行估计，由于城乡收入差异与城乡消费差异有很大的相关性，因此考虑了加入和不

[1] 事实上，我们采用的是公路:铁路:内河 =5:4:1 的权重，这个权重有些主观，但我们相信在城乡商品市场发展中最为重要的是公路，其次是铁路，内河从全国范围内看对于城乡商品市场影响相对弱些。

加入城乡收入差异两种情况，最后考虑1992年作为虚拟变量，回归结果如下：

表5.2　　城乡商品市场分割影响因素实证结果

被解释变量	城乡商品市场分割		
	(1)	(2)	(3)
X_1	-0.130 926*** (-3.243 271)	-0.110 496*** (-3.325 922)	-0.121 845** (-2.392 241)
X_2	-0.035 39 (0.462 337)	-0.003 185* (-0.375 945)	-0.002 807* (-0.308 445)
X_3	-0.003 011* (-1.805 922)	-0.000 225* (-0.105 955)	-0.000 400* (-0.155 822)
X_4	0.646 786*** (3.274 997)		0.026 749* (0.049 498)
Dummy92			0.087 868* (0.235 714)
常数项	1.461 894* (1.360 096)	1.659 713*** (3.711 323)	1.600 177* (1.278 013 2)
R^2	0.590 378	0.589 379	0.591 796
F检验值	6.125 420	8.612 023	4.639 209
DW	1.730 955	1.682 966	1.767 265

注：(1) 括号中数据为t值；(2) ***、**、*分别表示在1%、5%和10%水平上显著。

从回归结果中可以发现，在三个回归方程中，城乡消费差异对于城乡商品市场贸易壁垒程度产生了巨大的影响，因为商品市场的发展必须要以消费的不断发展作为前提，并且系数为负，完全符合我们的预期，即城乡消费差距越小，城乡商品市场整合力度就越大，因此如何拉动农村消费不仅只是纯粹的消费和生产问题，也是关系到城乡商品市场协调发展的最重要因素。

而国家交通状况在三个方程中，均对城乡商品市场整合起到了积极作用。虽然在前面的分析中，我们指出交通设施的发展对于城乡商品市场协调发展是把“双刃剑”，但从实证结果来看，国家交通基础设施的建设还是对城乡商品市场整合起到了积极影响，不过这种影响并不是特别明显。

国家对于流通部门的资金投入对城乡商品市场的整合起到了非常积极的作用，国家的投入力度越大，城乡市场贸易壁垒程度越弱，不过这种影响力度很小，甚至低于交通状况的影响，我们猜测可能是由于资金投入的“城市偏好性”[1]导致了这一点。在实证结果中，城乡收入差异与城乡商品市场的分割程度呈现出正相关，这与我们的预期有非常大的差异，可能由于城乡收入差异与消费差异有非常强的相关性[2]，因此在方程会呈现出共线性，另一个可能的解释来自于经济学常识的思考，应该是城乡商品市场发展的协调程度导致城乡收入的差异而不是相反。

最后，对于虚拟变量的回归结果证实了我们的预想，1992 年前后城乡商品市场整合力度有非常大的差异，而 1992 年恰好是邓小平南方讲话的那一年，也是我国市场经济改革的重要时期。

与我们的研究相类似，国内外学者对我国区域商品市场贸易壁垒的成因也进行了深入分析，如 Poncet[3,4]指出地方保护主义和地方财政收入最大化是商品市场贸易壁垒的主要成因。而银温泉等[5]认为，地方市场分割主要是行政性分权体制形成、演进的结果，是体制转轨过程的必然产物，现实的和历史的制度

[1] 这一点不难从国家对于城乡商品市场发展的各个文件中发现。

[2] 关于收入和消费的线性关系一直是经济学家研究的热点问题，相关文献不计其数。

[3] Poncet, S. Measuring Chinese Domestic and International Integration [J]. China Economic Review, 2003, 14 (1): 1-21.

[4] Poncet, S. A Fragmented China: Measure and Determinants of Chinese Domestic Market Disintegration [J]. Review of International Economics, 2005, 13 (3): 409-430.

[5] 银温泉，等. 我国地方市场分割的成因和治理 [J]. 经济研究，2001 (6): 3-12.

因素，正式的和非正式的制度安排，共同构成了市场贸易壁垒的制度基础。陈敏等[1]、刘小勇等[2]详细讨论了地方政府对经济活动的参与程度、经济的国有化程度、地区技术差距、经济开放程度、市场化改革所处的阶段与商品市场贸易壁垒的关联，其中经济开放与市场贸易壁垒呈现出非线性关系，政府行为与市场贸易壁垒正相关，技术差距与市场贸易壁垒负相关。另外有些学者从地方政府互相之间的竞争关系来分析区域商品市场贸易壁垒现象。

从上面分析可以发现，城乡商品市场贸易壁垒和区域商品市场贸易壁垒有共同影响因素，如市场化程度、政府投入等，但更多的是不同。区域商品市场贸易壁垒与地方保护主义、地方技术差距、地方经济开放程度密切相关，而城乡商品市场贸易壁垒与城乡消费差异、城乡交通设施紧密联系。

5.4 政策建议

对于如何消除我国区域商品市场贸易壁垒，许多学者都提出了很好的建议。除了上面提到的外，石磊等[3]提出了由于商品自身特点和空间距离会造成各地方之间存在着一种“自然市场分割水平”，并在此基础上构建了 N 个地方政府的地方保护模型，从宪政和转移支付角度提出了治理对策。谢玉华[4]则分析比较了发达市场经济国家治理国内市场贸易壁垒的历史，美

---

[1] 陈敏，等. 中国经济增长如何持续发挥规模效应？——经济开放与国内商品市场分割的实证研究 [J]. 经济学季刊，2007 (10)：125-150.

[2] 刘小勇，等. 财政分权与地区市场分割实证研究 [J]. 财经研究，2008 (2)：88-98.

[3] 石磊，等. 市场分割的形成机制与中国统一市场建设的制度安排 [J]. 中国人民大学学报，2006 (3)：25-32.

[4] 谢玉华. 治理国内市场分割的国际经验与借鉴 [J]. 广东社会科学，2006 (2)：25-29.

国主要依靠法制调控州际贸易冲突，欧洲国家主要通过促使市场制度的形成来冲破市场割据和行会势力，日本依靠政府强有力的干预促使国内统一市场形成。而城乡商品市场分割由于具备自身的特性，因此其整合措施也有异于区域分割措施，主要从以下几个方面展开。

1. 缩小城乡消费差距

缩小城乡消费差距降低城乡商品市场贸易壁垒[1]。城乡消费差距主要来自于基础环境、金融环境和信息环境的差异，因此缩小城乡消费差异可以从这几个方面着手。

（1）加大农村基础设施建设。农村基础设施的好坏，直接关系到农民的生产和消费。世界银行的研究表明：东南亚国家和地区经济快速增长的成功经验之一，就是政府用于农村基础设施的投资高于其他国家。我们已经看到，我国政府提出了新农村建设，已经把投资的重点转向农村基础设施，如拨出专款用于农村电网和路网的改造。农村电网改造，大大刺激了农民对家用电器的需求。农村的道路交通条件的改善，为农村商品流通、信息交流提供方便，刺激了农村经济的发展。此外，通讯条件的改善、供水设施的建设都为提高农民的消费水平起到了较大的促进作用。“十五”期间，我国在农村基础设施建设方面有了明显改善。“十一五”期间，国家把投资的重点转向农村，进一步加强了农村基础设施建设。同时，在继续推进城镇供水、供气、污水和垃圾处理、公共交通设施城乡统筹、区域发展工作的同时，进一步增强城镇基础设施辐射农村的能力。

（2）加速农村金融发展[2]。从前面的分析可以知道，农村金融不仅对农村生活消费直接产生影响，而且还通过农业生产

[1] 唐红涛，柳思维. 从消费环境视角解读我国城乡消费差距［J］. 湖南社会科学，2007（2）：96-99.

[2] 石长明，等. 城乡一体化进程中农村金融体系创新［J］. 经济与管理，2007（10）：63-68.

影响农民收入，从而间接地对农村消费产生影响。因此要协调城乡消费差距，必须加速农村金融发展，发挥政策性金融（中国农业发展银行）在农村发展中的主导作用，利用各种商业性金融对农村消费领域进行开拓，更进一步深化农村信用社改革，为农业生产提供资金支持，为农民生活消费提供信贷支持，为农村基础设施建设提供资金指支持。首先，加大农村正规金融资源的供给。四大国有商业银行应在注重盈利性和风险性的前提下，力所能及地提高支农的力度。另外，重要的是农村政策性银行的作用必须加强，必须加快农村信用社的产权制度改革以及其他各项改革，为农村信用社的发展提供良好的外部环境和内部环境。其次，遏制农村资金的流出，避免“虹吸”现象的产生。多管齐下，遏制农村资金的外流，特别是要改革邮政储蓄系统，堵住资金外流的重要通道。可行的办法是邮政储蓄把从农村吸收的储蓄资金转存到人民银行，人民银行再通过定向贷款把某一县（市）邮政储蓄网点的转存款全部返还给该县（市）的联社，由后者统一调度，在本地区使用。人民银行根据需要可在全国范围内调配使用邮政储蓄资金，以调节地区间农村经济发展的不平衡，但原则是其吸储资金必须返回农村，实现对农村经济发展的金融支持。最后，规范非正规金融的发展。在目前阶段，农村非正规金融作为正规金融的有益补充，我们应该允许其在农村的存在与发展，但必须大力规范其运行和发展，使非正规金融所承受的风险下降，将要求的回报率降下来，使利用非正规金融的农村居民的负担减轻，缓和城乡收入差距，缩小城乡消费差距。

（3）推进农村信息化建设。我国农村信息化建设，首先，要结合社会主义新农村建设，制订农村信息化的战略规划，根据不同区域特征、经济发展水平整体布局，结合新农村的建设进程，制订农村信息化建设规划、信息人才培训计划以及相关政策措施，推进我国农村信息化健康有序发展。其次，要建立健全农村信息网络，整合涉农信息资源。近两年来，从中央到县级政府的不少部门都建起与农业、农村相关的服务网络或信息平台，为“三农”服务发挥了积极作用，但是仍存在着各管一摊、各搞一套、重复投资的问题。应打破条块分割、信息资源割裂、信息结构和体系支离破碎的局面，整合信息网络和资源，以县级农村信息中心为枢纽，向上疏通国家、省、市农村信息中心的联系架道，向下完善乡、村两级信息网络。这样，一方面，可以把基层和农民的信息汇集向上传递；另一方面，更重要的是可以把国家的政策、法规和社会经济信息、市场价格信息及时传递给农民，降低农民消费时面临的信息不对等。同时各县级信息中心的开放性又能互相协作、联系紧密、资源共享。另外，农村中小学是当地的文化中心，信息传播中心，要结合国家“农村中小学现代远程教育计划”工程的实施，努力使农村的每一所中小学都能根据当地的实际情况选用适当的方式接入互联网，充分发挥农村中小学信息化的综合功能，为传播农业科技、提供农产品供求信息和培养农民职业技能服务，在农村信息化建设中发挥更大作用[1]。最后，降低农村通信服务成本。各级政府要积极鼓励通信运营企业发展农村通信和农民使用通信，向通信运营企业适当返还农村通信营业税，并在机房用地、青苗赔偿、施工贴补等方面减免费用。通信运营企业要逐步降低农村区间电话、移动电话和宽带等通信费，让利于农民，刺激农民的通信消费欲望，提升用户量和消费量，实现规模效应。同时设计简易好用的电脑或手机终端产品，方便农民使用，使广大农民都能享受到基本的通信服务。在宽带网络建设上要因地制宜，选择重点人群和地区，不能搞不切实际的遍地开花、强求每个农户都上宽带，初步考虑每个行政村设

[1]　李荣华. 基于科学发展观的湖南县域经济信息化研究［J］. 湖南社会主义学院学报，2008（10）：24-26.

立一个信息服务站，担当“二传手”角色，为农民提供宽带服务。待条件成熟后，再扩大网络覆盖面，避免资源浪费。在网络运营上要探索符合实际的商业化运作模式，强化造血功能，形成盈利价值链，保证持续化服务能力。

总而言之，必须通过各种途径提高农村信息化水平，才能有效降低因消费信息环境恶劣所造成的农村消费乏力，从而有效缩小城乡消费差距，加速城乡商品市场整合力度。

2. 加大国家对商品市场的建设力度

从农村角度看，要加大“万村千乡”市场工程的建设力度。可以建立农村商品市场体系建设专项资金，加大农村商品市场体系建设，应加大政府直接投入和扶持力度，把农村商品流通设施纳入农村基础设施建设范围，中央和地方财政予以相应支持，用于连锁店、配送中心等市场基础设施建设和农产品批发市场、农产品流通企业的扶持。完善政府对农村市场体系建设的政策鼓励和引导手段。运用财政贴息、税收调节等措施引导社会信贷资金投向农村商品市场建设，形成多元化投融资渠道。在工商登记和税费方面予以优惠。从城市视角看，不仅要通过城市商贸网点的规划布局加强自身的商品市场建设，更为重要的是通过连锁下乡、超市下乡等形式建立城乡商业联系，将城市商品市场的资金、技术、人才优势辐射到农村商品市场，有效降低两者的分割程度。

同时，要不断深化市场经济改革增强城乡商品市场的协调发展程度[1]。实践证明，我国的市场经济改革越深入，城乡发展的市场化程度越高，商品市场作为市场经济发展的重要载体就越能发挥资源配置、价格发现的功能。城市和农村之间就越能通过彼此商品市场的发展建立起相互联系，城乡商品市场

---

[1] 柳思维，唐红涛．关于城乡二元商品市场格局及城乡商品市场和谐发展的探讨［J］．经济与管理研究，2008（11）：82-88.

的整合程度也将越高。具体而言，可以通过规范城乡商品市场秩序，建立现代市场体系来增强城乡商品市场的整合力度。打击各种违法经营活动，规范商品市场主体行为和市场竞争秩序。加强价格监管，禁止价格欺诈、价格操纵等行为。以完善信贷、纳税、合同履约、产品质量的信用记录为重点，加快建设社会信用体系，健全失信惩戒制度等。

5.5　本章小结

城乡商品市场的发展是影响中国二元经济发展的重要原因，本章通过相对价格法以 1985—2007 年为样本计算分析了城乡商品市场的分割程度，指出从整体上看，中国城乡商品市场呈现出贸易壁垒逐渐降低，城乡商品市场整合的趋势。同时本章还总结了影响城乡商品市场贸易壁垒的几个因素，发现城乡消费差异、交通设施、城乡收入、财政对流通事业的投入等因素对城乡商品市场贸易壁垒程度的影响，其中最为重要的是城乡消费差异对于商品市场贸易壁垒的影响，因此本章最后从城乡消费基础设施建设、城乡金融、城乡信息差距等方面总结并提出了相关政策建议。

6 CHAPTER 第六章 中国城乡商品市场协调发展实证研究

本书第五章阐述了中国城乡商品市场贸易壁垒不断下降，这反映了城乡商品市场之间贸易联系日益紧密，市场之间壁垒不断被打破。但是城乡商品市场发展情况又如何呢？从前面已有的交易效率的数据看，城乡商品市场发展还存在很大的差距。那么，从时间层面和空间层面上看，城乡商品市场协调发展情况如何呢？这是本章研究的核心问题。

6.1 城乡商品市场协调发展机理分析

6.1.1 城乡商品市场一体化的福利分析

城乡商品市场发展呈现出非常明显的二元格局，城市商品市场发展速度快，集约型高，规模经济明显；农村商品市场发展速度较慢，多呈零散型分布，缺乏规模效益。那么城乡商品市场应该实行市场一体化，实现城乡商品市场协调和谐发展吗？下面我们将借助于福利经济学的分析来回答这一问题。

假定城市商品市场为发展程度较高的市场体系，用市场 A 表示，农村商品市场为发展相对滞后的市场体系，用市场 B 表示，城乡商品市场一体化能够带来的社会福利效应如图 6.1

所示[1]。

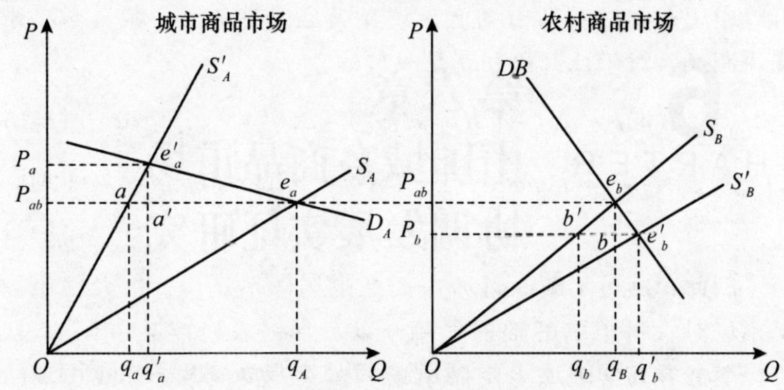

图 6.1　城乡商品市场一体化的福利分析

图 6.1 中，横坐标分别表示城乡商品市场的商品供求数量，纵坐标分别表示城乡商品市场的商品价格。斜线 D_A 表示具有充分弹性的城市商品市场需求曲线，斜线 D_B 表示缺乏弹性的农村商品市场需求曲线。斜线 S'_A、S'_B 分别表示在城乡二元商品市场分割条件下城市和乡村市场的商品供给曲线，斜线 S_A、S_B 分别表示在城乡商品市场协调发展下城市和乡村市场的商品供给曲线，均衡价格与均衡商品供求量分别为 p_a、p_b、q'_a、q'_b。p_{ab} 表示城乡商品市场实现市场一体化情况下的市场均衡价格 [2]。矩形 $op_ae'_aq'_a$ 和矩形 $op_be'_bq'_b$ 的面积分别表示城乡市场一体化后城乡市场生产者效用和消费者效用。

在城市商品市场，城乡市场一体化给消费者带来的消费者剩余增量为梯形 $p_{ab}p_ae'_ae_a$ 的面积，给城市生产者带来的损失为矩形 $op_ae'_aq'_a$ 的面积，农村生产者获得的剩余为矩形 $q'_aa'e_aq_A$ 的面积。只有当城乡商品市场协调发展导致消费者剩余增量大于

[1]　保建云. 中国发达地区间的发展竞争与市场一体化 [J]. 中国人民大学学报，2006 (3)：33-39.

[2]　此处不考虑城乡商品市场间的运输成本及其他天然的交易成本。

生产者损失时，一体化在城市商品市场才可行，类似的分析也可以应用在农村商品市场上。只要满足以下条件，城乡商品市场协调发展对于社会福利就是改善的。

$$S(p_{ab}p_{a}e'_{a}e_{a})-[S(op_{a}e'_{a}q'_{a})-S(q'_{a}a'e_{a}q_{A})]\geqslant 0 \quad (6\text{-}1)$$

$$[S(op_{ab}e_{b}q_{B})+S(p_{ab}p_{b}e'_{b}e_{b})]-[S(op_{b}e'_{b}q'_{b})+S(p_{ab}p_{b}e'_{b}e_{b})]\geqslant 0 \quad (6\text{-}2)$$

因此，通过不断改善城市商品市场体系建设，扩大城市商品市场对农村市场的辐射作用，以及加强农村商品市场建设，可以更加容易实现城乡商品市场一体化，实现城乡商品市场协调和谐发展，而这种发展有利于整个社会福利的改进。

6.1.2　城乡商品市场协调发展机理分析

具体而言，城乡商品市场协调发展的内涵中包含了 1 个"前提"和 4 个"标志"。1 个"前提"是城乡商品市场之间存在相互联系，这是认识城乡市场协调发展内涵的基础。因为，其一，城乡协调本身就是描述城乡经济系统之间（当然也包括各系统因素之间、系统各功能之间、结构或目标之间）关系的状态，从而判定这种关系是否和谐。显然，如果区域之间不存在联系，就无所谓和谐还是不和谐。其二，从协调产生的前提上看，一般来说，只有当系统包含有若干相互矛盾或相互制约的子系统，当系统具有存在利益冲突的多个独立个体或因素，当系统包含有对各个目标有不同评价标准的参与者时，才需要进行协调。在这里，不管是"矛盾"还是"冲突"，都是源于对城乡区域（或系统）联系的考察与评判[1]。

4 个"标志"分别为：

[1]　吴楚才，等. 中国城乡二元结构及其协调对策［J］. 城市规划，1997（9）：31-37.

（1）城乡之间经济联系日益密切。区域之间经济联系越密切，区域间经济发展的依赖性就越强，区域间的互动性也就越高。其重要体现为，以劳动地域分工为基础的城乡市场逐步形成并不断扩大，城乡封锁和城乡市场分割趋向弱化，全国统一市场逐步形成，城乡区域间生产要素和商品的交换除了受市场和价格因素的影响外，基本不受其他非市场、非价格因素的限制和制约。在此基础上，区域之间经济交往的范围和深度得以不断扩大。

（2）城乡市场分工趋向合理。城乡的市场发展和市场结构都是建立在自身经济优势和比较利益的基础上的，而不是无视分工原则，盲目追求眼前利益的结果。就"过程"而言，城乡之间产业结构的趋同现象不断减少，城乡市场结构的差异扩大，资源配置效率逐步提高，城乡分工趋向合理。

（3）城乡市场发展差距在一定的"度"内，且逐步缩小。城乡存在经济发展差距，且这种差距有时可能还会扩大，这些现象都是正常与合理的。但城乡经济发展差距不应呈现急剧扩大或持续扩大从而形成两极分化之趋势，而应保持在一定的限度内，即不能影响经济的持续发展和社会的稳定，并且这种差距在总体上还应当逐步缩小，以实现城乡之间的相对公平。因而，从状态上看，城乡之间经济发展差距应在一定的"度"内，从过程上看，城乡经济发展差距则应逐步缩小。

（4）城乡市场整体高效增长。正常情况下，城乡经济发展速度会有所波动，也有可能此消彼涨（当然，"彼"涨不应当是"此"消的原因），但在整体上应当保持较高的发展速度，这既是我国国民经济发展的必然要求，也是为了避免城乡"公平"的获得是以严重降低经济发展总体效率或城市的发展速度为代价（损害城市的利益）。

上述 4 个标志彼此补充，缺一不可，且它们之间相互影响、相互促进（如图 6.2 所示）。其中城乡市场联系与城乡贸易壁垒有关，后面 3 项与城乡市场协调度有关联。

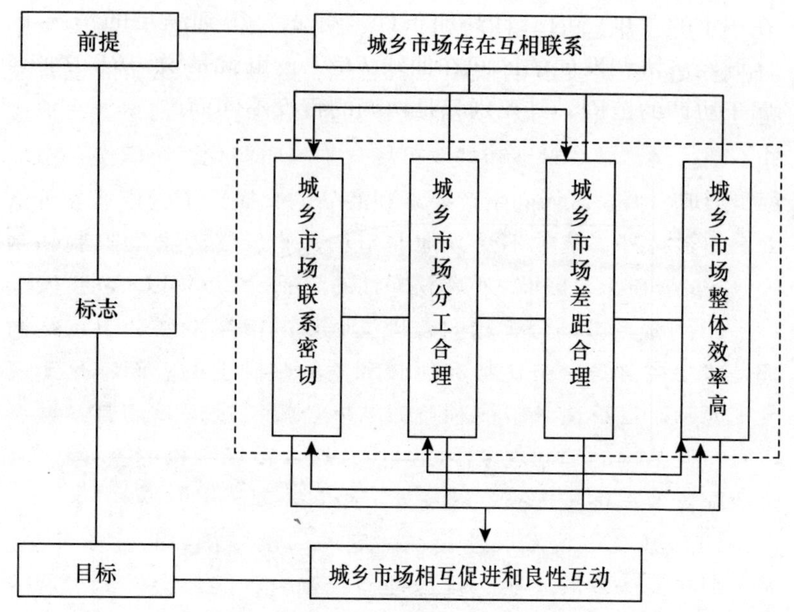

图 6.2　城乡商品市场协调发展内涵

城乡商品市场协调发展还可以用生产可能性边界进行分析和解释[1]。如图 6.3 所示，横轴表示先发区域市场（城市），纵轴表示后发区域市场（农村），以 $\triangle Y$ 表示 GDP 增量，以 $\triangle Y/Y$ 表示 GDP 增长率。A 点表示基期先发区域与后发区域生产的 GDP 的组合，当经济发展时，生产可能性边界曲线向外扩张。不难理解，在 E 点上，先发区域与后发区域的发展速度相同，城乡经济发展差距维持不变；在 E 到 C 的区间上，先发区域速度高于后发区域，城乡经济发展差距扩大；在 E 到 B 的区间上，先发区域发展速度低于后发区域，城乡经济发展差距缩小；在 B 点上，后发区域的经济高速增长而先发区域为零增长，这显然有损于先发区域的利益。因此，城乡市场经济发展差距

[1]　蔡思复. 我国区域经济协调发展的科学界定及其运作［J］. 中南财经大学学报，1997（3）：21-25.

在一定的“度”内，且其他条件（标志）得到满足的情况下，区域经济协调发展的区间在曲线 BE 上。也就是说，BE 之间均属于协调的范围，其差别只是协调的程度不同而已。

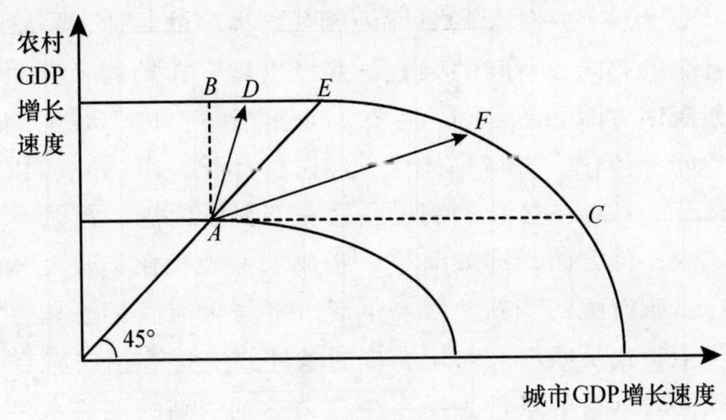

图 6.3　城乡经济协调发展量化区间分析

6.2　城乡市场指标体系

现有国内外学者对于城乡市场指标体系的设计主要从两个相对独立的方面展开，一个是城乡经济社会一体化指标体系的构建；另一个则是关于中国或者区域市场化指标体系的构建。

6.2.1　城乡经济社会一体化指标体系

20 世纪 90 年代中后期，我国学者对城乡一体化研究开始了理论上的探索，讨论城乡一体化目标、战略、特征、发展方向，动力机制与实现条件，阻碍因素与具体措施，等等。邓丽君[1]指出城乡一体化具有六大特征：一是长期性，即城乡一体化是个长期战略，不可能在短时期内实现；二是整体性，即兼顾城市与乡村的协调、统筹与均衡；三是地域性，即城乡

[1]　邓丽君. 城乡一体化之我见［J］. 现代城市研究，2001（2）：10-15.

一体化的载体是以城市为中心的一个有限度的辐射区域；四是互动性，即城乡互动；五是双向性，即城市化与逆城市化并存；六是广泛性，即涉及城乡不同发展阶段上的各方面的不同内容。陈雯[1]认为城乡一体化的具体内涵包括体制的一体、经济的链接、社会的趋同、空间的融合，并提出城乡在功能、行业、收入、景观诸方面的差异必然存在。姜作培[2]提出了城乡一体化包括空间一体化、人口一体化、经济一体化、市场一体化、生态一体化、社会一体化、制度一体化等科学内涵。在城乡一体化的实现条件方面，杨荣南等[3]提出农业现代化、城乡经济一体化、基础设施的革新、城乡生活水平与生活质量提高、城乡生态环境美化是城乡一体化实现的条件。朱磊[4]指出城乡一体化必须同时具备的条件为城乡生产力达到较高的发展水平，地区经济发展比较均衡，城镇相当密集，交通、通讯等基础设施能适应或超前于当前经济、社会发展的要求，并提出城乡一体化的基本特征为经济上整体协调和空间上整体协调。吴伟年提出城乡职能分工的合理化，经济发展和市场配置的一体化，区域性基础设施的一体化，城乡经济、资源与环境的可持续发展等，既是实现城乡一体化的必备条件，又是城乡关系是否处于协调发展状态的一种标志。石忆邵等[5,6]、冯雷[7]提出城乡一体化的标志是网络型地域经济系统的生成，核心是市场一体化，并

---

[1] 陈雯. 关于“城乡一体化”内涵的讨论 [J]. 现代经济探讨，2003 (5)：21-24.

[2] 姜作培. 城乡一体化：统筹城乡发展的目标探索 [J]. 南方经济，2004 (1)：16-23.

[3] 杨荣南，等. 城乡一体化若干问题初探 [J]. 热带地理，1998 (1)：15-20.

[4] 朱磊. 城乡一体化理论及规划实践——以浙江省温岭市为例 [J]. 经济地理，2000 (3)：50-53.

[5] 石忆邵，何书金. 城乡一体化探论 [J]. 城市规划，1997 (5)：17-21.

[6] 石忆邵. 城乡一体化理论与实践：回眸与评析 [J]. 城市规划汇刊，2003 (1)：25-29.

[7] 冯雷. 中国城乡一体化的理论与实践 [J]. 中国农村经济，1999 (1)：69-72.

将我国城乡一体化模式概括为"城带乡"、"城乡统筹规划"、"工农协作、城乡结合"、"城乡互动"四种模式。此外，还有学者进行了城乡一体化与城市化[1-4]、小城镇[5-7]、农业产业化[8]、农村劳动力转移[9,10]、三农问题解决[11-13]、新农村建设[14]、三元社会结构[15]等方面的研究。

目前，国内关于统筹城乡发展评价指标体系的研究主要侧重于评价方法创新、评价指标甄别选择和地区实证检验，为统筹城乡发展提供了坚实的理论依据和具体经验总结。李志强、

[1] 陈晓红，李城固. 我国城市化与城乡一体化研究［J］. 城市发展研究，2004（2）：41-44.

[2] 洪银兴，陈雯. 城市化和城乡一体化［J］. 经济理论与经济管理，2003（4）：5-11.

[3] 陈光庭. 城乡一体化与乡村城市化双轨制探讨［J］. 规划师，2002（10）：14-18.

[4] 潘永江. 中国城市化进程与城乡一体化发展［J］. 现代经济探讨，2001（12）：17-18.

[5] 张叶. 小城镇发展对城乡一体化的作用［J］. 城市问题，1999（1）：36-41.

[6] 王改弟. 发展小城镇与实现城乡一体化［J］. 河北学刊，2001（6）：37-41.

[7] 廉伟，王力. 小城镇在城乡一体化中的作用［J］. 地域研究与开发，2001（2）：23-26.

[8] 冯雷，等. 城市郊区农业产业化与城乡一体化联动发展研究［J］. 农业现代化研究，2003（2）：116-120.

[9] 张利生，项军. 城乡一体化与农村劳动力转移［J］. 山东经济，1998（11）：21-25.

[10] 杜肯堂. 论城乡一体化与农村劳动力转移［J］. 经济体制改革，1997（4）：56-59.

[11] 郭江平. 城乡一体化：解决"三农"问题的根本出路［J］. 理论探索，2004（1）：48-50.

[12] 廖正才. 城乡一体化是解决"三农"问题的根本出路［J］. 成都行政学院学报，2004（4）：42-44.

[13] 顾益康，邵峰. 全面推进城乡一体化改革——新时期解决"三农"问题的根本出路［J］. 中国农村经济，2003（1）：21-27.

[14] 章伯年. 以城乡一体化的理念，加快新农村建设［J］. 浙江社会科学，2004（7）：16-18.

[15] 徐明华，盛世豪，白小虎. 中国的三元社会结构与城乡一体化发展［J］. 经济学家，2003（6）：20-25.

雷海章[1]运用模糊数学方法（MATLAB 软件），对中东部地区各省份城乡统筹水平进行差异化研究，并探讨了影响城乡统筹水平的主要原因。陈鸿彬[2]在论述构建城乡统筹发展定量评价指标体系指导思想的基础上，提出城乡统筹发展定量评价指标体系的 4 个子系统，以 2020 年为达标年，探讨了部分指标选择的原因及各指标的目标值，并设计出城乡统筹发展定量评价的差异系数和计算方法。高珊等[3]系统总结了 1990 年以来江苏统筹城乡的发展特点，并以 2004 年为现状年设计评价指标体系，对全省 13 个地市的城乡协调程度进行比较。李岳云等[4]在《城乡统筹及其评价方法》中，根据城乡关系统筹、城乡要素统筹和城乡发展统筹三个方面设计评价指标体系，使用层次分析法确定了指标的权重，设定评价标准值，并以南京市为例进行了检验性评价。此外，叶兴庆[5]、戴思锐等[6]、王景新[7]等国内许多学者也分别提出了评价城乡统筹水平的指标体系。上述学者关于统筹城乡指标体系比较相似，下面以段娟等[8]设计的指标体系（见表 6.1）作为代表进行分析。

---

[1] 李志强，雷海章. 模糊聚类：中东部地区城乡统筹水平的分类与比较［J］. 农业技术经济，2006（1）：30-34.

[2] 陈鸿彬. 城乡统筹发展定量指标体系的构建［J］. 地域研究与开发，2007（2）：62-65.

[3] 高珊，等. 城乡统筹的评估体系探讨［J］. 农业现代化研究，2006（4）：262-265.

[4] 李岳云，等. 城乡统筹及其评价方法［J］. 农业技术经济，2004（1）：24-30.

[5] 叶兴庆. 关于促进城乡协调发展的几点思考［J］. 农业经济问题，2004（1）：14-18.

[6] 戴思锐，谢员珠. 城乡统筹发展评价指标体系构建［A］. 中国农业经济学会 2004 年年会.

[7] 王景新. 我国新农村建设的形态、范例、区域差异及应讨论的问题［J］. 现代经济探讨，2006（3）：15-20.

[8] 段娟，文余源，鲁奇. 我国中部地区城乡互动发展水平综合评价［J］. 农业现代化研究，2007（1）：38-45.

表 6.1 城乡经济社会一体化指标体系

一级指标	二级指标	指标含义或计算方法
空间关联水平	城市化水平（%）	（总人口－乡村人口）/总人口×100%
	城市密度（个/万 km^2）	城市数/区域土地面积
	小城镇密度（个/万 km^2）	小城镇数/区域土地面积
	铁路网密度（km/万 km^2）	铁路运营里程/区域土地面积
	公路网密度（km/万 km^2）	公路运营里程/区域土地面积
	邮路网密度（km/万 km^2）	邮政线路长度/区域土地面积
	交通便利度	单位面积线路长度×100×区域货运量/区域货物周转量
	城乡信息化对比指数	农村居民电话机数/城市居民电话机数×100%
经济关联水平	GDP 非农比重（%）	非农 GDP/GDP×100%
	社会劳动力非农比重（%）	社会劳动力非农人员/全社会劳动力×100%
	乡村从业人员非农比重（%）	从事非农业人数/乡村从业人员×100%
	经济外向度（%）	（进出口总值/GDP×0.5＋外商直接投资/GDP×0.5）×100%
	劳均乡镇企业产值（元/人）	乡镇企业产值/乡镇企业从业人员
	区域二元结构指数	$\left(\frac{\text{第一产业产值比重}\times\text{第一产业劳动力比重}}{\text{非第一产业产值比重}\times\text{非第一产业劳动力比重}}\right)^{1/2}$
社会文化关联水平	外来人口比重（%）	外来人口数/本地人口数×100%
	人口文化素质	中大专以上文化程度人口数/文盲半文盲人口数
	报纸出版数（亿份）	
	人均教育事业经费（元/人）	教育事业经费/区域总人口
	人均卫生事业经费（元/人）	卫生事业经费/区域总人口
城乡协调发展水平	城乡恩格尔系数对比指数	城市恩格尔系数/农村恩格尔系数
	基尼系数	1.067－20.22（1/A）－0.59Ln*A*，*A* 表示人均 GDP
	比较劳动生产率二元对比系数	（第一产业 GDP 比重/第一产业从业人员比重）/（非一产 GDP 比重/非一产从业人员比重）
	基础教育投资偏向系数	城镇基础教育投资/农村基础教育投资
	财政支出相对比重（%）	财政支农比重/第一产业产值比重
	城乡消费水平对比指数	城市居民消费水平/农村居民消费水平
	城乡收入水平对比指数（%）	农村居民家庭平均每人全年纯收入/城镇居民家庭平均每人全年可支配收入×100%

这种指标体系全面构建城乡空间联系、社会关联水平、经济关联以及协调发展水平，比较好地解决了城乡一体化水平的测量问题。不过由于指标体系当中已经预先给定了几个层级（即一级、二级、三级指标），如何确定各层级以及同层级之间指标的权重就成为比较核心的问题，现有文献大多数是采用 AHP 或主观确立权重法，这些都会使数据产生部分失真。

6.2.2 市场化指标体系

在市场化指标体系的建立方面，由于不同学者的研究角度和研究范式不同，建立指标体系的理论基础和具体指标也有所不同（具体指标见表 6.2）。

表 6.2 不同学者建立的市场化指标体系

学者	一级指标	二级指标
陈宗胜等[1]	农户市场化进程（微观层面）	农户生产投入市场化的测度
		农户产出市场化的测度
		农户生产经营市场化的测度
	农业总体市场化进程测度（宏观层面）	农业劳动力市场化程度的测度
		农业投资市场化的测度
		农产品交易市场化的测度
		农产品价格市场化的测度
顾海兵[2] 赵彦云[3]	认为市场化程度的关键是劳动力、资金、土地、产品与劳务的市场化，不存在所谓的工商企业市场化和政府行为市场化	

[1] 陈宗胜，陈胜. 中国农业市场化进程测度［J］. 经济学家，1999（3）：110-118.

[2] 顾海兵. 中国经济市场化程度探析［J］. 金融信息参考，1997（3）：28-29.

[3] 赵彦云. 金融体系国际竞争力理论及其应用研究［J］. 金融研究，2000（8）：35-43.

续表

学者	一级指标	二级指标
顾海兵 赵彦云	市场经济基本要素	价格市场化
		企业市场化
		社会市场化
	市场发展	商品市场
		劳动力市场
		资本市场
		技术市场
	政府职能市场化	维护市场环境
		参与经济环境
徐明华 [1]	所有制结构（非公有制发展）	工业总产值中非公有制经济的比重
		独立核算工业企业资产中非公有制经济的比重
		独立核算公路、水路和港口企业资产中非公有制经济的比重
		批发零售贸易业网点中非公有制经济的比重
		非公有制经济从业人员占总从业人员的比重
	政府职能转变和政府效率	国内生产总值与政府消费之比
		政府消费占全部最终消费的比重
		国家机关、党政机关和社会团体从业人员占全部从业人员的比重
		国家机关、党政机关和社会团体服务产出值与从业人员之比
		（税收－国有企业上缴利润－国有企业政策性亏损补贴－罚没收入和行政性收费及其他收入）/财政收入
		财政收入支出中基本建设、企业挖潜改造资金和政策性补贴支出所占的比重
	投资市场化	全社会固定资产投资中非公有制经济的比重
		基本建设中非国家预算内资金的比重
		教育经费中非国家财政性教育经费的比重
	商品市场的发育	出口总值占工农业总产值的比重
		批发零售贸易销售总额与工农业总产值的比例
		批发零售贸易业购进总额与工农业总产值的比例

[1] 徐明华. 从计划到市场：过程与逻辑——对浙江经济市场化过程的一个描述[J]. 浙江社会科学，1999（6）：21-28.

续表

学者	一级指标	二级指标
徐明华	要素市场发育程度	合同制职工占总职工的比重
		每万人中职业介绍机构数
		技术市场成交额与工业总产值的比例
		第三产业中金融保险业所占比重
		第三产业中房地产业所占比重
	对外开放程度	外贸依存度（进出口总值与国内生产总值之比）
		人均实际利用外资
	经济活动的频度	从业人员占总人口的比重
		每万人批发零售贸易业网点
		每万人工业企业单位数
樊纲、王小鲁等[1]	政府与市场的关系	市场分配经济资源的比例
		减轻农村居民的税费负担
		政府对企业控制与干预的减少
	非国有经济的发展	非国有经济在工业总产值中的比重
		非国有经济在全社会固定资产总投资中的比重
		非国有经济就业人数占城镇总就业人数的比例
	产品市场的发育程度	价格由市场决定的程度
		减少商品市场上的地区贸易壁垒
	生产要素市场的发育程度	银行业的竞争
		信贷资金分配的市场化
		引进外资的程度
	劳动力的流动性、市场中介组织发育和法律制度环境	市场中介组织的发育
		对生产者合法权益的保护
		知识产权的保护
王萍[2]	产品市场化	农产品、工业品、服务产品的市场化
	要素市场化	资本、土地、劳动力的市场化
	企业市场化	国有企业、集体企业、非国有企业的市场化
	政府对市场的适应程度	政府从微观领域的退出程度和宏观调控方式由直接转向间接
	经济的国际化程度	贸易依存度和资本依存度

[1] 樊纲，王小鲁，张立文. 中国各地区市场化进程报告［J］. 中国市场，2001（6）：58-61.

[2] 王萍. 中国经济市场化进程及其测度指标设置研究［J］. 现代财经，2002（6）：7-10.

续表

学者	一级指标	二级指标
北师大指数[1]	政府作用问题	
	企业权利与行为问题	
	收入要素的成本与价格问题	
	贸易问题和金融参数问题	
张宗益等[2]	政府与市场的关系	市场分配经济资源的比重
		政府职能身份转换
		政府退出微观经济指标
	非国有经济的发展	非国有经济在工业产值中的比重
		非国有经济在全社会固定资产总投资中的比重
		非国有经济就业人数占城镇总就业人数的比例
		非国有经济在社会消费品零售总额中的比重
	对外开放的程度	对外贸易开放度
		对外金融开放度
		对外投资开放度
	产品市场的发育程度	社会零售商品中价格由市场决定的部分所占的比重
		生产资料中价格由市场决定的部分所占的比重
		农产品收购中价格由市场决定的部分所占的比重
杨晓猛[3]	产业结构的调整	三次产业变动状况
		劳动力分布结构
		贡献效率
	所有制结构的调整	非国有经济发展状况
	政府职能的转变	政府支出情况
		管理效率
	市场竞争与发育	产品及要素市场的发育
		货币与金融体系的发育
		对外开放程度

[1]　北京师范大学课题组. 中国经济市场化指数测定［M］. 北京：中国财经出版社，2003.

[2]　张宗益，等. 中国经济体制市场化进程测度研究［J］. 经济体制比较，2006（5）：17-21.

[3]　杨晓猛. 转型国家市场化进程测度的地区差异分析——基于产业结构调整指标的设计与评价［J］. 世界经济研究，2006（1）：30-38.

续表

学者	一级指标	二级指标	
杨晓猛	经济与社会发展综合评价（方向、力度）	经济总体运行状况（方向）	经济增长
			经济景气程度
		社会保障及福利	健康安全状况
			受教育程度
			就业状况
			人口压力
			收入支出状况
郝娟[1]	政府行为规范化	政府规模	
		政府对经济的干预	
	要素市场的发育	劳动力流动自由度	
		技术成果市场化	
		资本市场化	
		收入市场化	
		金融业市场化	
	企业的市场化	非国有企业市场化的程度	
		国有企业的企业运营	
	贸易自由度	价格由市场决定的程度	
		法律对公平贸易的保护	

在上述这些学者中，主要采用表 6.3 的研究方法进行市场化指标的研究，这些方法同样比较偏向于主观确立权重。不过，樊纲等人采用了主成分分析法确立权重，我们在后面的分析中也采用类似的方法，这样得出的结论比较客观。

[1] 郝娟. 中国区域市场化进程的新特点——基于市场化指数的聚类分析［J］. 生产力研究，2006（8）：47-50.

表 6.3　　市场化测度方法的比较

学者	数据处理方法	指标测算方法
樊纲、王小鲁[1]	相对比较法	主成分分析法
郝娟[2]	相对比较法	简单算术平均法
张宗益等[3]	相对比较法	加权平均法（权重通过主成分分析法来确定）
杨晓猛[4]	相对比较法	加权平均法（权重由构造主观比较矩阵来确定）
陈宗胜[5]	问卷调查法	加权平均法（权重由主观和农业函数共同确定）
北师大指数[6]	简单算术平均法	
赵彦云[7]	简单平均方法	

在上述指标体系中，最有影响力的应该是北师大指数和樊纲、王小鲁提出的市场化指数。下面我们详细介绍樊纲的市场化指数（见表 6.4）。

樊纲、王小鲁等从政府与市场的关系、非国有经济的发展、产品市场的发育、要素市场的发育以及市场中介组织和法律制度环境五个方面构造了中国市场化指数，其中与城乡商品市场

[1] 樊纲，王小鲁，张立文. 中国各地区市场化进程报告 [J]. 中国市场，2001 (6)：58-61.

[2] 郝娟. 中国区域市场化进程的新特点——基于市场化指数的聚类分析 [J]. 生产力研究，2006 (8)：47-50.

[3] 张宗益，等. 中国经济体制市场化进程测度研究 [J]. 经济体制比较，2006 (5)：17-21.

[4] 杨晓猛. 转型国家市场化进程测度的地区差异分析——基于产业结构调整指标的设计与评价 [J]. 世界经济研究，2006 (1)：30-38.

[5] 陈宗胜，陈胜. 中国农业市场化进程测度 [J]. 经济学家，1999 (3)：110-118.

[6] 北京师范大学课题组. 中国经济市场化指数测定 [M]. 北京：中国财经出版社，2003.

[7] 赵彦云. 金融体系国际竞争力理论及其应用研究 [J]. 金融研究，2000 (8)：35-43.

协调发展有关联的主要是产品市场的发育、市场中介组织和法律制度环境这两个指标体系。

他们用两个分项指标衡量产品市场的发育程度：（1）价格由市场决定的程度。这一指标又由社会零售商品中价格由市场决定的部分所占比重、生产资料中价格由市场决定的部分所占比重、农产品中价格由市场决定的部分所占比重三个子指标构成。（2）商品市场的地方保护。用抽样调查样本企业在全国各省区销售产品时遇到的贸易保护措施（陈述的件数）与相应的省区经济规模之比。

他们用四个分项指标衡量市场中介组织发育和法律制度环境：（1）市场中介组织的发育。用律师人数与当地人口的比例和注册会计师人数与当地人口的比例反映。（2）对生产者合法权益的保护。用经济案件收案数与 GDP 的比例[1]反映。（3）知识产权保护。用按科技人员数平均的三种专利申请受理数量和三种专利申请批准数量与科技人员数的比例反映。（4）消费者权益保护。通过消费者协会收到的消费者投诉案件数来反映。

表 6.4　分地区市场化进展：产品市场的发育（2001—2005 年）[2]

地区	2001 年	2002 年	2003 年	2004 年	2005 年	2005 年比 2001 年得分增加	2005 年比 2003 年得分增加
A 价格由市场决定的程度							
全国	6.57	6.60	6.93	7.03	7.03	0.46	0.10
东部	7.69	8.02	7.87	8.02	8.02	0.33	0.14
中部	6.45	6.38	6.48	7.25	7.25	0.80	0.76
西部	5.34	5.09	6.19	5.65	5.65	0.30	-0.54
东北	7.71	7.64	7.50	7.50	7.50	-0.21	0.00

［1］ 2003 年后，他们开始采用样本企业对所在地区有关“保护企业合法经营活动”的法制环境进行的评价打分。

［2］ 樊纲，等. 中国市场化指数——各地区市场化相对进程 2006 年报告［M］. 北京：经济科学出版社，2007.

续表

地区	2001 年	2002 年	2003 年	2004 年	2005 年	2005 年比 2001 年得分增加	2005 年比 2003 年得分增加
B 减少商品市场上的地方保护							
全国	6.53	6.60	7.02	8.30	9.72	3.19	2.70
东部	7.55	7.71	8.11	9.09	10.12	2.57	2.00
中部	7.08	7.08	7.57	8.76	9.99	2.91	2.43
西部	4.82	4.84	5.21	6.92	9.00	4.18	3.79
东北	8.06	8.13	8.43	9.34	10.29	2.23	1.86

我们发现，即使是最有影响力的樊纲提出的市场化指数，其指标体系当中关于商品市场的项目和权重都是很小的，但是其指标体系当中对于价格和商品市场的关联，以及商品市场的地方保护主义还是有很大价值的。从全国范围看，产品市场发育程度最高的是东部和东北地区，而中部地区次之，西部地区最落后。其指标体系更多地是从地区层面分析，而缺乏从城乡角度思考城乡商品市场协调发展问题。

6.3　中国城乡商品市场协调发展实证研究

通过上述城乡一体化指标和市场化指标的简要回顾，我们发现尚没有学者将城乡问题和市场指标结合起来，思考城乡商品市场协调发展问题，但设立一个综合的考察和衡量城乡商品市场协调发展的指标体系是非常有必要的。

6.3.1　指标选取原则

对于城乡商品市场的协调发展指标体系构建，必须考虑以下几大原则[1]：

[1]　陈振华. 衡量市场化进程的指标体系的分析［J］. 武汉理工大学学报，2003（6）：101-105.

1. 科学性原则

指标体系的设计必须建立在科学的基础上，客观真实地反映城乡商品市场发展的相互关系，反映市场要素在城乡的合理配置，反映政府在城乡协调发展中的作用。同时指标体系的设计也要考虑现实，从科学的角度出发，尽量选取能够反映城乡商品市场协调发展的衡量指标，以求有一个科学、真实、可靠的评价。

2. 全面性原则

城乡商品市场协调发展是以协调为重点，反映这一重点的指标非常多，在设置时应力求各项指标及权重可以从不同层面上比较全面地反映目标问题，如收入、消费、交通等。

3. 系统性原则

构造城乡商品市场协调发展指标体系是一项复杂的系统工程，必须能够真实反映各地区的城乡商品市场发展的主要特征，各指标之间既相互独立，又相互联系，共同构成一个有机的整体。

4. 准确性原则

设置的指标不能有异议，对其数据的解释或者运用只能是唯一的、不含糊的，从而使指标具有准确性。

5. 可比性原则

农村和城市由于处于不同的地理位置、经济条件和文化氛围当中，因此使得具有同一属性、反映同一事物的指标，具有不可比性，因此必须通过相应的转化才可使用。

6. 操作性原则

关于城乡统筹的指标体系有很多，但关于商品市场协调发展的指标体系尚不多见，因此建立指标体系的可操作性就显得尤为重要。为此，应尽量选取有共性的综合性指标，力求数据的可得性；而且应该尽量选择可量化的指标，同时注意数值资料的可信度和可获得性，指标的设置要少而精，便于计算和评价分析。

6.3.2 指标选择

城乡商品市场协调发展的指标体系需要整体把握，综合考虑，遵循统筹城乡可持续发展的内涵，结合全面建设小康社会和完善社会主义市场经济制度的目标，参考国内外比较通行的可持续发展指标体系的内容。我们设计的以评价城乡商品市场协调发展为目标的指标体系，应包括以下判断准则：城乡商品市场协调发展及其相关动力和保障指标，同时要考虑到数据的可得性[1]。具体指标初步选择如下。

1. 宏观经济发展类型

城乡商品市场作为城乡二元经济结构的重要表现，不可避免受到宏观城乡二元经济的影响，城乡经济发展的水平差距必然会影响到城乡商品市场的发展差距。具体选择指标有：（1）城乡人均 GDP 之比（X_1）；（2）城市化率（X_2）；（3）GDP 增长率[2]（X_3）；（4）固定资产投资占 GDP 比重[3]（X_4）；（5）对外贸易占 GDP 比重（X_5）；（6）城乡社会消费品总额之比（X_6）。

2. 城乡商品市场表现类型

这些指标直接体现了城乡商品市场发展的差距，应该是城乡商品市场协调发展的最直观反映。但限于数据，选择以下指标：（1）城乡消费比（X_7）；（2）城乡收入比（X_8）；（3）城乡恩格尔系数对比指数（X_9）；（4）城乡商品市场数之比（X_{10}）；（5）城乡商品市场交易额之比（X_{11}）；（6）城乡消费价格指数比（X_{12}）；（7）技术市场成交额[4]（X_{13}）；（8）城乡人

[1] 所有数据来源于 2000—2007 年《中国商品交易市场统计年鉴》、《新中国 55 年统计资料汇编（1949—2004）》、2005—2007 年《中国统计年鉴》。

[2] 2007 年 GDP 增长率根据中国社科院估计值得出，见 http://vsearch.cctv.com/plgs_play.php? ref = CCTV4news_20081011_6771375。

[3] 数据只从 1980 年开始。

[4] 数据只从 1989 年开始，但不影响结论分析。

均储蓄余额（X_{14}）。

3. 政府在城乡经济中的影响指标

政府作为经济运行的监管者以及国家宏观调控的执行者，其政策的倾向性以及财政支出的比例都在很大程度上影响城乡商品市场的协调发展。主要指标有：（1）工、交、流通部门事业投资占 GDP 比重（X_{15}）；（2）财政支农占 GDP 比重（X_{16}）；（3）文教、科学、卫生支出占 GDP 比重（X_{17}）；（4）社会保险覆盖率[1]（X_{18}）。

4. 基础设施类型

基础设施的建设在城乡商品市场的协调发展中也有着非常重大的影响，基础设施可以成为城乡商品市场联系的重要枢纽。具体指标有：（1）人均能源消耗总量（吨标准煤/人）（X_{19}）；（2）人均公路里程（公里/万人）（X_{20}）；（3）人均铁路里程（公里/万人）（X_{21}）；（4）货物周转量（亿吨公里）（X_{22}）。

以上 22 项，较为全面地反映了城乡商品市场协调发展的各个主要方面指标。根据该指标体系，可以对不同时间、不同空间的城乡商品市场协调发展程度进行分析评价。

6.3.3 评价方法

城乡商品市场协调发展评价方法有很多种，但考虑到多指标的降维以及权重确立的客观性，我们选择了因子分析法。

1. 因子分析的原理[2]

因子分析的基本思想是化繁为简，对指标进行降维。具体来说，因子分析方法就是通过分析原来较多可观测指标所反映的个体信息，提取出较少的几项综合性指标。它们互不相关，并且能最大限度地反映出原来较多指标所反映的信息，进而用

[1] 用参加失业保险人口除以总人口，数据只从 1994 年开始。

[2] 于秀林. 多元统计分析 [M]. 北京：中国统计出版社，1999.

这较少的几项综合性指标来刻画事物的发展状况。

设 $X=(X_1, \cdots\cdots, X_p)$ 是一个 p 维随机向量，有二阶矩阵存在，记 $\mu = \varepsilon(x)$，$\sum = D(X)$，考虑它在约束条件 $I'_i I_i = 1$ $(i=1, \cdots, p)$ 下的线性变换：

$$\begin{cases} Y_1 = I'_i = I_{11}X_1 + \cdots\cdots + X_{p1}X_p \\ \vdots \\ Y_p = I'_p = I_{1p}X_1 + \cdots\cdots + X_{pp}X_p \end{cases} \tag{6-3}$$

$$\text{易见：} \mathrm{Var}(Y_i) = I'_i \sum I_1, \mathrm{Cov}(Y_1, Y_i) = I_i^2 \sum I_j (i, j = 1, \cdots p) \tag{6-4}$$

假如我们希望用 Y_1 来代替原来的 p 个变量 X_1，……，X_p，这就要求 Y_1 尽可能的反映原 p 个变量的信息，这里的信息用 Y_1 的方差来表示，在上述条件下，使得 $\mathrm{Var}(Y_1)$ 达到极大，Y_1 可称为第一主成分。如果一个 Y_1 不足以代表所有变量，可以考虑采用 Y_2，为了最有效地代表原变量的信息，Y_1 与 Y_2 不相关。即：

$$\mathrm{Cov}(Y_1, Y_2) = 0 \tag{6-5}$$

于是，求 Y_2 即在（6-3）、（6-4）的约束下，使 $\mathrm{Var}(Y_2)$ 达到极大，所求的 Y_2 称为第二主成分。类似的，可以定义第三主成分、第四主成分。一般来说，X 的第 i 个主成分 $Y_i = I'_i x$ 是指在约束条件（6-3）下及 $\mathrm{Cov}(I'_i x, I'_k x) = 0 (k < i)$ 求 i，使得 $\mathrm{Var}(Y_i)$ 达到极大。

当然，用主成分分析法的目的在于减少变量的个数，故一般绝不会用 p 个主成分，而用 $m<p$ 个主成分，并称 $\lambda_k / \sum_{i=1}^{p} \lambda_i$ 为主成分的贡献率，称 $\sum_{i=1}^{m} \lambda_i / \sum_{i=1}^{p} \lambda_i$ 为主成分的累计贡献率。根据实际需要取一定值的贡献率时，可以得出需要引入的主成分数量。

2. 数据无量纲处理

关于多指标综合评价的方法很多，本文拟采用因子分析法。评价前，首先要对各指标原始数据进行无量纲化处理：对于正向指标可采用半升梯形模糊隶属度函数进行，即：

$$x_{ij} = \frac{(x_{ij} - \min\{x_{ij}\})}{(\max\{x_{ij}\} - \min\{x_{ij}\})} \tag{6-6}$$

对于负向指标，采用半降梯形模糊隶属度函数进行量化，即：

$$x_{ij} = \frac{(\max\{x_{ij}\}) - x_{ij}}{(\max\{x_{ij}\} - \min\{x_{ij}\})} \tag{6-7}$$

式中，x_{ij}表示 i 年 j 指标的原始值，max $\{x_{ij}\}$、min $\{x_{ij}\}$ 分别表示取 j 指标的最大值和最小值。

采用因子分析和主成分分析获得各个指标的权重 W_i 后，可以利用加权线性法计算城乡商品市场协调度：

$$X = \sum_{i=1}^{n} W_i x_i \tag{6-8}$$

6.3.4 实证研究

我们以《中国统计年鉴》、《中国商品市场交易年鉴》为主要数据来源，选取 1978—2007 年的全国数据以及 2007 年的省级面板数据，对中国城乡商品市场协调发展进行研究（数据见附录二中表 1 至表 4）。

1. 1978—2007 年中国城乡商品市场协调度计算

下面就利用因子分析法对中国城乡商品市场协调发展进行实证研究。通过 SPSS15.0 进行计算，初始计算为四个因子，并且每个因子的经济含义不明确，重新采用正交旋转发现前三个公共因子的本累计方差贡献率为 83.252%（见表 6.5）。22 项指标可以综合成公共因子 F_1、F_2、F_3。

表 6.5　　正交旋转因子累计方差

指标	初始特征值 Initial Eigenvalues			正交旋转因子荷载 Rotation Sums of Squared Loadings		
	小计 Total	方差（%） % of Variance	累计方差（%） Cumulative %	小计 Total	方差（%） % of Variance	累计方差（%） Cumulative %
1	13.245	60.207	60.207	12.828	58.311	58.311
2	3.459	15.723	75.930	3.631	16.506	74.817
3	1.611	7.322	83.252	1.856	8.435	83.252
4	1.268	5.766	89.018			
5	1.042	4.738	93.756			
6	0.422	1.919	95.675			
7	0.268	1.219	96.894			
8	0.241	1.096	97.990			
9	0.145	0.659	98.649			
10	0.098	0.445	99.094			
11	0.054	0.245	99.339			
12	0.050	0.226	99.565			
13	0.030	0.135	99.699			
14	0.019	0.088	99.787			
15	0.015	0.070	99.858			
16	0.014	0.065	99.923			
17	0.008	0.035	99.958			
18	0.005	0.022	99.980			
19	0.003	0.012	99.992			
20	0.001	0.006	99.997			
21	0.000	0.002	99.999			
22	0.000	0.001	100.000			

分析方法：主成分分析法。

各个公共因子之间的碎石图见图 6.4。

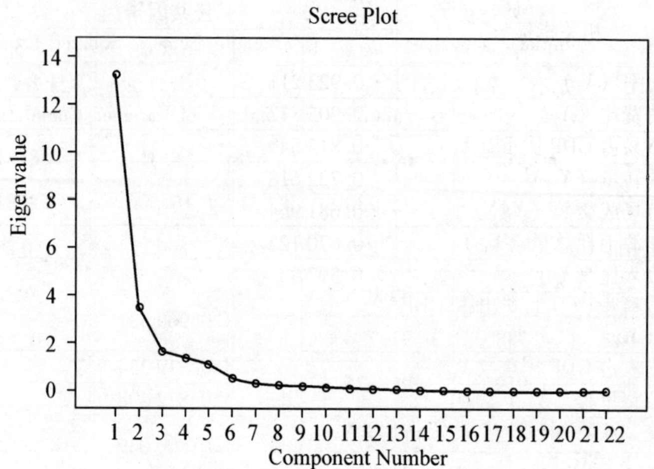

图 6.4　碎石图

KMO 检验和球形 Bartlett 检验情况如表 6.6 所示。KMO (Kaiser-Meyer-Olkin) 给出了抽样充足度的检验，本研究的 KMO 值为 0.783，说明因子分析是可以接受的。

表 6.6　KMO 检验和 Bartlett 检验结果

Kaiser-Meyer-Olkin 检验		0.783
Bartlett 球形检验	X^2 统计值	320.112
	df	78
	显著性水平	0.000

通过正交旋转可以得出因子载荷矩阵，同时在 SPSS 将比重小于 0.50 的系数舍弃[1]，按照大小排序可以得到表 6.7，这可以反映公共因子与各原始变量之间的关系。

[1] 这样能够有效地区分出每一个公共因子与具体指标之间的关联。

表 6.7 **正交旋转因子荷载**

相关指标	公共因子		
	1	2	3
城市化率（X_2）	0.923 211		
城乡消费比（X_7）	0.905 812		
对外贸易占 GDP 比重（X_5）	0.815 549		
货物周转量（X_{22}）	0.722 618		
技术市场成交额（X_{13}）	0.681 964		
人均能源消耗总量（X_{19}）	0.670 122		
城乡收入比（X_6）	-0.597 93		
文教、科学、卫生支出占 GDP 比重（X_{17}）		0.960 531	
财政支农占 GDP 比重（X_{16}）		0.919 234	
人均公路里程（X_{20}）		0.872 498	
工、交、流通部门事业投资占 GDP 比重（X_{15}）		0.806 039	
社会保险覆盖率（X_{18}）		0.754 156	
人均铁路里程（X_{21}）		0.574 473	
城乡人均储蓄余额（X_{14}）		-0.547 38	
固定资产占 GDP 比重（X_4）		0.502 314	
城乡社会消费品总额比（X_6）			0.806 553
城乡恩格尔系数对比指数（X_9）			0.756 232
城乡商品市场交易额之比（X_{11}）			0.665 223
GDP 增长率（X_3）			0.620 372
城乡商品市场数之比（X_{10}）			0.570 203
城乡人均 GDP（X_1）			0.566 32
城乡消费价格指数之比（X_{12}）			0.556 361

F_1 在 X_2（城市化率）、X_7（城乡消费比）、X_5（对外贸易占 GDP 比重）、X_{22}（货物周转量）、X_{13}（技术市场成交额）、X_{19}（人均能源消耗总量）、X_6（城乡收入比）上有较高的载荷量。这些指标都是能够起到推动城乡商品市场协调发展的力量的指标，例如城市化率的提升能够带来城乡消费能力的提升，从而提升了城乡商品市场的协调发展程度。因此 F_1 可以定义为协调动力因子，它综合了全部指标体系 58.31% 的信息。

F_2 与 X_{17}（文教、科学、卫生支出占 GDP 比重）、X_{16}（财政支

农占 GDP 比重)、X_{20}(人均公路里程)、X_{15}(工、交、流通部门事业投资占 GDP 比重)、X_{18}(社会保障覆盖率)、X_{21}(人均铁路里程)、X_{14}(城乡人均储蓄余额)、X_4(固定资产占 GDP 比重)的相关程度较高，而这些指标中均是城乡商品市场能够协调发展的相关指标，或者是城乡基础设施建设的相关指标。因此，F_2 可以定义为协调保障因子，它综合了整个指标体系的 16.51% 的信息。

F_3 与 X_6(城乡社会消费品总额比)、X_9(城乡恩格尔系数对比指数)、X_{11}(城乡商品市场交易额之比)、X_3(GDP 增长率)、X_{10}(城乡商品市场数之比)、X_1(城乡人均 GDP)、X_{12}(城乡消费价格指数之比)的相关系数较大，而这些指标均从不同角度反映了城乡商品市场的协调发展状态，无论是直接反映城乡商品市场发展的数量、交易额之比，还是间接反映的城乡消费价格指数、城乡恩格尔系数之比都是如此。因此，定义 F_3 为协调状态因子，它综合了整个指标体系的 8.43% 的信息。

通过计算因子得分及综合得分，用回归法计算各公共因子得分，并计算出综合得分来分析 1978—2007 年中国城乡商品市场协调发展的具体特征。将原始数据标准化，见附录二表 3 所示，城乡商品市场协调度 F 的计算公式如下：

$$F = (ZF_1 \times 58.31 + ZF_2 \times 16.51 + ZF_3 \times 18.644)/83.252$$

计算结果见图 6.5 和表 6.8。

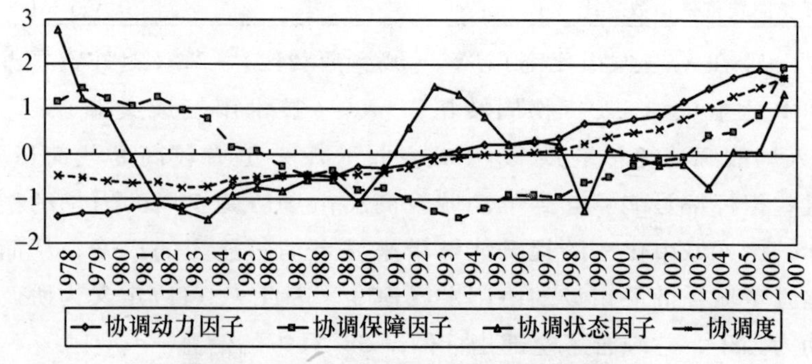

图 6.5　1978—2007 年城乡商品市场协调度

表 6.8　　1978—2007 年城乡商品市场协调度

年份	协调动力因子	协调保障因子	协调状态因子	协调度
1978	-1.408 42	1.165 071	2.774 044	-0.474 42
1979	-1.337 37	1.465 251	1.233 347	-0.521 25
1980	-1.334 03	1.221 64	0.909 364	-0.600 03
1981	-1.204 18	1.051 651	-0.098 65	-0.644 91
1982	-1.110 02	1.256 515	-1.078 39	-0.637 61
1983	-1.168 29	0.982 534	-1.285 67	-0.753 75
1984	-1.042 69	0.780 47	-1.467 2	-0.724 23
1985	-0.706 29	0.173 816	-0.941 12	-0.555 59
1986	-0.621 25	0.073 99	-0.759 16	-0.497 38
1987	-0.505 08	-0.275 28	-0.836 1	-0.493 06
1988	-0.467 45	-0.480 47	-0.569 67	-0.480 39
1989	-0.517 26	-0.369 57	-0.582 67	-0.494 6
1990	-0.279 81	-0.794 43	-1.079 89	-0.462 91
1991	-0.311 62	-0.745 32	-0.354 49	-0.401 95
1992	-0.240 72	-1.002 17	0.577 884	-0.308 75
1993	-0.037 92	-1.290 51	1.503 399	-0.130 1
1994	0.090 97	-1.419 91	1.343 832	-0.081 65
1995	0.217 628	-1.212 1	0.841 174	-0.002 66
1996	0.222 938	-0.904 91	0.204 611	-0.002 53
1997	0.270 101	-0.902 77	0.324 971	0.043 119
1998	0.373 432	-0.956 94	0.209 713	0.093 077
1999	0.686 874	-0.641 83	-1.257 32	0.226 455
2000	0.686 603	-0.514 19	0.135 637	0.392 705
2001	0.795 607	-0.263 16	-0.070 94	0.497 893
2002	0.867 13	-0.122 67	-0.232	0.559 524
2003	1.172 741	-0.061 42	-0.209 17	0.788 036
2004	1.483 563	0.425 582	-0.737 47	1.048 77
2005	1.729 476	0.520 855	0.061 348	1.320 836
2006	1.900 749	0.890 05	0.074 557	1.515 336
2007	1.723 958	1.950 213	1.365 993	1.732 55

从图中可以发现：（1）在 1978—2007 年间，城乡商品市场协调动力因子一直呈现出直线上升的趋势。这反映了我国的经济综合实力在三十年间不断增强，越来越有能力解决城乡商品市场发展失衡的问题，这也是城乡商品市场能够协调发展的最

大动力之所在，近些年来中央提出的“工业反哺农业”、“取消农业税”都体现了这一点。（2）城乡商品市场协调保障因子则呈现出先下降后上升的趋势，在1994年附近有一个明显的拐点。在此之前，虽然国家经济实力在不断增强，但由于从投资、基础设施建设、人才培养等各个方面存在着明显的城市偏好性，比如投资几乎投向城市，国外投资也是绝大多数投向城市，基础设施建设偏好于城市受益的，比如热衷于高速公路、高速铁路的建设，而对于乡村公路改造则缺乏热情，因此使得协调保障因子不但未能缩小差距，反而扩大了城乡商品市场的发展差距；而之后，由于国家经济实力增强，国家改变城乡经济结构的决心不断加大，开始逐步调整政策，取消了农业税，扩大对农村基础设施建设力度，不断促进农村经济社会发展，协调保障因子得分开始慢慢增加。（3）在图中，城乡商品市场协调状态因子呈现出明显的波浪式增加的趋势。协调状态因子直接反映了城乡二元商品市场的结构发展状态，例如城乡商品市场数量之比、城乡商品市场交易额之比等，而恰恰是这样一个因子在改革开放后三十年间的发展波动不断，国家对于商业的相关政策、商品市场本身的建设力度等都不同程度上影响着城乡商品市场的协调状态。比如当城市商贸网点规划如火如荼地进行时，城乡商品市场发展差距扩大；而当中央出台“万村千乡”市场工程以及“家电下乡”[1]等政策时，农村商品市场体系又有了较大发展。（4）从整体上看，三个因子复合而成的城乡商品市场协调度呈现出一直上升的趋势。这主要得益于国家的经济实力不断增强，同时在近些年城乡商品市场协调保障因子和状态因子也呈现出比较明显的上升趋势，这些都客观地反映了我国城乡商品市场的协调发展能力日益增强。

如果将协调度从－1到1之间进行一个定义，可以简单地认为

[1] 中国家电下乡网，http：//www.zgjdxx.com/。

-1 至 -0.5 为不协调状态，-0.5 至 0 是较不协调状态，0 至 0.5 是较为协调状态，0.5 至 1 是协调状态。可以将我国城乡商品市场协调发展分为四个阶段：1978—1985 年，城乡商品市场不协调；1986—1996 年，城乡商品市场较为协调；1997—2001 年，城乡商品市场较为协调；2002 年至今，城乡商品市场协调程度越来越高。

2. 中国各省份的城乡商品市场协调发展分析

上面，我们通过对全国 1978—2007 年的数据进行分析得到了时间序列的城乡商品市场协调度指标。那么考虑到全国 31 个省份不同的经济实力和发展模式，我们有必要对各省份的城乡商品市场协调度进行横截面的分析。我们采用 2007 年各省份的统计数据进行分析，由于西藏的数据不全，所以在分析中舍去，一共是 30 个省份。同时为了保证口径的统一性，令统计指标与上面保持一致，分析方法仍采用因子分析法，各省份原始数据以及标准化后数据见附录二表 2、表 4。

通过 SPSS15.0 计算出来，在三维平面上的因子得分如图 6.6 所示。

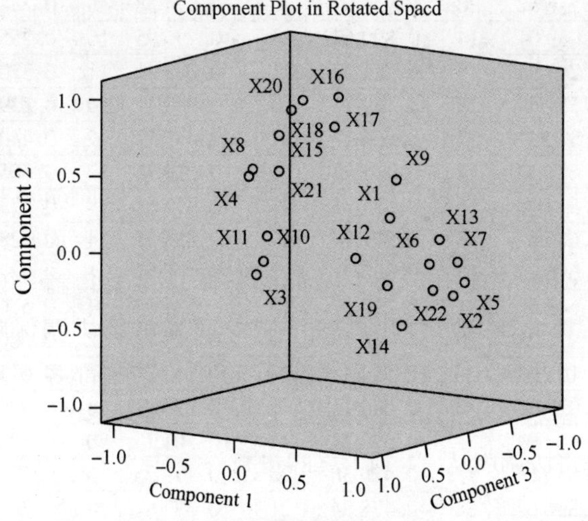

图 6.6　三维平面的因子得分

按照与上面类似的步骤，计算出各省份的城乡商品市场协调度如表 6.9 所示。

表 6.9　　2007 年各省份城乡商品市场协调度

地区	协调动力因子	排名	协调保障因子	排名	协调状态因子	排名	协调度	排名
上海	3.214 55	1	0.300 44	9	-0.643 91	25	2.245 849	1
北京	2.417 79	2	0.399 37	7	-1.000 74	29	1.671 246	2
天津	2.286 43	3	-0.240 28	17	-0.036 03	13	1.550 162	3
辽宁	0.754 38	4	-0.079 95	13	0.915 5	6	0.605 286	4
青海	0.153 99	11	1.624 2	1	1.483 92	3	0.580 23	5
宁夏	0.281 93	8	0.415 69	6	1.357 11	4	0.417 387	6
吉林	0.232 82	9	-0.278 48	18	2.917 85	1	0.403 491	7
内蒙古	0.141 78	12	-0.151 99	15	2.355 04	2	0.307 781	8
山西	0.221 07	10	-0.056 88	12	0.891 7	7	0.233 91	9
浙江	0.388 43	5	-0.799 99	26	-0.547 33	23	0.057 997	10
黑龙江	0.015 57	13	0.430 58	5	-0.946 04	27	0.000 423	11
江苏	0.283 94	7	-0.904 89	29	-0.737 78	26	-0.055 28	12
新疆	-0.311 29	16	0.462 22	4	0.113 94	9	-0.114 85	13
广东	0.364 1	6	-1.306 32	30	-1.504 53	30	-0.156 41	14
甘肃	-0.576 52	20	0.357 67	8	0.974 58	5	-0.234 15	15
山东	-0.069 01	14	-0.890 69	28	-0.296 95	16	-0.255 02	16
河北	-0.243 95	15	-0.771 27	25	0.035 32	11	-0.320 2	17
陕西	-0.551 54	19	0.199 72	10	0.067 4	10	-0.339 88	18
福建	-0.320 91	17	-0.866 17	27	-0.437 13	19	-0.440 79	19
重庆	-0.687 13	24	-0.105 17	14	-0.029 75	12	-0.505 14	20
湖北	-0.547 46	18	-0.555 26	23	-0.315 61	17	-0.525 52	21
江西	-0.686 6	23	-0.211 99	16	-0.055 91	14	-0.528 6	22
安徽	-0.696 22	25	0.006 7	11	-0.506 51	21	-0.537 63	23
海南	-0.649 6	21	-0.290 07	19	-0.631 64	24	-0.576 5	24
贵州	-0.918 28	29	0.480 18	3	-0.520 7	22	-0.600 73	25
湖南	-0.705 04	26	-0.694 4	24	0.163 9	8	-0.614 89	26
云南	-0.927 15	30	0.645 11	2	-0.975 31	28	-0.620 3	27
河南	-0.664 04	22	-0.535 23	22	-0.501 25	20	-0.622 01	28
广西	-0.859 86	27	-0.420 36	20	-0.119 26	15	-0.697 69	29
四川	-0.896 64	28	-0.478 84	21	-0.387 81	18	-0.762 25	30

从表 6.9 中可以发现，上海、北京、天津三个直辖市在城

乡商品市场发展协调度上位列前三。但值得注意的是，三个直辖市都是在市场协调动力指标上面获得很高的评价，而在保障指标方面则表现平平[1]，而由于三个城市的城市化率都非常高，市场状态指标则排名非常靠后。另外，中部、西南各省份的城乡商品市场协调度排名非常靠后，而西北、东北地区各个省份排名则相对靠前，而江苏、浙江、山东和广东等经济强省的排名也是一般。为了更直观地反映这一点，我们用 30 个省份的 2007 年城乡商品市场协调度和 2007 年的 GDP 绘制散点图（见图 6.7），同时进行聚类分析。

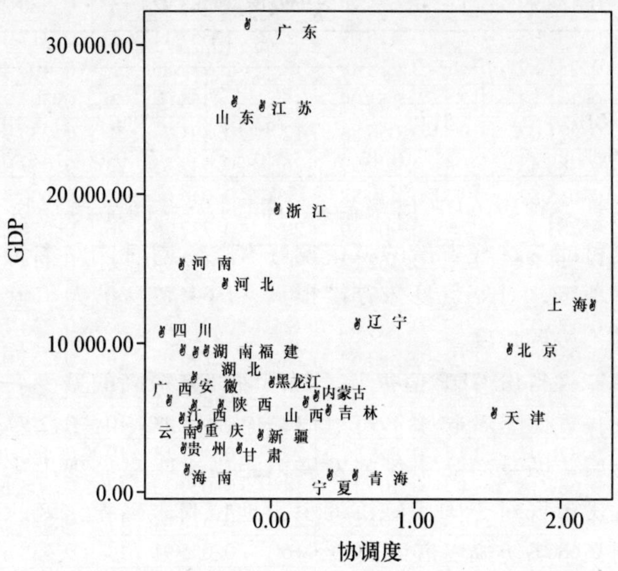

图 6.7　2007 年各省份 GDP 与城乡商品市场协调度

散点图更加直观地反映了各省份的定位。通过将各省份人均 GDP 和协调度导入 SPSS 进行 K 聚类分析（见表 6.10），发现这 30 个省市可以分为四类。

[1]　这可能与三个直辖市面积狭小，而保障指标几乎都是总量指标有一定关联，另外三个城市城市化水平很高，也对此造成一定影响。

表 6.10　　聚类分析结果

省份分类	省份名称
第Ⅰ类	江苏　山东　广东
第Ⅱ类	天津　山西　内蒙古　吉林　江西　广西　海南　重庆 贵州　云南　陕西　甘肃　青海　宁夏　新疆
第Ⅲ类	河北　浙江　河南
第Ⅳ类	北京　辽宁　黑龙江　上海　安徽　福建　湖北　湖南 四川

四类省份的中心值见表 6.11。

表 6.11　　聚类中心值

	Cluster			
	1	2	3	4
GDP	31 084.40	783.61	18 780.44	10 505.30
协调度	−0.16	0.58	0.06	−0.76

第一类省份 GDP 值最高，但同时城乡商品市场协调度不高，这可能与这些省份的城市偏好有关，同时这些省份都是沿海发达地区，对外贸易依存度很大，国家贸易扩大了城乡商品市场的不协调程度。

第二类省份 GDP 值很低，但同时拥有最高的城乡商品市场协调度，表面上看起来不可思议，但这可能是由于这些地区经济较落后，城乡商品市场的发展差距尚未明显显现出来，同时这些省份市场对于国民经济的主导地位尚未确立，因此出现了城乡商品市场协调发展的假象。

第三类省份 GDP 值比较高，同时城乡商品市场发展也较为协调，在这三个省份中，浙江是市场大省，河南和河北分别是重要的商品集散地。

第四类省份 GDP 值较低，同时城乡商品市场发展很不协调。当然，北京和上海的城乡商品市场协调度低主要是因为较高的城市化率，而其他中部省份和东北省份则主要是农业大省，城乡统筹的难度很大。

6.4　中国城乡商品市场协调发展影响因素

我们利用 2007 年 30 个省份的横截面数据对城乡商品市场协调度和 GDP 的关系进行了初步分析，发现城乡商品市场协调度受区域 GDP 水平的影响。但城乡商品市场协调度是否还受到其他因素的影响呢？我们决定采用刚才计算出来的 1978—2007 年城乡商品市场协调度数据进行建模分析。在对数据进行建模前，先进行数据平稳性的检验。

根据 ADF 检验可以发现（见表 6.12），该时间序列在 5% 的显著水平下拒绝单位根假设，因此可以认为该序列是平稳的时间序列。

表 6.12　　城乡商品市场协调度的 ADF 检验

城乡商品市场协调度		t-Statistic	Prob.
ADF 检验		-2.845 652	0.034 6
Test critical values：	1% level	-3.214 574	
	5% level	-2.986 541	
	10% level	-2.754 213	

6.4.1　数据与计量模型

根据前面我们计算出来的 1978—2007 年中国城乡商品市场协调度数据，我们可以建立起以下的计量模型：

$$Y_t = c + \sum X_t + \gamma Dummy94 + \varepsilon_t \tag{6-9}$$

模型的被解释变量 Y 就是我们在前面已经计算过的中国城乡商品市场协调度，该指标实际上是一个无量纲化的变量。如前文所述，当城乡商品市场协调发展程度有所改善时，我们可以观察该指标增加的趋势。因此，当解释变量的系数为正时，该变量促进城乡商品市场协调发展；而当解释变量系数为负时，这一因素是妨碍城乡商品市场协调发展的。

方程右边是一系列我们模型的解释变量，其原始数据来自于《新中国五十年统计资料汇编》、《中国统计年鉴》和《中国商品市场交易年鉴》。其中1978—1985年的大多数年份数据空缺（详见附录二表1、表2），因此我们的实证区间就缩小到1985—2007年。

*X*是一组与城乡商品市场协调发展有关的因素，为了减缓由联立内生性（即被解释变量与解释变量存在相互影响）导致的估计偏误，*X*均滞后了一期。*X*包括的变量有：

（1）GDP，我们认为城乡商品市场的协调发展离不开经济发展，这从各省份的散点图中也可以初见端倪，有理由相信，GDP的增加会导致城乡商品市场的协调度增加，预计系数为正。

（2）City，城市化率。这一指标反映了城市化对城乡商品市场的影响，一方面，城市化的不断进行提高了城市商品市场的发展活力，例如城市商贸网点规划的实施等，这无疑会影响城乡商品市场的协调发展；但另一方面，城市化的快速扩张使得更多的农民工进入城市，但由于户籍制度的影响，绝大多数农民工必须返乡，那么他们可以为农村带来先进的商业经营理念、手段和资金，促进农村商品市场的发展，这又会促进城乡商品市场协调发展。因此其系数暂时不好判断，但预期为负。

（3）*V*，商品流通速度。这是另一个影响城乡商品市场协调发展程度的指标，我们认为，商品流通速度越快，由于城乡商品市场规模、集中度的不同，将会导致城乡商品市场失衡程度加深，即“富者更富”。不过，商品流通速度的加快也有利于城乡商品市场进行资金流、物流、信息流的交流，更加有利于城乡商品市场的协调发展，预期系数为正。

城乡商品流通速度的计算方法来自于纪良纲、刘振滨[1]的研究，通过商业领域内的商品库存及销售状况来测算我国商品

[1] 纪良纲，刘振滨. 改革开放以来我国商品流通速度波动的实证研究［J］. 财贸经济，2004（6）：48-52.

的流通速度。1985—2001 年的取值也来源于此，2002—2007 年的值则为自行计算，见表 6.13。

表 6.13　　城乡商品流通速度

年份	商品流通速度 V	年份	商品流通速度 V
1985	0.185	1997	0.609 35
1986	0.192	1998	0.596 94
1987	0.185	1999	0.630 17
1988	0.191 33	2000	0.666 37
1989	0.184 54	2001	0.809 68
1990	0.170 4	2002	0.912 578
1991	0.357 5	2003	0.912 713
1992	0.422 24	2004	0.929 809
1993	0.401 64	2005	0.936 772
1994	0.480 27	2006	0.930 675
1995	0.503 88	2007	0.940 564
1996	0.490 58		

（4）Indu，工业化程度。这一指标可以通过工业总产值与 GDP 的比进行计算，工业化程度的不断加深必然要求与之相对应的城市商品市场不断发展壮大，但同时工业化也能够为农村商品市场的发展提供丰富的工业品。不过综合考虑，预期系数为正。

（5）Segm，城乡贸易壁垒，即第四章计算出来的城乡商品市场分割度。正如我们在前面章节中计算的那样，城乡贸易壁垒是影响城乡商品市场协调发展的重要因素，城乡贸易壁垒越大，城乡越难协调发展，反之亦然。由于城乡贸易壁垒为逆指标，但在经济发展不同阶段城乡贸易壁垒并不必然导致城乡商品市场失衡，很有可能两者存在一种非线性的关系[1]，因此我们加入其平方项 Segmsq。

[1]　Sontag, E. D. Realization theory off discrete time nonlinear system I: the bounded case [J]. IEEE Transactions Circuits and Systems, 1979 (26): 342-356.

（6）Traff，交通设施综合指数。由于本文着重研究的是城乡二元商品市场，因此市场环境因素就简化考虑为交通设施综合指数。交通设施综合指数计算方法为铁路里程、公路（包括高速公路）、航空里程各自乘以相应权重而得。交通设施等市场环境的发展会带来两个截然不同的效应：一方面它会加快整个城乡商品市场的流通速度和效率，有利于城乡商品市场协调发展；另一方面由于交通设施等带有强烈的城市倾向性[1]，又会进一步加深城乡商品市场的失衡程度。两者的相互作用强弱将会影响方程的系数，预期系数为正。

（7）Dummy94，以 1994 年为界的时间虚拟变量，1994 年以后各年该虚拟变量取 1，其他年份该变量取 0。从图 6.5 中可以很明显地看出，1994 年是一个拐点，再加上 1994 年实施了一系列重大改革措施使得以后各年市场化水平提升，因此预期这一变量与城乡商品市场协调度正相关。

计量方程中的 ε_t 表示随机扰动项。

6.4.2 模型分析结果

根据以上估计步骤，我们首先估计了表 6.14 中的几个方程。方程（1）的解释变量包括了除城乡贸易壁垒和其平方项之外所有在理论上应控制的变量。方程（2）则引入了城乡贸易壁垒指标方程。（3）则引入了城乡贸易壁垒指标的平方项（主要是为了估计城乡贸易壁垒与城乡商品市场协调度的非线性影响）。估计结果显示，在方程（1）、（2）、（3）中，GDP、城市化和工业化对于城乡商品市场协调发展有着显著的正向影响，尤其是城市化率这一指标，出乎我们的意料。不过考虑目前，大中城市仍然是国民经济发展的引擎，因此城市化率能够有效

[1] 如高速公路的修建就加速了城市间的商品流通速度，但对于农村则并无多大帮助，航空运输等也有类似问题。

增强国家经济实力，同时城市化速度的加快也使得大量农民转化为市民，使得城乡消费差距、收入差距在一定层面缩小，也影响城乡商品市场协调发展。而在三个方程中，流通速度和虚拟变量的系数也证实了我们的判断，1994 年后随着市场改革的不断深入，城乡商品市场协调发展程度进一步提升，流通速度目前对于城乡商品市场的影响仍然是积极的。交通设施对于城乡商品市场的影响是正向的，尽管存在着交通设施建设的城市倾向性，但交通设施的完善仍有利于城乡商品市场的协调发展。关于城乡贸易壁垒的影响，在未加入平方项之前，系数为负，反映城乡贸易壁垒越低，城乡商品市场一体化水平越高，其协调程度就越高。而当加入了平方项后，我们发现平方项的系数为正，一次项的系数为负，反映了城乡贸易壁垒与商品市场协调度存在着非线性的关系，当经济发展水平较低时，城乡贸易壁垒的增加还会促进城乡商品市场协调发展（因为这可能有效地保护了农村商品市场），当经济发展水平较高时，城乡贸易壁垒增加则妨碍城乡商品市场协调发展，因为此时农村商品市场从贸易保护中获取的好处远远低于从城市商品市场辐射带来的好处。

在表 6.14 的估计结果中，仍然可能遗漏某些随着时间变化且与已有的解释变量相关的未观察因素。因此，为了获得城乡贸易壁垒对城乡商品市场协调度的一致估计，我们对城乡贸易壁垒使用了相应的工具变量。主要选择了两个工具变量：其一，城乡消费比（Con），由于城乡消费差距与城乡贸易壁垒相互影响，并且城乡消费还反映了城乡市场规模对于城乡贸易壁垒的影响。其二，城乡消费价格指数比（Price），城乡消费价格指数比与城乡贸易壁垒相互影响，并且这一指标还部分反映城乡商品市场的运行效率。在方程（4）和方程（5）我们估计了相应的结果，未报告的结果的系数显著性相对更低，表明方程(1)至（3）的估计结果是可靠的。

表 6.14　　城乡商品市场协调度的决定因素分析

被解释变量	城乡商品市场协调度				
解释变量	方程(1)	方程(2)	方程(3)	方程(4)IV-Con	方程(5)IV-Price
City	2.169 4** (1.012 5)	3.792 1*** (1.640 0)	4.837 9*** (3.452 3)	2.045 67*** (1.003 2)	1.986 5** (0.985 6)
GDP	-5.41E-06*** (1.62E-06)	-1.37E-06*** (7.14E-06)	-5.73E-07*** (7.45E-06)	-2.63E-07*** (6.58E-06)	-1.86E-07*** (4.36E-06)
Segm	-4.888 3* (3.452 3)			-6.754 2*** (4.853 2)	-4.326 5** (3.654 7)
Segmsq		2.567 8** (1.865 4)		3.856 2** (2.636 5)	3.654 5 (2.412 1)
Indu	3.266 1** (1.965 6)	4.288 2*** (2.659 0)	5.242 2*** (2.854 9)	4.285 1*** (2.598 7)	3.985 4*** (2.329 7)
Traff	0.002 0*** (0.001 2)	0.001 9*** (0.001 2)	0.001 9*** (0.001 3)	0.001 3*** (0.000 8)	0.001 2** (0.000 7)
V	0.336 9*** (0.236 9)	0.379 8*** (0.252 8)	0.345 4** (0.256 4)	0.365 4** (0.263 7)	0.314 7* (0.236 5)
Dummy94	0.129 8*** (0.067 6)	0.079 8** (0.109 8)	0.023 4*** (0.125 5)	0.054 2*** (0.154 2)	0.042 2*** (0.139 8)
常数项	-2.532 9*** (1.012 4)	-3.279 1*** (1.640 0)	-3.932 0*** (1.786 3)	-4.215 4*** (1.854 2)	-3.956 4*** (1.582 1)
R^2	0.944 7	0.956 2	0.965 1	0.935 4	0.923 5
F检验值	503.830 2	414.148 1	359.787 4	400.652 1	388.277 4

注:(1)括号中数值为标准差;(2)***、**、*分别表示在1%、5%和10%水平上显著。

6.5　政策建议

从上述的计量模型中可以发现，城乡贸易壁垒对于城乡商品市场协调发展存在非线性影响，其他影响城乡商品市场协调发展的因素主要是经济发展水平（GDP）、城市化、工业化和商品流通速度。下面主要从城市化、工业化和商品流通速度的角度分析如何提高城乡商品市场协调度。

1. 城市化和工业化协调发展

从前面章节可以发现，城市化与城乡商品市场交易效率密不可分，分工决定市场，市场也决定分工，而在计量模型当中，城市化率对城乡商品市场协调度的发展也有着显著的影响。因此可以通过加速城市化进程，尤其是建设以城市群、城市带为中心的新型城市群来带动城乡商品市场协调发展。工业化尤其是新型工业化程度的不断提升也使得工业反哺农业的能力加强，有利于城乡劳动力的顺利转移，刺激城乡商品市场联系更加紧密，提高城乡商品市场协调发展能力。同时城市化和工业化的协调发展更加能够提升城乡商品市场的协调发展程度。具体可以从以下方面着手促进城市化和工业化的协调发展。

（1）大力发展非农产业，为城市化与新型工业化的协同发展提供有利支撑。长期以来，我国的城市化水平滞后于工业化水平的基本原因在于工业产值比重与工业就业比重存在着严重的偏差，具体表现为第二产业比重偏高，服务业发展滞后，尤其是商业发展滞后。工业就业对整个就业的带动效应变弱。与此相比，非农产业就业对整个就业的带动效应日趋增强，因此大力发展非农产业是促进我国工业化与城市化协调发展的基本路径之一。在具体调整三次产业结构中，应该将调整的重点放在提高第三产业的比重上，应当大力发展第三产业，尤其是服务业的发展，兼顾传统服务业与现代服务业的发展，“以此来带动城乡居民消费结构的升级和消费需求的扩大”[1]，从而促进城市化的发展和城市整体水平的提高。

（2）将城镇化进一步提升为现代城市工业化。由于中国特殊的国情，我国的工业化主要表现为农村工业化的迅速膨胀，与此同时也决定了我国特殊的城市化道路即产业转移式的城镇化道路。这种工业战略及由此带来的特殊的城市化模式，在其持续发展的过程中带来了一系列弊端。如乡镇企业小而散的特点决定了其难以形成规模经济，进一步阻碍了技术进步和产业升级；乡镇企业小而散的特点决定了其聚集效应差，服务业很难得到应有的发展，从而抑制了非农产业的就业增长。为此，新型工业化进程必须实行战略性转变，将城镇化进一步提升为现代城市，促进城市工业化。

（3）走一条适合中国国情的城市化和工业化道路。中国的国情是人口多，劳动力成本低，这就决定了我们在城市化和工业化进程中所走的路径。在城市化进程中，只能走城市规模层次不一，城市数量和质量并重的道路；工业化进程中，要正确处理好资本技术密集型和劳动密集型产业的关系；在城市化进程中，要协调好大、中、小城市之间的关系，使其发挥各自优势，最终提高城市化整体水平，最终实现城乡经济一体化。

2. 打破城乡贸易壁垒

（1）打破城乡商品市场间思想观念壁垒。从市场化观念来看，虽然经过 30 多年的市场化改革，农民的市场意识有所强化，但相当部分的农民尤其是落后封闭的乡村的农民，传统的小农经济意识还相当强，市场意识淡薄，生产经营还是沿用自给自足的方式，根据固有的经验进行生产经营，没有市场经营理念，这导致了城乡商品市场不能和谐互动。必须通过加大农村教育投入，提升农村人力资本来打破思想壁垒。

---

[1] 王崇举. 现代服务业发展与城乡统筹［J］. 社会科学，2008（3）：112-116.

（2）打破城乡商品市场的制度壁垒。在城乡制度安排上，延续多年的户籍制度、就业制度、土地制度、社会保障制度、行政管理制度等仍然是城乡商品市场和谐发展的障碍。只有通过逐步放松城乡商品市场和谐发展中的各种约束条件，城乡商品市场间经济联系才能更加活跃，城乡市场才能更加健康、快速地发展。截至2007年，河北、辽宁、山东、广西、重庆等12个省（自治区、直辖市）已经取消了农业户口和非农业户口的二元户口性质划分，开始部分松动城乡商品市场间的制度壁垒，但这还远远不够[1]。

3．提升商品流通速度

根据纪良纲[2]的建议，提升商品流通速度可以从以下几个方面展开：（1）培育商品流通速度意识，加快经济运行节奏。（2）进一步明确、完善商品流通速度的统计指标体系，建立科学、规范的商品流通速度运行分析方法，补充、完善商品流通速度评价内容，确立、完善商品流通速度评价体系。（3）建立商品流通速度监测、预警体系。运用一系列统计指标和统计方法，确定商品流通速度波动的适度界限，防止商品流通速度异常波动，并通过对商品流通运行即期和未来不同状况的描述，为决策者适时决策，实施调控措施提供依据，促进国民经济的持续、稳定和协调发展。（4）改善商品流通供给质量，实行有效供给的优化政策，加大淘汰落后而严重过剩的生产能力，利用新技术，调整产品结构，提高产品质量。（5）扩大商品流通需求引力，建立战略性投资基金，对战略性产业给予集中支持，提高城市化水平，开辟需求空间，增加农民收入，开拓农村市场空间，促进消费信贷发展。（6）改善商品流通资本规模，建

---

［1］ 唐红涛. 中国城乡商品市场失衡的制度诱因分析［J］. 吉首大学学报，2008（3）：78-82.

［2］ 纪良纲，刘振滨. 改革开放以来我国商品流通速度波动的实证研究［J］. 财贸经济，2004（6）：48-52.

立商品流通资本投入约束机制，控制资本总量过度膨胀，通过资产重组、商业连锁、发展乡村边远地区商品流通主体组织等方式调整商品流通资本规模结构，并制定和完善商业产业政策，通过产业政策引导，促进商业规模结构合理化。（7）提高企业商品流通资本运作效率，推广应用现代信息技术，加快商品流通部门信息化进程，逐步实现商品流通的现代化改造，积极引进国外先进的物流管理方式和管理理念，加快企业物流建设，加强企业商品流通的财务管理，强化商品出售阶段的控制。（8）改善商品流通环境，建立、健全流通法律体系，加强流通秩序监管，制止客观上保护落后的地方保护主义及地方垄断行为，为提高流通速度创造良好的法律制度环境；进一步提倡讲诚信、守契约、反欺诈，加快企业信用体系建设；消除商品流通信息障碍，加强商品信息网络化建设；积极推广基于互联网的电子商务贸易；大力发展提供商品销售服务的市场中介组织，加速商品流通。

6.6 本章小结

城乡商品市场协调度的指标体系构建是城乡商品市场协调发展的核心内容，本章对此主要有以下结论。

（1）通过因子分析法对1978—2007年的影响中国城乡商品市场协调发展的22个原始指标进行计算，得出3个公共因子：动力因子、保障因子和状态因子。并且指出在30年间，商品市场协调动力因子一直呈现出上升趋势，保障因子则在1994年出现了明显拐点，状态因子的时间序列则呈现出震荡上升的趋势，而整体协调度则是同动力因子的趋势相似，一直上升。

（2）同样通过因子分析法计算出2007年中国30个省份（不含西藏）的城乡商品市场协调度。同时对协调度和GDP进行聚类分析发现，可以将各省份分为四类地区，城乡商品市场协调度与 GDP 呈现出一种线性关系。

（3）通过对 1985—2007 年的城乡商品市场协调度与 GDP、工业化、城市化、商品流通速度等指标的计量分析发现，协调度受到除城乡贸易壁垒指标外其他所有指标的正向影响，城乡贸易壁垒则是负向影响。后面的工具变量法也证明了这一点。

（4）最后，本章从城市化和工业化的协调发展、提升商品流通速度以及打破城乡贸易壁垒等角度对如何提高城乡商品市场协调度给出了一些建议。

7 CHAPTER 第七章 中国城乡商品市场协调发展对策研究

胡锦涛总书记在党的十六届四中全会讲话中明确指出：“纵观一些工业化国家发展的历程，在工业化初始阶段，农业支持工业、为工业提供积累是带有普遍性的趋向；但在工业化达到相当程度以后，工业反哺农业、城市支持农村，实现工业与农业、城市与农村协调发展，也是带有普遍性的趋向。”“两个趋向”的重要论断，是对工业化国家发展经验的精辟概括，也是对我国经济发展阶段的科学判断。胡锦涛总书记在党的十七大报告中又进一步强调“要加强农业基础地位，走中国特色农业现代化道路，建立以工促农、以城带乡的长效机制，形成城乡经济社会发展一体化新格局”。

具体到城乡商品市场，从前面章节的实证分析可以看出，城乡商品市场协调发展的主要因素来自于：（1）城乡经济发展差距，包括城乡居民收入差距、城乡社会保障差距、城乡公共产品和基础设施提供差距等；（2）城乡要素市场发展差距，包括城乡金融差距、城乡信息市场发展差距、城乡劳动力市场发展差距等；（3）城乡商品市场发展差距，包括流通组织、流通业态、流通人才等多方面、全方位的差距。因此，协调城乡商品市场发展的对策也应从这三个方面展开，尤其需要注意的是，农村商品市场的发展长期滞后于城市商品市场的发展，因此如何发展农村商品市场更加是重中之重。

7.1　缩小城乡商品市场发展基础差距

协调城乡经济发展差距，促进城乡商品市场协调发展最根本的是加快农村经济的发展，而不是用截城补乡的办法，更不是放慢或停止城市的发展而片面地去优先发展农村。

7.1.1　培育农村经济增长内生动力

要缩小城乡社会经济发展差距，最根本的是加快农村经济的发展与增长，努力实现从传统农业生产力向现代农业生产力的转变。而农村经济的增长既要靠外部动力的支撑，更要靠自身内生动力的增长。

推动传统农业向现代农业转变，促进农业生产快速发展。发展现代农业，最根本的就是要推进农业产业化经营。

1. *以提高经营规模化集约化为前提，推进农业产业一体化*

从经营方式上把农业生产的产前、产中、产后诸环节有机结合起来，实行商品贸易、农产品加工和农业生产一体化经营，把千千万万的“小农户”、“小生产”和复杂的“大市场”、“大需求”联系起来，把城市与乡村、现代工业和落后农业联结起来，使农产品的生产、加工、运输和销售等互相衔接，相互促进，协调发展，实现农业再生产诸方面、产业链中的各环节之间的良性循环。

2. *以深化社会分工为基础，推进农业生产专业化*

充分发挥比较优势，集中优势资源发展最具优势的产业，促进优势农产品和特色农产品进一步向优势产区集中，在国内逐步形成一批有较强市场竞争力的农业支柱产业和产业带。要按照县域优势资源和优势产业布局，推进“一村一品”运动。围绕果业、花卉、蔬菜、茶叶、药材、畜禽、特色水产品、农产品运销加工、农业旅游等重点产业，集中力量培育乡村主导产业、区域特色产业和特色种养大户，形成乡镇有特色农产品基地、村有种养大户、户有特色项目的发展格局，精心打造一批特色村、生态村。

3. 要以搞活流通为切入点，推进农业的市场化

要改变农村传统小农经济的封闭经营方式，建立农业生产要素市场和产品销售市场体系，使农业生产的各要素和农产品进入市场。关键要建立完善的市场机制，加快市场体系的培育，发展以初级集贸市场为基础，以批发市场、专业市场、生产要素市场为骨干的结构完整、功能互补的市场网络，促进农产品的流通。

4. 要用工业的理念发展农业，推进农业组织与管理企业化

用工业的理念管理发展农业，根据市场需求来安排生产经营计划，把农业生产当作农业产业链的第一环节进行科学管理，使各农户分散的生产及其产品逐步走向规范化和标准化，提高农产品的质量和档次，扩大增值和销售，从根本上促进农业增长方式从粗放型向集约型转变，从而实现高产、优质、高效的目标。

5. 要以价值链为核心，推进农业服务社会化

增强乡镇和村级集体经济组织的服务功能，建立和完善农业生产服务体系，为农民提供优质的产前、产中、产后各种服务。大力实施“农业科技入户工程”，组织广大科技人员深入农村开展技术推广服务。积极推广“公司（企业）+合作组织+农民”的农业发展模式，提高农业的现代化水平。

6. 要以调整农业发展方式为基础，推进农业结构优化

加快建设现代农业。随着经济的发展和国民经济结构的变革，农业在国民经济中的份额下降是一个必然趋势，在这一背景下，农业的增长尤其要转到质量和效益上来。鼓励和引导各类工商企业参与农业开发，增加对“公司+农户”的农产品加工和流通等龙头企业的贷款；改革农业科技推广体制，推进农

业科技进步；深化粮食流通体制改革，搞活农业生产资料流通；加快农产品市场设施建设，发展现代流通方式；发展农产品行业协会和农民专业合作组织，建立健全农业社会化服务体系；扩大非农部门向农业部门转移的现代生产要素供给，改善农业资源配置效率；发挥比较优势，调整优化区域布局；全面提高农产品质量，提高农业的综合效益。

坚决提升农业生产技术，掀起一场农业革命；启动农村经济需要一个显著的资本流入过程；要保证财政兴农投资的有效性，公共投资应尽可能避免投向私人领域与民争利，要保证公共投资进入渠道的有效性。

7.1.2　加快建立农村公共财政体制

从“十一五”起我国在总体上已进入以工促农、以城带乡的发展阶段，必须科学调整国民收入分配格局，切实加大国家财政对“三农”投入的支持力度，扩大公共财政覆盖农村的范围，使农民享受同城市居民无差别的公共产品和公共服务。

1. 提高财政支农支出的比重

要尽快制定农业投入法、修改和完善农业法、预算法，明确各级政府财政支农的责任，努力增加预算内支农资金，使财政对农业的投入总量和比重都有较大幅度的提高。为此，要确保国家新增财力向农业倾斜。近几年国家财政收入增长很快，国家财政每年新增财力分配要切出更大的份额用于农业。现有财政支出结构许多支出项目都是刚性的，如国家的基本建设投资每年总共只有 1 100 多亿元，调整余地不大，必须积极开拓农业发展资金的筹集渠道，如规定每年国家财政收入的增量部分，要拿出一定比例投入农业；发行支持新农村建设的特别国债；国家征用农民集体所有土地的土地出让金中的纯收入，主要用于支持农业和农村公益事业建设。

2. 加强政府对农村基础设施投资

随着稳健的财政政策的实施，长期国债发行的规模将逐步缩小。鉴于“三农”问题的现状，建议财政对农村基础设施的投资作出四方面的调整。一是调整今后长期建设国债的使用方向，增加农村公共建设投资力度，重点解决农村水、电、路公共设施以及农村市场基础设施建设问题。二是逐年增加中央财政预算内投资，重点用于农村基础设施建设。国家财政的预算内投资也需要将农村基础设施建设作为一个投资重点，一方面改善农村生活居住和生产、流通条件，另一方面创造大量的就业机会，直接增加农民劳务收入。力争通过政府投资力度的加大，在未来五年内在全国农村人口聚集较多的乡镇和较大的行政村实现“七通”，即通公路、通自来水或清洁水、通电力网、通公用电话和长话自动网、通卫星电视和有线电视、通广播网、通邮政网。三是力争用10年时间在人口较多的乡镇实现消费品流通、生产资料流通、农产品流通业态网点连锁化、物流配送一体化。四是借鉴“六小工程”（即节水灌溉、人畜用水、乡村道路、农村沼气、农村水电、草场围栏等）项目建设的经验，改变中小型农业和农村基础设施主要依靠农民群众投资投劳的办法，逐步把县以下的中小型基础设施建设纳入各级政府基本建设投资的范围。

3. 建立健全政府对农业的支持保护体系

按照世界贸易组织规定要求，针对中国农业发展后劲严重不足的现实矛盾和薄弱环节，着力强化政府财政对农业的支持力度。一是加大农业基础设施建设投入，包括水利设施、农业生态环境、国土整治等。二是支持农业结构调整，发展有竞争优势的农产品，发展畜牧业和林果业，促进农产品加工转化增值，积极发展小城镇和乡镇企业等。为此，财政要加大对“种子工程”、畜牧良种、优质饲料、区域化优质农产品基地、产业化龙头企业、退耕还林、退牧还草等方面的支持。三是完善农村公共服务体系。要完善社会化服务体系，搞好产前、产中、产后服务。财政要增加气象投入，建立完善各种专门性自然灾害气象预报服务；加强对病虫疫情监控的投入，减轻农民损失；增加对农产品信息网络和营销组织建设的投入，逐步建立覆盖全国城乡、连接国际市场的农产品信息网络营销组织；支持农民合理储备粮食，减轻国家粮食储备压力。四是减少农产品流通环节的财政补贴，把这方面节省下来的资金用于农业生产环节，改善农业生产条件，增强农业发展后劲。五是建立农业灾害补助制度、农产品市场风险补助制度、农村困难群体粮食补助制度、特殊困难农民生产补助制度等。

4. 完善农村义务教育管理体制

保证义务教育均衡发展，既是农村义务教育稳定发展的目标，也是消除城乡二元结构、缩小地区贫富差距的手段。让城市和农村、发达地区和落后地区的儿童都能获得大体均等的义务教育资源，是实现社会正义与公平的重要途径。按照“明确各级责任、中央地方共担、加大财政投入、提高保障水平、分步组织实施”的原则，我国从2006年开始推行农村义务教育经费保障机制改革，中央重点支持西部地区，适当兼顾东部困难地区。用两年时间，先西部地区后中东部地区，逐步免除农村义务教育阶段中小学生的学杂费，再用三年时间巩固和深化改革，提高公用经费保障水平，同时启动建立农村义务教育阶段中小学校舍维修改造长效机制，逐步将农村义务教育全面纳入公共财政保障范围。这项改革是今后一段时期我国农村义务教育经费保障的政策依据，其在具体实施中还将面临许多新情况和新问题，需要逐步完善相关政策。可重点围绕以下几个方面进行：一是保障教师工资的责任上移，提高中央和省级政府的承担比例。二是坚持省级统筹，建立农村中小学校舍基本建设和维修改造的长效机制。三是合理核定农村中小学校公用经费标准，主要由县级财政予以保障。

5. 切实加强农村卫生事业建设

一是加大农村卫生服务的财政支持，以农村预防保健、妇幼保健、健康教育和卫生监督、监测为支持重点，缩小卫生服务的城乡差距。二是要完善新型农村合作医疗制度，完善筹资机制，提高农民的受益程度；目前实行的新型农村合作医疗明显存在补偿不足的问题，农民仍需自费负担高额的医疗费用，化解大病风险的能力低。应逐步增加政支持力度，提高筹资标准，提高农民的受益程度。三是财政资金用于农村三级卫生服务网络建设的投向应作出调整，以乡村两级为主。四是明确政府在乡镇卫生机构建设中的财政支出范围，加强政府对乡镇卫生院公共卫生服务的预算支出。特别是对于中西部地区，由于地区财力较弱，加之免征农业税后，县乡两级财政收入缺乏支柱，必须加大上级财政对乡镇卫生院的公共服务资金供给。五是加强村级卫生机构建设，提高农民对卫生服务的可及性与可得性。对村级卫生室的财政支持应主要集中于两个方面：一方面是对于乡村医生的技术培训的财政支持，提高乡村医生的技术水平；另一方面是对乡村医生承担的公共卫生职能给予足额的财政补助。

7.1.3 加强农村社会保障体制建设

长期以来，城乡社会保障的差距非常悬殊。因此建立农村社会保障体制是统筹城乡发展的主要内容，必须加快速度，应进一步加大公共财政对农村社会保障制度建设的投入，培育农民社会保障意识，坚持社会保障与家庭保障、社区保障相结合，在立足保障农民基本生活的基础上，逐步建立符合农民需要的多层次的农村社会保障体系。

1. 建立农村最低生活保障制度

从制度上解决农村人口的基本生存权问题，可以极大地减少和避免因温饱问题解决不当引起的社会问题，有利于缩小城乡间和农民之间的收入差别。从目前情况看，建立农村最低生活保障的时机已经成熟，要加快建立这一制度。

2. 积极探索农民基本养老保险制度

各地可根据经济社会发展水平，试行低水平、广覆盖的农村养老保险制度，解决农民的后顾之忧。

3. 加快解决失地农民的社会保障

对完全失地的农民，应鼓励加入城镇居民社会养老保险体系。对部分征地的农民，应加快建立包括最低生活保障、养老保障和医疗保障在内的失地农民的社会保障。

4. 解决好农民工的社会保障

根据农民工的需求与目前的条件，按照低水平、广覆盖的方针，积极探索多种形式，分步骤地把农民工纳入社会保障体系。所有用人单位都要按《工伤保险条例》规定为农民工参加工伤保险。探索建立农民工大病医疗保险。推进将正规稳定就业的农民工纳入城镇职工基本养老保险体系。

5. 完善农村社会救济救助制度

"五保户"作为一个特殊群体，在农村社会化养老体系尚未建立之前，对他们进行特殊的眷顾，使他们老有所养是文明社会的一个根本道德义务。要对"五保户"实施"能保尽保"的原则，将其全部纳入农村基本养老体系，实现集中供养。随着义务教育阶段"两免一补"政策的稳步推行，义务教育阶段的负担已逐渐退居次要地位，非义务教育阶段的费用已构成当前农民家庭的沉重负担。解决农村贫困问题，除了实行贫困救济，要完善非义务教育阶段的教育扶助、救助制度，保证农民的子女不因交不起学费而辍学。

7.2　协调城乡要素市场发展

城乡商品市场的协调发展与城乡要素市场的关联非常紧密，劳动力市场、金融市场、信息市场等的城乡分割必将对城乡商品市场的发展带来深远的影响。

7.2.1 协调城乡劳动力市场

1. 加强劳动力市场制度建设，建立保护农民工合法权益的长效机制

与城市居民相比，农民工合法权益受损害仍是一个突出问题。农民工劳动合同签约率很低，工资边清欠、边拖欠，农民工超时间劳动，休息、休假权利受侵犯比较普遍，一些企业任意加班加点的行为没有得到遏制。农民工合法劳动权益被严重侵害，与劳动力供过于求有关，但深层原因是劳动力市场制度不健全，使农民工处于弱势地位。完善的劳动力市场是保护农民工权益的制度平台。劳动力市场制度建设包括工资形成的市场机制和集体谈判制度，工会作用的发挥方式和程度，以及保护劳动者的政府劳动立法等。要尽快制定诸如有关农民工工资支付的具体法律法规，建立和完善农民工劳动合同管理制度，提高农民工的组织化程度，发展农民工工会组织，发挥其在保护农民工权益方面的积极作用。

2. 进一步消除对农民进城就业的不合理限制和歧视性规定

在就业培训上，做到城乡劳动力一视同仁，增强农村劳动力在非农产业的就业竞争力。取消对农村劳动力进城的各项限制条款，如北京曾经出台的农民工限制从事的职业规定等。同时力争在一个较长时间段逐步取消城乡户籍制度，使农民真正能够在城市里长久居住和工作。

3. 形成惠及农民工的城市基本公共服务制度

当前城市对农民工实行的实际上是“经济接纳，社会排斥”的做法，主要表现在：允许农民进城打工，经济上进入，但不承认他们在城市的社会成员资格，进城农民不能平等地享受公共服务，在住房、子女教育、医疗卫生、妇幼保健和社会保障等方面，存在着歧视性政策等。在城市建设和管理方面应当转变观念，对农民工要由排斥到容纳，由管制为主转向服务

为主，改变农民工“边缘化”的社会地位。要把进城农民工作为城市居民的一部分，纳入统一的管理和服务，逐步做到权利平等。在住房、交通等城市基础设施的建设上考虑进城农民工的需要，使义务教育、公共卫生等基本公共服务逐步覆盖到农民工。

4. 城市建设要考虑进城务工农民的居住要求

要针对外来人口居住的不同特点，建设管理好外来人口聚集社区，避免形成城市治安差、社会安全无保障、环境脏乱差的社区。建立社区服务机构，为解决外来人口的就业、居住和必要的文化娱乐提供便利条件。将城郊农村社区的规划建设纳入城市总体规划和建设，统一规划外来人口的住房、交通和基础设施。当然，由于农民工构成的复杂性，应当根据农民工的需求与目前的条件，按照低水平、广覆盖的方针，积极探索多种形式，根据农民工的需求和改革条件的成熟度，分步骤地把农民工纳入社会保障体系。

7.2.2　建立城乡统一的土地市场

土地制度是一种基础性的经济制度，它是建立和谐社会的制度基础。农村土地问题解决得不好，农民收入问题和社会保障问题就得不到解决，城乡商品市场就谈不上协调发展。建立保护农民土地权益有效机制，是处理好城乡关系面对的一个很具挑战性问题。改革征地制度，就要确保被征地农民得到公平合理的补偿，生活水平不下降，就业有出路，长期生计有保障。

1. 界定、确保、扩大农民的土地权利

《农村土地承包法》虽然为承包农民提供了更大的交易土地的自由，但没有提供以承包权进行抵押的法律基础。允许抵押将能使农民更充分并有保障地实现与土地权利相连的潜在经济机会，也会促进农村土地与城市土地有更加同等的权利。因此，应赋予农民的承包地在30年承包期内的抵押权。在坚持土地承包关系长期不变和尊重农民意愿的前提下，要从各地经济社会发展的实际出发，积极探索建立“依法、自愿、有偿”的市场化的土地承包经营权流转机制。农村土地承包经营权流转的主体是承包方，承包方有权自主决定土地承包经营权是否流转和流转的方式，不得以少数服从多数为由强迫农户流转。土地流转收益全部归承包方所有，任何组织和个人不得擅自截留侵占。

2. 提高对失地农民的补偿标准

现行的补偿标准配合广为施用的征地权力，导致了个别地方对征地权的滥用。从中短期来看，可以采取的具体步骤包括增进补偿的公平性以及改善征地的程序。应修改补偿计算方法，以使其成为更加公平、更具有预见性、更能为社会所接受的标准。公正补偿的根本目标是让被征地者的经济状况与征地前相同，并且有可持续性。要加快改革土地征用制度，确保被征地农民得到公平合理得补偿和安置，生活水平不下降，就业有出路，长期生计有保障。要对土地征用做法作出必要的改进，特别是对“公共利益”作出明确的法律界定，以使其更符合现代市场经济的需要。要改善征地的程序，保证农民的知情权和参与权。

3. 缩小国家强制性征地范围

在现代市场经济国家中，对征地用途没有施加任何实质性限制的做法是极其异常的。国际上有许多方法来界定政府征用财产的权力适用范围。许多国家的法律都非常详细地列出了被视为“公共利益”的用地目的。从各国经验看，征地法律必须明确、详细和精确，这样人们就能知道他们在其中处于何种位置，以及如何控制官员的任意决定行为。应在符合国家土地利用规划、严格管制非农用地总量的基础上，把更多的非农建设用地直接留给农民集体开发，让农民以土地作为资本直接参与工业化和城镇化，分享土地增值收益。

4. 依法维护农民宅基地权益

应看到，我国农村居民点布局总体上基本合理，要坚持“大稳定、小调整”原则，不宜大拆大建。农村居民点布局调整是一个自然的渐进过程，不能违背经济社会发展规律，急于求成。不能片面为了满足城市用地的需要而开展农村居民点调整。在农村居民点布局调整中，要保障农民的知情权和参与权，切实保障农民的宅基地合法权益。

7.2.3　完善农村金融市场体系

1. 深化农村信用合作社改革

农村信用合作社改革是农村金融改革的重点。农村信用合作社是20世纪50年代农民入股建立起来的合作经济组织。农村合作金融是农村三大合作组织之一（农业合作、供销合作、信用合作），其资金财产是农民个人所有基础上的农民集体所有制。信用社社员的原始股金加上多年来的股金增值属于农民社员个人所有，集体使用。信用社的公共积累资金属于农民集体所有的财产，由信用社集体使用、占有和支配。农村基层信用合作社应真正办成农民的合作金融组织，县以上信用社应根据各地具体情况，可以完善县联社，成立省联社，形成合作社组织系统，也可以建立股份合作制的合作银行。

农村信用合作社的治理结构应坚持“三会”（转换经营机制社员代表大会、理事会、监事会）制度，强化社员民主管理，切实尊重社员民主权利，坚持一人一票的合作制原则，充分发挥社员对合作社工作的监督作用。只有置信用社、合作银行于广大社员群众的监督管理之下，才能坚持为“三农”的服务方向。农村信用合作社在深化体制改革的同时，要建立一种既要为“三农”服务得好，又不亏损、无风险的经营机制。

2. 农业发展银行应真正成为国家政策性金融机构

农业发展银行应大力加强政策性金融的支农力度，使之真正成为名符其实的政策性银行。要将其他金融机构（如农业银行）承担的政策性金融业务统统交给农业发展银行。在此基础上，大力拓宽业务范围，从原来单纯对购销企业发放农产品收购资金贷款转向整个农业、农村发展和农民个人的政策性金融服务。具体来说，一是要加强支持农业和农村发展中的中长期贷款业务，包括支持农业产业化龙头企业、农业基础设施建设、农村社会化服务体系建设等的政策性经营业务。二是根据农村的经济发展情况和国内、国际市场变化为农民提供一定数量的无息或低息贷款。目的是通过政府贷款支持，维护农业简单再生产、优化农业产业结构和产品结构以及提高农产品的市场竞争力。

3. 建立竞争性农村金融市场

除对上述的国家金融、集体所有的合作金融进行深化改革外，还应根据客观需要促进多种形式的集体金融机构、民间金融机构以及外资金融机构的发展。把社会资金和国外资金广泛地吸收到农村，充分满足农村的需要。同时，通过多种金融机构的进入，有利于开展市场竞争。通过市场竞争，激发国有金融、农村信用合作社的活力，进一步提高他们为农服务的能力和水平。当前的问题是要具体落实，有关部门应制定和提出一些市场准入条件和进入后的监管办法，在试点基础上加以推开。

4. 调整农村金融机制

农村资金原本不足，每年不断流向城市是造成农村贷款难的重要原因之一。应采取有力措施，尽快制止农村资金外流，以保证农村有足够资金供给。应改变吸储上存的储蓄制度，吸收的农村储蓄资金应全部用于农村，不应继续流入城市。建议在县及县以下农村的国有金融机构将在当地吸收的存款全部或绝大部分用于支持当地农业和农村经济发展。

5. 优化金融发展的地域结构

城乡金融发展严重失衡，金融二元结构特征突出，已经成为我国金融运行中一个主要的结构性矛盾。近年来，农村金融日益萎缩且呈加剧之势，农村金融抑制现象十分严重。农村金融对“三农”的支持乏力，不利于城乡经济的协调发展，成为建设新农村和和谐社会的重要掣肘因素。所以，政府应该从落实科学发展观的要求出发，依据金融改革的总体目标，尽快制定农村金融改革和发展的总体战略和具体的实施规划，实现农村金融体系再造。应重塑农村金融体系，实现政策性金融、商业性金融与合作性金融在目标一致下的协调配合和功能互补。对农业保险制度的完善、农村资本市场培育等问题，也应纳入农村金融改革发展战略，认真研究，统筹安排。

在农村金融改革和发展的实践中应该强调两点：一是注重发挥政策性金融的作用。应重新确定政策性金融的市场定位，拓宽其业务范围，支持其在农村的金融供给中发挥更大的作用。二是大力发展各类小型金融机构。目前，我国金融组织的业务对象、业务种类和收入结构高度同质化，结果不仅降低了金融服务水平和金融效率，也放大了金融风险。实际上，小型金融机构在金融组织体系中的地位和作用是不可替代的，是我国金融组织体系中不可或缺的部分。农村经济主体对借贷资金的需求大多具有规模小、时间急、频率高的特点。而大型正规金融机构出于信贷交易成本和收益的考虑，很难满足这类资金需求。因此，应培育由自然人、企业法人或社团法人发起的小额信贷机构，探索解决其后续资金支持的有效对策，并且着力发展社区金融机构、农村资金互助组织和小型金融担保公司，满足包括农户在内的各类农村经济主体的融资需求。

6. 注重发挥农村地区政策性金融的作用

农业是弱质产业，自身高投入、低产出的特征决定了其具有高风险性。我国绝大多数农村经济发展水平不高，经济、金融的市场化程度较低，许多农户和乡办、村办企业不具备获得商业性贷款所必需的抵押品和担保条件。这些情况说明，解决农业和农村经济主体的融资难问题，不能把城市的金融发展模式简单移植到农村，不能主要依靠“嫌贫爱富”的商业银行，而是必须把金融的市场调节和政府的政策扶持有机地结合起来，既要发挥“看不见的手”的作用，更要发挥“看得见的手”的作用。应拓宽农业发展银行的业务范围，支持其在农村的金融供给中发挥更大的作用。同时，应采取有效措施将开发性金融推进到“县域经济”、“三农”和中小企业领域，使开发性金融更多地参与农村道路、电力等基础设施建设和农业产业化、农业资源开发项目的投资。

7. 发展多种类型的小型农村金融机构

农村经济主体对信用资金的需求大多具有规模小、时间急、频率高的特点。而正规金融机构出于信贷交易成本和收益的考虑，很难满足这类资金需求。因此，必须发展社区金融机构、小额贷款组织、小型金融担保公司等多种类型的小型金融机构。中央一号文件指出，“鼓励县域内设立多种所有制的社区金融机构，允许私有资本、外资等参股”，是农村金融改革的一个重大突破。金融管理部门应尽快制定管理办法，就农村小型金融机构的设立、运作、监管、市场退出等作出具体、明确的规定，促使这类金融机构的发展驶入快车道。

发展民营银行等正规金融机构可以挤出部分非正规金融机构。比如可以通过改革现有金融机构甚至地下钱庄发展民营乡村银行，还可以直接新建民营乡村银行。新建民营银行最容易实行资产负债管理和根据资本充足率来监管。应促进发展地方民营中小银行，挤出高利贷活动，从而防止放款人形成和滥用与此相关的个人市场权力。

建立中小农业担保公司。为促进农业的生产，满足农村资金需求者贷款担保的需要，现阶段应采取多种形式鼓励农民、农户、其他小生产者、乡镇企业创设中小农业担保公司，可以采取的措施有：（1）允许农民以自留山和自有的林木经评估后投资入股设立农业担保公司。（2）立法上设立专门条款，降低设立中小农业担保公司的最低注册资本金的要求，定为5万元人民币；工商登记机关应对该类农村的中小农业担保公司发放有明显标志的企业法人营业执照，给交易相对人以提示。（3）对于中小农业担保公司可以给予一定时期的适当的税收优惠政策。（4）完善对担保机构的监管机制，亟需出台监管框架，以防范相关的金融风险。

7.3　协调城乡商品市场发展

城乡商品市场在市场业态、市场效率、市场人才方面都存在比较明显的差距，这在前面章节的分析中可见端倪。协调城乡商品市场发展，一方面仍然要加快城市商品市场的发展力度，另一方面更要对农村商品市场的发展进行创新。

7.3.1　完善城市商品市场体系

城市商品市场的发展已经有很好的基础，主要应从商业网点规划、商业对外开放、连锁商业以及电子商务的发展完善商品市场体系建设。

1. 制定科学合理的城市商业网点规划

按照业态完整、布局合理、定位超前、方便群众、与城市和区域发展相协调、与经济和社会发展相统筹的要求，尽快完成全国所有地级城市以及有条件的县级市的商业网点规划编制。在城市商贸业发展中还应逐步完善和形成以一级商业中心、次级商业中心为节点的城市商圈体系，使各层次商圈合理布局、互相渗透、有机协调；各省份要形成以中心城市群商业中心为重点，连接各地级市商业中心及辐射各县县城的城镇商业网络体系。建立大型商业网点设施建设听证和专家论证制度，从宏观上调控大型商业网点布局与业态结构的平衡。要搞好各层次商业中心的建设，既注意商业网点的集聚和集中，又要注意适度分散方便群众。在较大城市规划建设集购物、饮食、娱乐为一体的大型购物城和高水平的商业步行街，打造城市繁荣的新亮点和经济发展的增长点。力争在未来十年内，在全国形成层次分明、分工合理、功能齐全的城市商业整体结构。

2. 切实推进连锁经营快速发展

重点实施“社区商业工程”，切实满足城镇居民的生活需求。结合城市改造，优化老社区商业结构布局，完善新社区商业服务功能，建设集购物、餐饮、社区服务、休闲等多种功能于一体的新型社区商业网点。支持各类流通企业在社区设立连锁门店，扩张网络，鼓励现有的社区网点加盟连锁，形成贴近居民生活、发挥社区综合服务功能的密集型零售终端，确保城镇居民消费方便、安全、放心、实惠。重点要加强城乡结合部、工矿区、低收入阶层社区的便民网点设施建设与完善，采取有效措施解决低收入群体的洗浴问题。力争通过3~5年的时间，使便利店、早餐店和再生资源回收站覆盖全国大多数的城市社区。

3. 扩大城市商业领域的对外开放

在全球化的冲击下，国际巨头不仅彼此争夺领地，而且对中国流通领域实施强劲渗透和扩展。我国在对外开放、世界经济一体化过程中，一定要注重商品市场与国际市场接轨，同时也应做好以下几个方面的工作。

（1）接轨国际，转变观念。商贸流通业的全球化、国际化，最关键的是观念的转变。在家乐福、沃尔玛等国际商业巨头纷纷抢滩中国商品市场的形势下，我们一是要树立经济全球化的概念。要与国际大集团竞争，必须站高一个层面，放眼世界。二是要确立补缺经济和错位经营的观念。面对外资的进入，商贸企业要勇于迎接挑战，不怕狼来了咬人，要与狼共舞。采取“补缺经营”，发挥传统老字号、本土经营的优势；运用“错位经营”战略，定好位，调整好商业业态，在跨国商贸巨头的紧逼下，拥有自己的生存空间。三是要建立信用观念。企业要建立起强有力的信用意识，要像爱护自己的眼睛一样保护自己的信用。

（2）扩大领域，吸引外资。随着我国商业的不断开放，我国商业规模、结构功能的调整，以及流通业国有资本的退出，商贸企业的重组等新的商机的出现，国外的资本、人才可通过投资、入股、收购的多种形式进入我国商业市场，鼓励外资投资者以参股、兼并、收购等方式参与我国商贸企业的重组。在引资对象上，要结合我国的实际情况，不仅与国际跨国公司接洽，更要与像香港这样的商贸发达地区联系。同时，作为引进外资的补充，引进民资、大集团等战略投资者也不失为一种很好的方法。

（3）创新思路，发展特色。引进国外发展现代商贸业的成功经验和商品市场经营理念，充分发挥外资公司遍布全球的国际营销网络和丰富的市场开拓经验，发展大型购物中心、专卖店、社区邻里中心等新型商贸业态；大力发展外资百货、超市、便利店；建设具有异国风格的特色商业街、商贸企业园，精心打造外资产品承接平台和载体，谋求商贸业的新发展。

4．通过信息化和电子商务加速商品市场技术创新

我国城市商品市场现代化要适应信息化发展的要求，通过信息化和电子商务加速传统商品市场创新。信息化对商品市场有两个基本要求：其一，数字网络成为与货币、合同、票据并列的、促成交易双方在品种、时间、空间、数量等方面要求严格一致的主要媒介；其二，以信息化、数据化、自动化为特征的现代物流成为流通的中枢，流通的流程管理和市场营销全面走向智能化、自动化，流通的宏观管理相应实现信息化作业。要在商品市场发展中不断加进信息化的含量，这实际上也就是用信息化对商品市场体系不断进行改造的过程。实现流通业信

息化的关键，是在连锁及超市化发展基础上，不断推进电子商务的发展。电子商务对于传统商品市场的创新和独特贡献在于：

（1）电子商务在商流、信息流、资金流和物流的有机整合中居基础性作用。通过发展 B to B、B to C，可以以市场为导向、以消费需求为中心，纵向改造全流程，提高网、链营销管理的信息化水平。

（2）不断优化流通企业信息化管理方案。目前商业信息化管理处于多模式状态。在售货环节有自动订货系统、自动售货系统、条码自动识别技术；在内部管理环节，部分企业已采用 OA（办公自动化）、ERP（企业资源规划）、CRM（客户关系管理系统）、HRM（人力资源管理系统）、IDSS（企业智能决策系统）等管理技术，这些通常称之为 MIS（管理信息系统），都可以归入 BPM（业务流程管理）。目前的问题在于，各系统之间尚未实现完全的无缝链接。也就是说，目前商业的三种主流模式：B to B（商业到商业）、A to A（应用到应用）和 BPM（业务流程管理）未能集成为一个整合性平台，这是导致成本高昂但自动化程度及管理效率不高的主要原因。电子商务是一个广义的综合性信息平台，它能有效地横向整合管理信息系统，推动供应链管理的深化，形成多系统的集成，这对于打造流通企业核心竞争力具有重要意义。

（3）有利于推动商品市场的发展。我们可以直观地把 ERP 等供应链方面的管理系统看作是电子商务的内部化、集团化或家族化，因此在 ERP 与电子商务实行无缝链接的条件下，供应、需求在流通环节通过信息化手段形成高度整合，企业由传统的管理人、财、物转为管理信息网和供应链，企业产权相应发生“扩散”。这对打造新型企业产权形式，促进产、商、消费的经济融合，加快流通大集团的发展，培育现代化商品市场组织具有重大的作用。

7.3.2　农村商品市场创新发展

从中国实际情况来看，要进一步缩小城乡商品市场发展差距，加大中国农村流通业的创新，努力完善农村商品市场体系，在实践中要特别注意以下几点。

1. 努力实现农村商品市场主体的组织创新

（1）实现农村中原有供销合作社的产权创新。在传统计划经济体制的制约和影响下，我国县级以上的供销合作社的组织系统早已异化为“国营”经济和“官办”经济实体，省、市、县供销社实际成为政府机构，并未真正在产权、利益上与农民结盟。因此，供销社应退出政府机构系列，真正成为农民自己的合作组织，特别是县一级供销社系统及其所属的专业公司和基层分社应从农村基层政权组织中分离出来，真正成为一种农民合作经济组织。

（2）更为重要的是，引导农民创造自己的流通主体与流通组织，让农民自创的流通主体直接参与农村商贸流通产业活动与农村市场主体培育。在新的历史条件下，应防止新的农民流通主体的分散化和“一盘散沙”现象，因此应努力提高农民流通主体的组织化程度，努力在构造新型网络化的股份合作社和专业化的生产流通协会上下功夫。如湖南省近年来出现了一批专业性的生产协会，如生猪产业协会、柑桔协会、黄花协会等，在发展专业化的商品生产及搞活流通方面发挥了十分显著的作用。这里特别要注意的是，政府在实施“千乡万村”发展现代农村市场流通体系过程中，要注意扶持农民自己的购销组织。

（3）积极培育一批拥有著名品牌和自主知识产权、主业突出、实力强、具有国际竞争力的大型农产品流通企业。要鼓励具有竞争优势的农产品流通企业通过参股、控股、承包、兼并、收购、托管和特许经营等方式，实现规模扩张，引导支持流通企业做大做强。具体努力方向是：支持下乡连锁超市做大做强，

5 年使销售额翻番。“十一五”期间重点发展销售额过亿元的 20 家消费品流通企业和 10 家大型农业生产资料连锁经营企业；重点培育 50 个亿元以上区域性标准化批发市场；发展 20 家过 5 000 万元的、直销城市超市的农产品连锁经营企业；重点支持 20 家过 5 000 万元的大型农产品物流配送中心，建设冷藏和低温仓储、运输为主的农产品冷链系统。

为了繁荣农村市场，还应鼓励城市股份制企业、民营企业、国有企业到农村市场延伸其组织网络，或通过参股、控股、联营、租赁等方式参与到农村市场主体的行列中来，努力实现农村市场主体产权性质的多元化。

2. 注重农村商品市场网点空间布局的创新

在传统体制及转轨经济形成时期，我国流通网点布局一方面是城乡分割，另一方面是农村市场商贸网点布局画地为牢，完全按行政隶属关系及行政区域管辖范围进行布局，既不符合购买力流向规律的要求，也不考虑网点的规模效益。要以农村重点集镇为中心打破行政区划限制，按自然形成的经济区域来合理布局农村商贸网点。自 20 世纪 80 年代以来，中国农村的交通网络体系发生了新的变化，高速公路以及高等级公路网络在农村的延伸，造就了一批新型交通枢纽型的农村小城镇，也使原来具有交通优势及商贸网点聚居优势的中心城镇（如许多县城）在聚集人口与市场要素方面的功能进一步扩大和强化。基于此，应从整体上搞好农村商贸网点规划，并纳入城市商贸网点规划一体化的范畴。课题组于 2003 年主持完成的湖南浏阳市商贸网点规划就将该市周边的一批重点农村城镇的商贸网点一并纳入整体规划中。因此，一定要按经济区域的自然形成和经济规律的要求，以中心城镇为节点，上连大中城市，下连农村交通网络节点的各种小城镇，来搞好新一轮农村商业网点的合理布局和规划，提高农村商贸网点在重点小城镇的密集度，建设一批商贸带动型重点小城镇，以从根本上打破现有行政区划和行政层次的限制，建设好农村商品市场三大体系，即消费品流通体系、农业生产资料流通体系、农产品流通体系。

3. 加快农村商品市场流通业态的创新

农村流通业态亟待整合和创新。商务部组织实施的“千乡万村”市场网点建设工程正是加快农村流通业态创新的战略举措，也是带动整个农村流通业态创新的示范工程。但要注意防止农村流通业态的创新流于形式，防止其扭曲、变形。为此应注意以下几点：

（1）农村流通业态创新应重点突破，逐步推进。要首先在居住人口相对集中并有一定规模且处于交通枢纽的重点农村城镇进行现代流通业态创新，这样把农村流通业态的创新和优化重点小城镇的功能结合起来，建设一批商贸业、服务业带动型的农村小城镇，提高其就地吸纳农村剩余劳动力的功能。

（2）新兴流通业态网点的规模及建设水平不宜盲目照搬城市模式，而应注重从农村实际出发，与农民消费需求相适应，多发展一些新型的便民店、折扣店。

（3）新兴流通业态发展的重点是农业生产和农民消费急需与农村消费者权益极易受到损害的商品经营领域与服务项目。如在农业生产资料、日用工业的经营、食品经营、非处方药品经营及某些服务项目中应努力扩大新型流通业态的比重，建立和扩大综合性或专业性的连锁店与超市。对原有的农村集贸市场实行“农改超”与“农加超”改造，在农产品流通和再生资源流通中积极发展现代物流配送。

（4）城市中大型流通企业应积极下伸现代流通业态网点，有步骤地在农村重点小城镇、中心集镇和人口聚居规模较大且交通方便的自然村落建立农村连锁店、农村超市、农村便利店等。

同时，也要处理好农村原有流通组织与新型“农家店”的关系。实施“万村千乡”市场工程，大中型流通企业把连锁店开到农村，这对农村原有的个体零售商店将造成巨大的冲击。现有的零售店铺必须通过加盟或自愿连锁等方式，加入到大中型流通企业的网络中来，用大中型流通企业的先进管理方式进行改造。另外，可以通过直营连锁和特许加盟等方式，提升农村集贸市场和代销点的数量。

4. 努力探索农村商品市场在经营范围上的创新

农村流通企业要突破传统单一的购销经营，在拓展流通和完善购销的基础上，努力发展与农民在一产、二产、三产方面的合作，如生产合作、运输合作、储存合作、消费合作、信用合作、住宅合作等。为缓解小生产与大市场的矛盾，有条件的流通企业可在购销项目上创新，即通过联营制、代理制、合同制、利润返还制和“公司+农户”的方式等，与农户和农业生产企业建立稳定的购销关系。

农村流通企业应重点拓展农村商品市场，在服务项目和服务功能上创新。一方面，要适应农村产业化的需要，完善农业社会服务体系，形成健全的产前、前中、产后服务链；尤其要突出为“科技兴农”服务，积极发展与农产品商品生产基地、专业大户的联合，在提供市场信息、科技咨询、农业科技成果市场化方面发挥流通企业的作用，促进农业增长方式的转变和农业产业调整与升级。另一方面，要积极开拓为农村居民消费服务的范围与领域，要适应农村人口沿公路线集镇集中的新趋势和农村居民生活从温饱到小康转化过程中的多层次消费并存的现状，扩大农村流通业的经营服务范围，扩大生活资料、建筑装饰材料、图书文化用品等的经营，更好地改善农民的物质生活和精神生活服务，为发展农村小城镇服务。

5. 积极开展农村商品市场的管理创新

无论是发展新型流通业态，还是创新流通服务项目；无论是搞“千乡万村”的现代市场网点建设工程，还是谋划流通企业的产权创新，都必须以管理创新为保证。农村流通企业的管理创新的重点体现在两个方面，一是要积极运用现代信息技术，再造业务流程与管理流程，使购销活动能纳入到信息网络的轨道上来，突破农村流通企业在空间上分散及单店规模偏小的瓶颈，解决过去购销脱节、周转失灵、效率低下的弊端。二是要积极实施“人才兴贸”战略，采取措施鼓励和吸引大学毕业生及各类专业人才去农村流通企业工作。改革开放以来，包括农村基层供销社在内的农村商贸业中出现了“人才空巢”现象，有文化、有专业知识、有年轻优势的业务骨干几乎都从农村流入到了城市，在中西部地区这种情况尤其严重。因此，发展农村流通业，实行农村流通业创新，必须坚持“以人为本，人才兴贸”，努力解决农村现代流通经营管理人才短缺的矛盾。这样才能从根本上提高农村流通业的管理水平，逐步实现农村流通业管理的信息化、科学化、规范化。

6. 促进农村商品市场政策创新

为加快推进农村商品市场体系建设，国家从2005年开始提出了农村市场体系建设的几项重要工作任务，要求切实抓好“万村千乡市场工程”、“双百市场工程”、“信福工程”和农产品批发市场标准化工作。“万村千乡市场工程”主要是引导城市连锁超市运用连锁经营、物流配送等现代流通方式，在农村发展农家店，完善农村消费品和农业生产资料流通体系。“双百市场工程”主要是通过重点培育100家左右辐射面广、带动力强的全国性和跨区域农产品批发市场以及100家左右有实力的大型农产品流通企业，发挥其示范作用和辐射效应，带动和引导农产品批发市场全面创新、完善设施、优化服务、规范经营，推动农产品流通标准化、规模化、现代化。“信福工程”就是要通过推动商务信息下乡，让农民足不出户而知天下，在家门口就能够了解与生产生活相关的市场信息。农产品批发市场标准化工作，主要是促进农产品批发市场按国家标准升级改造、规范管理。目的是要通过这四项工作最终建立生产资料、消费品与商务信息下乡和农产品进城的双向流通渠道，形成促进农业生产、促进农村消费增长和促进农民增收的良性循环。各地要认真组织开展这四项工作，通过试点企业的示范作用，促进当地农村市场体系的建设。

具体而言，可以从以下几个方面着手。

（1）进一步推进“家电下乡”工程，扩大补贴范围，延长补贴时间。一是加大宣传力度，激发消费热情。必须抓住当前农村家电普及的有利时机，进一步加大宣传力度，推广家电下乡，直接提高农民消费能力，在更大范围内激发农民购买的积极性，真正把内需特别是农村消费启动起来。二是简化补贴手续，真正惠农便农。从方便群众目的出发，简化补贴兑付手续，减少农民的机会成本，进一步激发农民的消费热情。三是坚持服务下乡，履行服务承诺。各级政府及经贸主管部门要加强与销售企业的联系，指导销售企业加快销售网点建设，督促其切实做好售前、售中、售后服务工作，确保农民群众对家电下乡产品买得放心、用得满意。四是构建消费者、媒体、社会、政府机构四位一体的监督管理体系，保证政策的顺利实施，以及维护农民和其他相关各方面的根本利益。五是建议取消家电和汽车摩托车下乡的最高限价或调高限价，扩大补贴范围，延长汽车下乡补贴时间。建议省政府加强对汽车摩托车的行政性收费标准情况进行督查，并对县财政进行适当补贴。

（2）进一步提高“万村千乡”农家店的质量，完善物流配送系统。一是要不断提高农家店的质量和管理水平，逐步实现标准化、现代化、信息化。①要制定机制健全的管理制度和清晰的操作规程；②要统一标识、统一采购、统一配送、统一价格、统一核算、统一管理；③要加强学习和培训，不断提高经营管理者和从业人员的素质和能力。二是健全配送中心建设，完善物流配送系统。可以先将原有设施和装备进行改造，为连锁店进行配送活动，待企业走上轨道后，再注入资金，建成规模化配送中心。对于部分批发企业，可在原有仓储运输设施的基础上加以改造，再增加一些先进的配送设施，拓宽业务范围，满足多种要求，从单一的储运向全方位、多功能，集物流、商流、信息流为一体的配送中心转变，建立起完善的物流配送系统。三是积极推进“万村千乡市场工程”、“一网多用”，发挥“万村千乡市场工程”建设的农村现代流通网络优势，逐步建立集生活消费品与农资销售、卷烟零售、药品经营和邮政服务等于一体的综合购物区和综合服务中心，丰富和发展农村现代流通网络内涵。

（3）进一步加大供销社扶持力度，全面推进“新网工程”建设。一是要加大资金扶持力度。针对供销社的实际困难，政府要专门划拨一定的资金，设立供销合作社发展专项资金，用作供销系统企业发展的项目配套资金。二是要加大政策扶持力度。为加快供销社改革发展步伐，政府要结合实际，制定一系列的扶持政策。对供销社在处置资产办理有关手续过程中给予特殊优惠，如转让资产过程中属于行政性收费的，给予免收或减免；供销社处置资产一律免缴资产收益金。对供销社组织农民兴办的合作经济组织和带动农业产业化经营的企业，工商部门及时给予注册登记税务部门依照有关政策给予税收减免，财政部门和项目主管部门给予重点扶持，纳入支农资金、农业产业化资金等支持范围。全面推进“新网工程”要着力做好以下几方面的工作。首先，进一步推进“旧网”升级改造。按照产权多元化的要求，以覆盖城乡的大型企业集团和骨干连锁经营企业为主体，以资本为纽带，充分利用供销合作社的无形资产、信誉、管理和服务优势以及现有的仓储设施、营业场所与网络基础，加快进行资源整合与重组，大力推动系统内外的联合发展，走低成本、高效益的扩张发展路子。其次，逐步实现“一网多用”、双向流通，发挥综合效益。充分发挥供销合作社经营网络“连接城乡、供销并举、综合经营、系列服务”的优势，增强网络的“双向流通”功能，既把货真价实的农业生产资料和日用消费品供应到农村，让农民买得放心，同时又以连锁经营网络为载体，使农副产品进入超市，把再生资源回收利用起来，让农民卖得省心，真正使供销合作社的现代流通网络为广大农民所用，让农民得到实实在在的利益。最后，要加大改造力度，加强农产品、农业生资料和日用消费品双向流通网络终端建设。以农村基层社区为基础，充分利用现有网络资源，推动基层社和村级综合服务社经营门店的改造升级，逐步发展建立起覆盖全国大部分乡村的网络终端，进一步提高现代经营服务网络建设的质量和水平。

（4）进一步加强对农村商业市场的规划与领导。以湖南省为例，一是建议把我省农村商业市场布局规划纳入各地城乡建设规划及各县（市、区）的商业网点规划中，并作为新农村建设的一项重要内容。特别是长株潭地区和京珠高速、上瑞高速、长常高速沿线县市应率先将农村连锁店、商品市场网点等的建设纳入到县级商贸网点规划中。二是制定全省农村商业市场体系建设规划及实施纲要，从宏观上加强对农村市场体系建设的指导。

（5）进一步加大对农村市场的整治力度，创造良好的市场运行环境。一是要建立健全市场法规体系，规范市场交易行为，包括对市场主体的准入规定及资格进行审查，对进入市场的产品进行抽样检查和技术监督等。二是要加大对农村市场的整治力度，规范农村市场秩序。严厉查处各种不正当交易和竞争行为，严厉打击假冒伪劣商品和欺行霸市、强买强卖等不法行为；公开举报电话，建立消费者投诉电话，健全农村市场投诉受理机制，保护农民合法权益，建设公平有序、运转协调的农村市场。三是要简化办事程序，提高办事效率，为流通企业发展提供良好的服务；要避免多头检查、重复检查，为农村商品市场体系建设创造公平的竞争环境。

7. 加强农村商品市场人才培养创新

加强流通基础理论研究，建立流通人才培养体系和培训机制。随着计算机和信息技术在流通领域的广泛应用，流通产业从业人员的知识水平和技能水平也会随之发生变化。这就对流通人才的培养和流通从业人员的培训提出了较高要求。加强流通业各类技术人才的培养和从业人员技术知识与技能的培训，是彻底改变农村商品市场技术水平落后的关键。因此，政府应拓宽教育和培训渠道，鼓励和支持企业、行业协会和大专院校开展多方面、多层次的人才培养和在职培训工作，展开面向农村的商贸技术教育，特别是要加快培养农村流通领域计算机和信息技术的研究和开发人才。同时，可借鉴美国、日本等国家的做法，建立强化流通业从业人员的培训机制，并将参加职业培训及获得资格证书作为职工上岗的基本条件。

同时，健全农村流通服务支撑体系，加强流通行业协会建设，发挥农村流通中介机构的作用，提高农村中介的服务水平和能力。要加大流通行业理论研究，掌握流通业发展规律，建立多层次的流通人才培训体系，引进国内外流通专业经营人才，提升整个行业的素质。

8. 加快农村农贸市场体制创新

一是进一步加大对农村居民生产生活的基础设施建设投入，增加对农村公共产品的投资，促进农村公共事业的发展进步。首先，要加快农村供水供电、交通运输、邮电通信等基础设施建设，保障农民居民的生产生活；其次，要加快农村社保体系建设，建立和完善农村居民最低生活保障制度，落实各项优惠政策，减轻低保农民负担；再次，建立农村医疗救助制度，建设覆盖城乡的医疗救助体系，解决农民看病难的问题；最后，全面发展农村社会福利事业，包括老年人和残疾人福利事业、妇女儿童社会福利事业等。建立健全农村社会保障体系，降低人们对未来支出预期的不确定性，增强消费信心，增加当期消费。二是要加快农村农贸市场的提质改造。由商务部门牵头，市场服务中心、工商、规划、城建、城管等部门配合，对现有各类农贸市场按标准化改造和升级，重点是分期分批对县级城乡农贸市场进行改造，重点抓好“三个一批”：①改造一批，对布局合理但设施落后的市场实行改造提升；②整合一批，对地域相邻、功能相近的市场，组织引导市场开办者进行整合，完善市场功能，健全市场管理，提升市场档次，使其达到规范要求；③取缔一批，对布局不合理，存在安全隐患，又不能改造、整合的市场坚决予以取缔。各级政府要重视农村农贸市场的管理工作，克服地方保护主义，工商、税务、公安、卫生、质检、价格等部门要紧密合作，多方联动，开拓创新，为农村市场发展保驾护航。

要加快培育大型农业生产资料经营企业，鼓励供销社发挥原有的渠道优势，鼓励参与“万村千乡市场工程”的经营企业，发挥网络和物流配送优势，承担农业生产资料的流通任务；鼓励农业生产资料生产企业建立销售网络。在农资流通领域大力推进新型流通业态，积极发展农资连锁经营。本着服务农民的原则，推进农资连锁经营，镇（乡）重点发展农资连锁超市，村重点推进农资便利店。建立以集中采购、统一配送为核心的新型营销体系，形成以农资连锁企业为核心，镇（乡）农资连锁超市为骨干，村级农资便利店为基础的便捷、通畅、安全、有效的农资现代流通网络。要以“双百市场工程”为龙头，带动本省产地农产品批发市场和物流中心的建设，解决农民卖难的问题。构建以县城配送中心为龙头、乡镇店为骨干、村级店为基础的新型农产品市场流通网络。特别是大宗农产品流通，要改变先产后销、产销分离、产销脱节的状况，提高农产品附加值；要在农产品流通中积极发展现代物流配送方式，要在全省范围内继续为农产品流通建立“绿色通道”。

7.4 本章小结

本章从协调城乡经济发展差距、协调城乡要素市场发展差距和协调城乡商品市场差距着手，分析了统筹城乡商品市场的相应对策。在城乡经济发展层面，主要侧重于如何增加农民收入以及中央财政加大对农村社会保障、公共产品的投入力度等方面提出对策；在城乡要素市场层面，主要从农村金融市场体系的培育完善、农村劳动力市场的完善以及农村土地市场的创新角度展开；在城乡商品市场层面，则侧重于农村商品市场管理创新、业态创新、空间布局创新、人才培养创新等方面提出对策。

8 CHAPTER 第八章 结论与展望

8.1 研究结论

本书以城乡商品市场为研究视角，以城乡商品市场协调发展为研究核心，以城乡商品市场贸易壁垒和协调度为研究重点，基于城乡商品市场运行机理分析框架，围绕城乡商品市场的内涵特征及其发展概况、城乡商品市场的相关理论、城乡商品市场运行机理、城乡商品市场贸易壁垒、协调度以及相关对策等具有逻辑顺承关系的相关主题依次展开分析论证。通过理论研究、实地调研、模型构建和统计验证等一系列研究方法，以及SPSS和Eviews等数理统计工具的综合运用，明晰了城乡商品市场与区域经济、微观经济主体以及城市化的关系与作用机理。在此基础上，分析了城乡商品市场分割度及其影响因素，构建了基于城乡商品市场协调发展的指标体系，并依据此指标体系，对中国1978—2007年以及2007年的省级面板数据进行了论证，并提出了相关对策建议。

现将本文主要研究工作与成果总结如下。

1. *全面回顾了中国城乡商品市场的发展概况*

中国城乡商品市场作为城乡二元经济的重要表现，对其研究尚处于比较滞后的状态。中国改革开放三十多年来，城乡二元经济经历了二元结构弱化、稳定和强化的过程。具体到城乡商品市场，则表现为城乡商品市场贸易壁垒仍然存在，同时城乡商品市场在容量、基础设施、商业业态以及人才方面存在着全方位的差距。本文还以2006年到湖南省安仁县等六县区的实地调研作为基础，分析了农民面临的贸易壁垒以及农民收入、农村销售渠道、农村市场商业网点、农村市场商业业态以及农村流通组织等，指出在上述方面，农村商品市场相对于城市商品市场尚有很大的差距。

2．深入研究了商品市场与区域经济、微观经济和城市化的关系

商品市场作为商贸流通业的重要载体，对区域经济、微观经济和城市化都有非常大的影响。商品市场与区域经济的关系并不是简单的线性关系，而是呈现出一种阶段性的特点。在经济发展的初期，商品市场并不能有效地拉动区域经济的发展；在经济发展的中期，商品市场最能体现其先导产业的价值，充分拉动区域经济的发展；在经济发展的后期，商品市场的拉动效应趋向饱和。这充分证明了马克思的“商业的独立发展与社会生产发展呈反比例”的假说。商品市场对于交易成本的降低作用是非常明显的，主要体现在集中和分散风险、减少配对和搜寻的成本、抑制逆向选择、减轻道德风险和机会主义、通过放权来促使守约等方面。根据杨小凯和赖斯的模型，城市化是在市场分工水平不断提升、交易成本不断下降中自发形成的。本文利用城乡商品市场场均交易额之比作为衡量城乡交易效率的指标，城市化率作为衡量城市化的指标，对两者进行了协整分析。结果发现，从长期来看，城乡交易效率与城市化互为因果关系，这也验证了杨格的观点；而从短期来看，城乡交易效率是城市化的原因，反之则不成立。

3．实证研究了城乡商品市场的贸易壁垒

城乡商品市场的发展是影响中国二元经济发展的重要因素。

研究商品市场分割度的方法主要有边界效应模型、贸易流法和相对价格法，本文运用相对价格法，以1985—2007年的经济数据为样本，计算分析了中国城乡商品市场的贸易壁垒。从整体上看，中国城乡商品市场呈现出贸易壁垒逐渐降低，城乡商品市场整合的趋势。同时还总结了影响城乡商品市场贸易壁垒的几个因素，分析了城乡消费差异、交通设施、城乡收入、财政对流通事业的投入等因素对城乡商品市场分割程度的影响，发现其中最为重要的是城乡消费差异对商品市场分割的影响。因此，最后从城乡消费基础设施建设、城乡金融、城乡信息差距等方面总结出了相关政策建议。

4. 构建了城乡商品市场协调发展指标体系

城乡商品市场协调发展从福利经济学角度看，其一体化有利于城乡整体福利水平的提升，同时协调要满足城乡之间经济联系日益密切、城乡市场分工趋向合理、城乡经济发展差距在一定“度”内和城乡经济整体高效增长等四个标志。现有国内外学者对于城乡商品市场指标体系的构建主要是从城乡经济社会一体化和市场化指标体系展开，本文构建了基于城乡商品市场协调发展的22个指标构成的指标体系。并且运用因子分析法对1978—2007年影响中国城乡商品市场协调发展的22个原始指标进行计算，得出三个公共因子：动力因子、保障因子和状态因子。指出在三十年间，商品市场协调动力因子一直呈现出上升趋势，保障因子则在1994年出现了明显拐点，状态因子的时间序列则呈现出震荡上升的趋势，而整体协调度则是同动力因子的趋势相似，一直上升。同样可以计算出2007年中国三十个省份（不含西藏）的城乡商品市场协调度。通过对协调度和GDP进行聚类分析发现，可以将各省份分为四类地区，协调度与GDP呈现出一种线性关系。最后通过对1985—2007年的城乡商品市场协调度与GDP、工业化、城市化、商品流通速度等指标的计量分析发现，协调度受到除城乡贸易壁垒指标外其他所有指标的正向影响，城乡贸易壁垒则是负向影响，后面的工具变量法也证明了这一点。

5. 系统总结出城乡商品市场协调发展的对策

本书从协调城乡经济发展差距、协调城乡要素市场发展差距和协调城乡商品市场差距着手，分析了统筹城乡商品市场的相应对策。在城乡经济发展层面，主要侧重于如何增加农民收入以及中央财政加大对农村社会保障、公共产品的投入力度等方面提出对策；在城乡要素市场层面，主要从农村金融市场体系的培育完善、农村劳动力市场的完善以及农村土地市场的创新角度展开；在城乡商品市场层面，则侧重于农村商品市场管理创新、业态创新、空间布局创新、人才培养创新等方面提出对策。

8.2　研究展望

当今的研究动态表明，城乡商品市场协调发展是城乡关系研究中崭新且极具前景的研究方向。笔者对城乡商品市场的协调发展运行机理、城乡商品市场分割度、城乡商品市场协调度等问题进行了近四年的探索性研究工作，并以学术专著的形式将相关观点与研究成果呈现于此。然而，囿于本人的理论功底和学术造诣有限，以及时间与精力等原因，研究中仍然存在许多不足和有待完善之处，主要表现在以下几个方面。

1. 城乡商品市场协调发展和城乡要素市场协调发展关联

虽然本书较为系统地分析了城乡商品市场协调发展的现状、影响因素与相关对策，并且在对策中也强调了应该通过城乡要素市场的协调发展带动城乡商品市场的协调发展。但本文并没有就两者之间的经济学关联进行分析。今后的研究工作可以围绕这一命题展开，城乡商品市场与要素市场是互相影响的，其各自的影响程度多大？长期和短期效应分别是怎样的？在经济发展水平不同的区域，这种效应会否发生空间上的变化？

2．城乡商品市场协调度的指标体系

本书中所涉及的城乡商品市场协调发展指标虽然都是基于相关文献整理及实地调研工作而选取的，但其仅代表了多数学者对这些指标的关注。并且由于学者们没有直接构建城乡商品市场协调度的指标，同时由于统计数据的缺失（虽然进行了实地调研，但由于调研主题不完全是城乡商品市场协调发展，因此指标体系还有待完善，具体表现在反映直接城乡商品市场差距的指标过少），这样有可能会高估城乡商品市场的协调发展程度。

3．构建各区域城乡商品市场协调度的时间序列分析

囿于统计数据的缺乏，本书仅对2007年的城乡商品市场协调度的横截面数据进行了分析。但值得注意的是，一个五到十年的空间面板计量分析是以后研究的重要基础，通过空间面板模型的分析，可以清晰地区分出影响城乡商品市场协调度的时间因素和空间因素。

参考文献

[1] 柳思维，罗进华．城乡市场发展失调的制度原因及主要危害分析［J］．湖南社会科学，2006（2）．

[2] 马克思．资本论：第3卷［M］．北京：人民出版社，1975．

[3] 马克思，恩格斯．马克思恩格斯全集：第1卷［M］．2版．北京：人民出版社，1975．

[4] 马克思，资本论：第1卷［M］．北京：人民出版社，1975．

[5] 何增科．马克思恩格斯关于农业和农民问题的基本观点述要［J］．马克思主义与现实，2005（5）．

[6] 马克思．资本论：第1卷［M］．北京：中国社会科学出版社，1983．

[7] 马克思，恩格斯．马克思恩格斯全集：第23卷［M］．北京：人民出版社，1972．

[8] 马克思，恩格斯．马克思恩格斯选集：第2卷［M］．北京：人民出版社，1995．

[9] 柳思维，唐红涛．经济转型中的新剪刀差与城乡消费差距的扩大［J］．消费经济，2006（6）．

[10] 蔡昉．城乡收入差距与制度变革的临界点［J］．中国

社会科学，2003（5）.

［11］王德文，何宇鹏．城乡差距的本质、多面性与政策含义［J］．中国农村观察，2005（3）.

［12］林毅夫，沈明高．我国农业技术变迁的一般经验和政策含义［J］．经济社会体制比较，1990（2）.

［13］费景汉，古斯塔夫·拉尼斯．劳力剩余经济的发展［M］．北京：华夏出版社，1989.

［14］〔英〕威廉·配第．政治算术［M］．2版．陈冬野，译．北京：商务印书馆，1978.

［15］科林·克拉克．经济进步的条件［M］．3版．北京：商务印书馆，1985.

［16］霍利斯·钱纳里，莫伊斯·赛尔昆．发展的型式1950—1970［M］．北京：经济科学出版社，1988.

［17］亚当·斯密．国富论［M］．2版．北京：商务印书馆，1992.

［18］约翰·冯·杜能．孤立国同农业和国民经济的关系［M］．北京：商务印书馆，1986.

［19］陆大道．我国的城镇化进程与空间扩张［J］．中国城市经济，2007（10）.

［20］埃德温·S·米尔斯．区域和城市经济学手册：第2卷［M］．郝寿义，等，译．北京：经济科学出版社，2003.

［21］洪银兴，高春亮．城乡市场的分割和统一［J］．经济学家，2006（6）.

［22］戴红梅，贾后明．城乡市场分割的形成和统筹城乡的措施分析［J］．农业现代化研究，2004（7）.

［23］陈雪梅，李景海．市场竞争地位的不平等与城乡收入差距的扩大［J］．商业研究，2008（7）.

［24］陈光明．城乡市场的培育、发展与河南经济振兴的战略选择［J］．经济经纬，2001（3）.

[25] 李雪飞，新望. 城乡市场供需结构失衡的表征、原因及其调整 [J]. 中国农村经济，1999 (3).

[26] 李湘蓉. 城乡市场一体化的障碍分析及实现途径——对成都市城乡市场一体化的调查分析 [J]. 经济体制改革，2005 (2).

[27] 曾庆均，秦泰松. 我国城乡市场协调发展与不发展之比较分析 [J]. 商业研究，2001 (12).

[28] 卢东宁，侯军岐. 我国农村消费市场启而不动的经济学分析 [J]. 农村经济，2005 (6).

[29] 郭冬乐，王济光. 中国城乡市场结构变动分析 [J]. 经济工作导刊，1997 (2).

[30] 陈金生. 对欠发达地区城乡市场统筹建设若干问题的探讨 [J]. 前沿，2005 (12).

[31] 王德章，王锦良. 城乡市场协调发展与新农村建设研究 [J]. 哈尔滨商业大学学报，2007 (5).

[32] 刘华富，刘成玉. 富裕文明新农村的概念及指标体系研究 [J]. 软科学，1998 (2).

[33] 林毅夫. 新农村运动与启动内需 [J]. 中国物资流通，1999 (10).

[34] 温铁军. 半个世纪的农村制度变迁 [J]. 北方经济，2003 (8).

[35] 郭庆方，滕华勇. 韩国新农村运动的合作经济机制分析及其启示 [J]. 中国合作经济，2005 (2).

[36] 陈锡文. 走中国特色农业现代化道路 [J]. 求是，2007 (22).

[37] 陈池波. 论农村市场发育的基础 [J]. 中南财经政法大学学报，2005 (3).

[38] 李芬儒. 农村批发商业业态的创新与开拓农村市场 [J]. 商业经济与管理，2004 (1).

[39] 杜作峰. 农村市场网络的完善与城市化的推进 [J]. 中国农村经济，2001 (9).

[40] 魏秀芬. 我国农村市场信息服务和市场信息需求利用分析 [J]. 中国农村经济，2005 (5).

[41] 李婷. 从交易费用角度看城乡市场制度的演变 [J]. 商业时代，2007 (15).

[42] 刘伟. 农业科技开发项目与金融结合模式研究 [J]. 农村经济，1997 (11).

[43] 梁灏. 开拓和发展农村市场的几点思考 [J]. 经济体制改革，1999 (5).

[44] 姜成洲，刘维东. 如何启动、开拓农村市场需求 [J]. 中国农村经济，2000 (7).

[45] 刘炜. 开拓农村市场 促进农民收入的持续增长 [J]. 经济问题探索，2003 (1).

[46] 柳思维，唐红涛. 关于加强农村商贸市场创新与拉动农村消费的思考 [J]. 消费经济，2005 (6).

[47] 柳思维，唐红涛. 转轨经济过程中的新剪刀差与消费差距的扩大 [J]. 消费经济，2006 (6).

[48] 陈文玲. 当代流通发展趋势和若干理论内涵 [J]. 市场营销导刊，2003 (4).

[49] 王德章. 现代流通业在区域经济中的作用 [J]. 商业经济，2006 (4).

[50] 王德章. 流通业促进城市经济发展的实证分析 [J]. 财贸经济，2007 (10).

[51] 冉净斐. 流通发展与经济增长的关系：理论与实证 [J]. 生产力研究，2005 (3).

[52] 杨宜苗. 试论流通产业的贡献 [J]. 财贸经济，2006 (7).

[53] 郭文杰. 服务业增长、城市化与经济发展 [J]. 当代

经济科学，2006（5）.

［54］谭清美，等. 物流能力对区域经济的贡献研究［J］. 现代经济探讨，2003（8）.

［55］林文益. 贸易经济学［M］. 北京：中国财政经济出版社，1995.

［56］纪良纲，刘东英. 中国农村商品流通体制研究［M］. 北京：冶金出版社，2006.

［57］埃里克·弗鲁博顿，鲁道夫·芮切特. 新制度经济学［M］. 上海：上海三联书店，2006.

［58］杨小凯. 经济学——新兴古典与古典框架［M］. 张定胜，张永生，李利明，译. 北京：社会科学文献出版社，2003.

［59］李子奈，叶阿忠. 高等计量经济学［M］. 北京：清华大学出版社，2000.

［60］曾令华，王朝军. 经济增长与贷款增长相关性的实证分析［J］. 财经理论与实践，2004（3）.

［61］黄赜琳. 地方保护与市场分割：来自中国的经验数据［J］. 中国工业经济，2006（2）.

［62］郑毓盛，等. 中国地方分割的效率损失［J］. 中国社会科学，2003（1）.

［63］蒋满元. 区域性市场分割：测度、成因及影响分析［J］. 广西财经学院学报，2007（4）.

［64］朱希伟，等. 国内市场分割与中国的出口贸易扩张［J］. 经济研究，2005（12）.

［65］桂琦寒，等. 中国国内商品市场趋于分割还是整合？——基于相对价格法的分析［J］. 世界经济，2006（2）.

［66］陈敏，等. 中国经济增长如何持续发挥规模效应？——经济开放与国内商品市场分割的实证研究［J］. 经济学季刊，2007（10）.

［67］范爱军，等. 国内市场分割及其影响因素的实证分

析——以我国商品市场为例［J］. 南开经济研究，2007(5).

［68］刘小勇，等. 财政分权与地区市场分割实证研究［J］. 财经研究，2008（2）.

［69］费景汉，拉尼斯. 增长和发展：演进观点［M］. 北京：商务印书馆，2004.

［70］李培林，构建和谐社会：科学发展观指导下的中国——2004—2005年中国社会形势分析与预测［DB/OL］. 中国网.

［71］李燕，李颖. "万村千乡"工程的困境与对策［J］. 湖北经济学院学报，2007（1）.

［72］银温泉，等. 我国地方市场分割的成因和治理［J］. 经济研究，2001（6）.

［73］石磊，等. 市场分割的形成机制与中国统一市场建设的制度安排［J］. 中国人民大学学报，2006（3）.

［74］谢玉华. 治理国内市场分割的国际经验与借鉴［J］. 广东社会科学，2006（2）.

［75］唐红涛，柳思维. 从消费环境视角解读我国城乡消费差距［J］. 湖南社会科学，2007（2）.

［76］石长明，等. 城乡一体化进程中农村金融体系创新［J］. 经济与管理，2007（10）.

［77］李荣华. 基于科学发展观的湖南县域经济信息化研究［J］. 湖南社会主义学院学报，2008（10）.

［78］柳思维，唐红涛. 关于城乡二元商品市场格局及城乡商品市场和谐发展的探讨［J］. 经济与管理研究，2008（11）.

［79］保建云. 中国发达地区间的发展竞争与市场一体化［J］. 中国人民大学学报，2006（3）.

［80］吴楚才，等. 中国城乡二元结构及其协调对策［J］. 城市规划，1997（9）.

［81］蔡思复. 我国区域经济协调发展的科学界定及其运作

[J]. 中南财经大学学报, 1997 (3).

[82] 邓丽君. 城乡一体化之我见 [J]. 现代城市研究, 2001 (2).

[83] 陈雯. 关于"城乡一体化"内涵的讨论 [J]. 现代经济探讨, 2003 (5).

[84] 姜作培. 城乡一体化: 统筹城乡发展的目标探索 [J]. 南方经济, 2004 (1).

[85] 杨荣南, 等. 城乡一体化若干问题初探 [J]. 热带地理, 1998 (1).

[86] 朱磊. 城乡一体化理论及规划实践——以浙江省温岭市为例 [J]. 经济地理, 2000 (3).

[87] 石忆邵, 何书金. 城乡一体化探论 [J]. 城市规划, 1997 (5).

[88] 石忆邵. 城乡一体化理论与实践: 回眸与评析 [J]. 城市规划汇刊, 2003 (1).

[89] 冯雷. 中国城乡一体化的理论与实践 [J]. 中国农村经济, 1999 (1).

[90] 陈晓红, 李城固. 我国城市化与城乡一体化研究 [J]. 城市发展研究, 2004 (2).

[91] 洪银兴, 陈雯. 城市化和城乡一体化 [J]. 经济理论与经济管理, 2003 (4).

[92] 陈光庭. 城乡一体化与乡村城市化双轨制探讨 [J]. 规划师, 2002 (10).

[93] 潘永江. 中国城市化进程与城乡一体化发展 [J]. 现代经济探讨, 2001 (12).

[94] 张叶. 小城镇发展对城乡一体化的作用 [J]. 城市问题, 1999 (1).

[95] 王改弟. 发展小城镇与实现城乡一体化 [J]. 河北学刊, 2001 (6).

[96] 廉伟，王力. 小城镇在城乡一体化中的作用 [J]. 地域研究与开发，2001 (2)

[97] 冯雷，等. 城市郊区农业产业化与城乡一体化联动发展研究 [J]. 农业现代化研究，2003 (2).

[98] 张利生，项军. 城乡一体化与农村劳动力转移 [J]. 山东经济，1998 (11).

[99] 杜肯堂. 论城乡一体化与农村劳动力转移 [J]. 经济体制改革，1997 (4).

[100] 郭江平. 城乡一体化：解决“三农”问题的根本出路 [J]. 理论探索，2004 (1).

[101] 廖正才. 城乡一体化是解决“三农”问题的根本出路 [J]. 成都行政学院学报，2004 (4).

[102] 顾益康，邵峰. 全面推进城乡一体化改革——新时期解决“三农”问题的根本出路 [J]. 中国农村经济，2003 (1).

[103] 章伯年. 以城乡一体化的理念，加快新农村建设 [J]. 浙江社会科学，2004 (7).

[104] 徐明华，盛世豪，白小虎. 中国的三元社会结构与城乡一体化发展 [J]. 经济学家，2003 (6).

[105] 李志强，雷海章. 模糊聚类：中东部地区城乡统筹水平的分类与比较 [J]. 农业技术经济，2006 (1).

[106] 陈鸿彬. 城乡统筹发展定量指标体系的构建 [J]. 地域研究与开发，2007 (2).

[107] 高珊，等. 城乡统筹的评估体系探讨 [J]. 农业现代化研究，2006 (4).

[108] 李岳云，等. 城乡统筹及其评价方法 [J]. 农业技术经济，2004 (1).

[109] 叶兴庆. 关于促进城乡协调发展的几点思考 [J]. 农业经济问题，2004 (1).

[110] 戴思锐，谢员珠. 城乡统筹发展评价指标体系构建[A]. 中国农业经济学会2004年年会.

[111] 王景新. 我国新农村建设的形态、范例、区域差异及应讨论的问题[J]. 现代经济探讨，2006（3）.

[112] 段娟，文余源，鲁奇. 我国中部地区城乡互动发展水平综合评价[J]. 农业现代化研究，2007（1）.

[113] 陈宗胜，陈胜. 中国农业市场化进程测度[J]. 经济学家，1999（3）.

[114] 顾海兵. 中国经济市场化程度探析[J]. 金融信息参考，1997（3）.

[115] 赵彦云. 金融体系国际竞争力理论及其应用研究[J]. 金融研究，2000（8）.

[116] 徐明华. 从计划到市场：过程与逻辑——对浙江经济市场化过程的一个描述[J]. 浙江社会科学，1999（6）.

[117] 樊纲，王小鲁，张立文. 中国各地区市场化进程报告[J]. 中国市场，2001（6）.

[118] 王萍. 中国经济市场化进程及其测度指标设置研究[J]. 现代财经，2002（6）.

[119] 北京师范大学课题组. 中国经济市场化指数测定[M]. 北京：中国财经出版社，2003.

[120] 张宗益，等. 中国经济体制市场化进程测度研究[J]. 经济体制比较，2006（5）.

[121] 杨晓猛. 转型国家市场化进程测度的地区差异分析——基于产业结构调整指标的设计与评价[J]. 世界经济研究，2006（1）.

[122] 郝娟. 中国区域市场化进程的新特点——基于市场化指数的聚类分析[J]. 生产力研究，2006（8）.

[123] 樊纲，等. 中国市场化指数——各地区市场化相对进程2006年报告[M]. 北京：经济科学出版社，2007.

［124］陈振华．衡量市场化进程的指标体系的分析［J］．武汉理工大学学报，2003（6）．

［125］于秀林．多元统计分析［M］．北京：中国统计出版社，1999．

［126］纪良纲，刘振滨．改革开放以来我国商品流通速度波动的实证研究［J］．财贸经济，2004（6）．

［127］王崇举．现代服务业发展与城乡统筹［J］．社会科学，2008（3）．

［128］唐红涛．中国城乡商品市场失衡的制度诱因分析［J］．吉首大学学报，2008（3）．

［129］Lewisw A. Economic Development with Unlimited Suppliers of Labor［J］. Manchester School 1954，22（2）．

［130］North，Douglass．"Institutions"［J］．Journal of Economic Perspectives，1991，1（5）．

［131］Olson，K. R.．Identification of fragipans by means of mercury intrusion porosimetry［J］．Soil Sci．Soc．Amer，1985，6（49）．

［132］Yang，Dennis Tao and Hao Zhou．Rural-Urban Disparity and Sectoral Labour Allocation in China［J］. Journal of Development Studies，1999，35（3）．

［133］Lucas Robert．Why doesn't Captial Flow from Rich to Poor Countries：An Empirical Investigation［J］. Amercian Economic Review，2003，20（4）．

［134］Fei，John C. H. and Rains. G. A Theory of Economic Development［J］. American Economic Review，1961，27（9）．

［135］Jorgenson Dalew. The Development of a Dual Economy［J］. Economic Journal，1961，71（282）．

［136］Todaro，Michael P. A Model for Labor Migration and Urban Unemployment in Less Developed Countries［J］. American Economic Review, 1969, 59 (1).

[137] Harrist, J. R. & Todaro, M. P. : Migration, Unemployment and Development: A Two Sector Analysis [J]. American Economic Review, 1970 (60).

[138] Rakshit, M. Labour surplus economy: a Neo-Keynesian approach [M]. Macmillan India Press, 1982.

[139] Boeke, J. H. Economics and Economic Policy of Dual Societies, as Exemplified by Indonesia, New York: International Secretariat of the Institute of pacific Relations, 1953.

[140] JORGENSON Dalew. Surplus Agricultural Labor and the Development of a Dual Economy [J]. Oxford Economic Papers, New Series, 1967, 19 (3).

[141] Ramanathan R. Using Data Envelopment Analysis for assessing the productivity of the State Transport Undertakings [J]. Indian Journal of Transport Management, 1967, 23 (5).

[142] Dixit, A. On the Optimum Structure of Commodity Taxes [J]. American Economic Review, 1970, 24 (7).

[143] McIntosh, C. and Williams, A. A Multi product Production Choices and Pesticide Regulation in Georgia [J]. Southern Journal of Agricultural Economics, 1992 (24).

[144] Kuznets, Simon S. Immigration of Russian Jews to the United States: Background and structure, in D. Flemming and B. Bailyn, eds, ‘Perspectives in American History’, Cambridge, Mass [M]. Harvard University Press, 1975 (9).

[145] Luis Suarez. The Evolution of Regional Economics [J]. Southeast Economics Studies, 1989 (15).

[146] Alonso-Villar. Urban Agglomeration: Knowledge Spillovers and Product Diversity [J]. The Annals of Regional Science, 2002 (36).

[147] Alfred Weber. The theory of the lavation of Industries [M]. Chicago: Chicago University Press, 1929.

[148] Wilbur Thompson. The City as a Distorted Price System [J]. Development Economics Studies, 1968 (21).

[149] De Janvry, A., M. Fafchamps and E. Sadoulet. Peasant Household Behavior with Missing Markets: Some Paradoxes Expained [J]. The Economic Journal, 1991 (101).

[150] Strauss, J. Appendix: The Theory and Comparative Statics of Agricultural Household Models: A General Approach [M]. New York: World Bank and The Johuns Hopkins University Press, 1986.

[151] Taylor, J. E. and I. Adelman. Remittance and Inequality Reconsiderde: Direct, Indirect and Intertemporal Effects [J]. Journal of Policy Modeling, 1992 (14).

[152] Ahmed, R. and N. Rustagi. Marketing and Price Incentives in African and Asian Countries: A Comparison [M]. Agricultural Marketing Strategy and Pricing Policy, Washington D. C.: D. Eltz. World Bank, 1987.

[153] Boselie, D., S. Henson and D. Weatherspoon. Supermarket Procurement Practices in Developing Countries: The Role of the Public and Private Sctours [J]. American Journal of Agricultural Economics, 2003, 85 (5).

[154] Abdulai, Awudu. Spatial Price Transmission and Asymmetry in the Ghanaian Maize Market [J]. Journal of Development Economics, 2000 (63).

[155] Rahid, Shahidur. Spatial Integration of Maize Markets in Post-Liberalized Uganda [M]. Washington D. C.: International Food Policy Research Institute, 2004.

[156] Rajesh K Aithal and Arunabha Mukhopadhyay. Rural

Telecom in India: Marketing Issues and Expericences from other contuntries [J]. Adopting E-governance, 2007 (15).

[157] Lele, U. J. Market Integration: A Study of Sorghum Prices in Western India [J]. Journal of Farm Economics, 1967 (49).

[158] Baulch, B. Transfer Costs, Spatial Arbitrage, and Testing for Food Market Integration [J]. American Journal of Agricultural Economics, 1997 (79).

[159] Alexander, C., and J. Wyeth. Cointegration and Market Integration: An Application to the Indonesian Rice Market [J]. Journal of Development Studies, 1994 (30).

[160] Gardner, B. L., and K. M. Brooks. Food Prices and Market Integration in Russia: 1992—1993 [J]. American Journal of Agricultural Economics, 1994 (76).

[161] Sexton, P. M. Study on American Celery Market [J]. American Journal of Agricultural Economics, 1991 (35): 251-276.

[162] Lipton, M. Urban bias revisited [J]. Journal of Development Studies, 1984, 20 (3).

[163] Corbridge, S. Urban-rural relations and the counterrevolution in development theory and practice [M]. in Potter, R. and T. Unwin (editors), The Geography of Urban-Rural Interaction in Developing Countries, London, 1989.

[164] Unwin T. Rural-Urban interaction in developing countries: A Theoretical perspective [M]. in Poter, R. B. (eds.). The geography of Rural-urban interaction in developing countries, Rortiedge, 1989.

[165] Ravallion, M. On the urbanization of poverty [J]. Journal of Development Economics, 2002 (68).

[166] McGee, T. G. The Emergence of 'Desakota' Regions in

Asia: Expanding a Hypothesis [M]. in N. Ginsberg, editor. The Extended Metropolis: Settlement Transition in Asia. Honolulu: University of Hawaii Press, 1991.

[167] Douglas, I. Environmental Change in Peri-Urban Areas: Report and Recommendations [A]. in Environmental Change in Peri-Urban Areas-A.

[168] Keeble, D., Tyler, P., Broom, G. & Lewis, J. Business Success in the Countryside [M]. London: HMSO, 1992.

[169] Lowe, P. and H. Talbot. Policy for Small Business Support in Rural Areas: A Critical Assessment of the Proposals for the Small Business [J]. Regional Studies, 2000 (5).

[170] Courtney. Small Towns and the Rural Economy: A study of their contemporary functions and potential role in rural development [D]. Plymouth: The University of Plymouth, 2000.

[171] Yong Hyo Cho, Jung Jay Joh. Urbanizing The Rural Economy of Korea: the Central Government Policies to Develop Industries In Rural Areas [J]. Asian Journal of Public Administration, 1988 (10).

[172] Bart Minten. Infrastructure, Market Access, and Agricultural Prices: Evidence from Madagascar [J]. Working paper, International Food Policy Research Institute, 1999.

[173] Emran, M. S, and Shilpi. F. Marketing Externalities and Market Development [J]. Working paper, World Bank, 2002.

[174] Abare. Policies Affecting Market Expansion of Sugar [R]. Aare Interim Report, 1999.

[175] Park. A., Jin. Hehui., Rozelle. S., Huang. J. K. Market Emergence and Transition: Arbitrage, Transition Costs, and Autarky in China's Grain Markets [J]. American Journal of Agricultural Eco-

nomics, 2002 (84).

[176] Rozelle. S. and Park. A. , Jin. Hehui. Market Transition and China's Grain Markets [J]. American Journal of Agricultural Economics, 1997 (40).

[177] Perroux, Francois. Note sur la notion de pole de croissance [J]. Economique Appliquée, 1995 (1).

[178] Jeffrey A. Frankel, David Romer. Does Trade Cause Growth? [J]. Journal of the American Economic Review, 1999, 89 (3).

[179] Spulber, Daniel F and David Besanko. Delegation, Commitment, and the Regulatory Mandate [J]. Journal of Law, Economics, and Organization, 1992 (8).

[180] Spulber, Daniel F. Market Microstructure and Intermediation [J]. Journal of Economic Perspectives, 1996 (10).

[181] Williamson. O. E. Credible Commitments: Using Hostages to Support Exchange [J]. American Economic Review, 1983 (83).

[182] Yang, X. and Rice, R. An Equilibrium Model Endogenizing the Emergence of a Dual Structure between the Urban and Rural Sectors [J]. Journal of Urban Economics, 1994 (25).

[183] Young, Allyn. Increasing Returns and Economic Progress [J]. The Economic Journal, 1928 (38).

[184] Johansen, S. Estimation and Hypothesis Testing Of Co-integra-tion Vectorsin Gaussian Vector Autoregressive Models [J]. Econometric, 1991, 59 (6).

[185] Engle, R. F. and C. W. J. Granger. Co-integration and ErCorrection: Representation, Estimation and Testing [M]. Econmetrica, 1987 (5).

[186] Granger, C. W. T. Some Recent Development in a Concept of Causacity [J]. Journal of Econometrics, 1988 (39).

[187] Young, Alwyn. The Razor's Edge: Distortions and Incremental Reform in the Reople's Republic of China [J]. Quarterly Journal of Economics, 2000 (35).

[188] Poncet, Sandra. The Magnitude of Chinese Provinces' Internal and International Trade Integration, Is Chinese Provinces' Greater International Openness Threatening China's Domestic Market Integration? [A]. paper presented at the 3rd international conference on the Chinese economy, "Has China Become A Market Economy?" 2001 CERDI, Clermont-Ferrand, France.

[189] Poncet, S. Measuring Chinese Domestic and International Integration [J]. China Economic Review, 2003, 14 (1).

[190] Poncet, S. A Fragmented China: Measure and Determinants of Chinese Domestic Market Disintegration [J]. Review of International Economics, 2005, 13 (3).

[191] Naughton, B. How Much Can Regional Integration Do to Unify China's Markets? [J]. Paper presented for the Conference for Research on Economic Development and Policy Research, Stanford University, 1999.

[192] Bai Chong-En, Du Yingjuan, Tao Zhigang, and Tong, Sarah Y. Local Protectionism and Regional Specialization: Evidence from China's Industries [J]. Journal of International Economics, 2004 (28).

[193] Samuelson, Pau. Theoretical Note on Trade Problem [J]. Review of Economics and Statistics, 1954 (46).

[194] Head. K., T. Mayer. Non-Europe: The Magnitude and Causes of Market Fragmentation in the EU [R]. Weltwirtschaftliches Archiv, 2000 (136).

[195] Parsley, David and Wei, Shang-Jim. Convergence to the Law of One Price without Trade Barriers or Currency Fluctuations

[J]. Quarterly Journal of Economics, 1996 (111).

[196] Sontag, E. D. Realization theory off discrete time nonlinear system I: the bounded case [J]. IEEE Transactions Circuits and Systems, 1979 (26).

附　录

附录1　农村市场流通体系情况问卷调查

姓名________性别______文化程度______年龄______

家庭地址________县________乡________村________组

请在括号（　）中填入您选择的答案（可以是一个或是多个）：

1．您家中收入60%主要来源（占60%以上收入来源）是（　　　）。

①种植业、养殖业　　　　　　②外出务工收入

③自己经商或从事副业生产　　④其他，如________

2．您家现金收入增加后，主要用于（　　　）。

①存入银行以备他用　　　　　②大生产

③修建房屋或维修　　　　　　④购买大件耐用消费品

3．您认为当前农民收入不高的主要因素是（　　　）。

①农产品价格较低

②本地经济不发达，收入渠道单一

③自身素质不高，就业能力差

④农资价格高

4．国家取消农业税后，影响农民负担的主要因素是（　　　）。

①农业生产资料和重要商品价格上涨

②教育及医疗费支出

③乡村两级各种收费

④人情支出

5. 您平时获取购买商品信息的主要渠道是（　　）。

①报纸杂志　　②电视广播

③参加会议知道　　④与村里人交谈

6. 您家平时购买大件商品（电器、家具、车子等）主要去（　　）。

①本村商店　　②乡镇商店

③县城商店　　④市里商店

7. 您家购买日常生活用品主要到（　　）。

①本村商店　　②外村商店

③乡镇商店　　④县城商店

8. 您选择购买商品主要考虑的因素是（　　）。

①商品价格高低　　②品牌因素

③适用　　④是否流行

9. 您认为目前农村市场存在的主要问题是（　　）。

①网点少、不方便　　②经商户服务差

③假冒伪劣商品多　　④虚假广告、欺诈经营

10. 您家里生产的农产品到市场流通的方式主要是（　　）。

①自己运到城里销售

②到农村集贸市场设点摆摊

③私商来家收购

④根据购销合同交货

11. 您认为目前在农村难以买到的商品主要是（　　）。

①急需的农业生产资料　　②价廉物美的日用消费品

③建筑装饰材料　　④服装和家用电器

12. 目前，农村市场上假冒伪劣商品主要集中在（　　）。

①农药、化肥等农业生产资料

②药品、保健品、食品（含烟酒）

③家用电器等商品

④交通、五金用品等

13. 您对当前农村现有商业服务点、网点的供应和服务是（　　）。

①十分满意　　②比较满意

③基本满意　　④不满意

14. 您对当前农村现有商业服务点不满意的主要原因是（　　）。

①购买不方便　　②态度恶劣、服务质量差

③随意涨价、变相涨价　　④商品货不对路

15. 您家购买商品的支出中，开支最大的项目主要是（　　）。

①购买农业生产资料　　②购买日常生活用品

③购买粮食和副食品　　④购买家用电器

16. 您认为在农村开设连锁店，首先应发展的是（　　）。

①农业生产资料连锁店　　②食品、副食品连锁店

③建筑及装饰材料连锁店　　④家用电器五金连锁店

17. 您家使用的农械及电器、交通工具等需要修理时，主要靠（　　）。

①请人到家修理　　②到村上修理店修理

③运到乡镇修理店修理　　④到县城修理

18. 您家存款主要存在（　　）。

①乡镇邮政储蓄所　　②农业银行乡镇分理处

③县城银行网点　　④市区银行网点

19. 您家存钱的主要用途是（　　）。

①修建或购买住房　　②供子女读书

③防病治病及养老　　④扩大再生产

20. 当您收到亲友汇款后，取款地点离家距离在（　　）。

①1 公里以内　　②3 公里以内

③5 公里以内　　④5 ~ 10 公里

21. 您和家人及乡村亲友遇到一般病痛主要到（　　）。

①村卫生所、私人诊所就诊　　②乡镇医院就诊

③县城医院就诊　　④市、省医院就诊

⑤自己到药店买药或不就诊

22. 您家里遇到经济困难需要现金主要采取（　　）。

①到乡镇银行网点申请贷款

②到县城银行网点申请贷款

③找亲友借款

④找同村富裕户借款

23. 您到银行申请用于农业生产或其他经营项目的贷款时，（　　）。

①不知道找谁贷款　　②找银行贷款较方便

③找银行贷款很困难　　④银行一般不贷款

24. 在农村日常的购买活动中花费时间、精力最多的是（　　）。

①购买农业生产资料　　②购买药品

③购买家用电器　　④购买建筑材料、交通五金用品

25. 目前假冒伪劣商品在农村市场主要是反映在（　　）。

①食品、饮料、烟酒经营中　　②农业生产资料经营中

③服装及日化用品经营中　　④建材及家电商品经营中

26. 您认为连锁店在农村延伸建在（　　）为好。

①自然村　　②乡政府所在地

③中心集镇　　④所有城镇

27. 您认为农村供销社改革后，农民参与市场流通的最好形式是（　　）。

①重新组建农民入股的新型合作社

②建立农村专业生产协会

③农民自己组建商贸公司

④发展农村个体商业

28. 您要购买各种书籍和文化用品主要是去（　　）。

①县城乡镇　　②乡镇所在地书店

③村里商店　　④市区商店

29. 您在一个月内一般去集市参加交易活动（　　）次。

①1 次　　②2 次

③3 次以上　　④不到 1 次

30. 您在农村看电影和文艺演出的次数一般是（　　）。

① 三年 1 次　　②一年 2 次

③一年 4 次　　④一年 6 次以上

31. 您和您朋友在农村要看电影和观看文艺演出一般去（　　）。

①县城　　②乡镇政府所在地

③村里　　④市区

附录2 城乡商品市场协调发展原始数据

表1 1978—2007年中国城乡商品市场协调度指标体系原始数据

指标	城乡人均GDP(X_1)	城市化率(X_2)	GDP增长率(X_3)	固定资产投资占GDP比重(X_4)	对外贸易占GDP比重(X_5)	城乡社会消费品总额之比(X_6)	城乡消费比(X_7)	城乡收入比(X_8)	城乡恩格尔系数对比指数(X_9)	城乡商品市场数之比(X_{10})	城乡商品市场交易额之比(X_{11})
1978	11.72322	0.179152	0.114496		0.097955	0.47959	2.934783	2.570359	0.849335	0.058763	0.068745
1979	9.435724	0.189611	0.118901		0.112575	0.481116	2.746835	2.52809	0.890625	0.060543	0.070175
1980	9.658285	0.193911	0.075641	0.201625	0.126168	0.521615	2.786517	2.496602	0.920712	0.077039	0.110061
1981	8.500549	0.201565	0.090192	0.197724	0.151287	0.5597	2.824121	2.239928	0.946578	0.083042	0.134387
1982	7.485967	0.211305	0.122898	0.232072	0.145479	0.558048	2.606335	1.981859	0.965404	0.087194	0.142857
1983	7.345478	0.216236	0.210206	0.240054	0.144375	0.589978	2.45122	1.822466	0.996633	0.103137	0.155488
1984	7.10485	0.230143	0.248074	0.254333	0.16665	0.665138	2.339223	1.83535	0.97973	0.122011	0.196335
1985	8.132564	0.237069	0.136454	0.28292	0.229912	0.77124	2.311239	1.858903	0.922145	0.15027	0.23534
1986	8.282234	0.245249	0.17288	0.305899	0.252946	0.688267	2.446809	2.125767	0.929078	0.167521	0.369129
1987	8.061916	0.253193	0.247805	0.317178	0.257995	0.715296	2.611511	2.166234	0.958781	0.185589	0.428096
1988	8.324469	0.258147	0.130619	0.31857	0.256113	0.780245	2.816929	2.165902	0.951852	0.205837	0.506784
1989	8.444039	0.262102	0.101018	0.260696	0.245653	0.826861	2.835443	2.284123	0.994526	0.222149	0.57888

续表

指标	城乡人均GDP(X_1)	城市化率(X_2)	GDP增长率(X_3)	固定资产投资占GDP比重(X_4)	对外贸易占GDP比重(X_5)	城乡社会消费品总额之比(X_6)	城乡消费比(X_7)	城乡收入比(X_8)	城乡恩格尔系数对比指数(X_9)	城乡商品市场数之比(X_{10})	城乡商品市场交易额之比(X_{11})
1990	7.515186	0.264097	0.166034	0.24287	0.298956	0.881469	2.952715	2.200495	0.921769	0.220369	0.629735
1991	8.373381	0.269402	0.234172	0.258257	0.333563	0.927136	3.099839	2.399944	0.934028	0.228531	0.699417
1992	9.490958	0.274599	0.308968	0.303172	0.342174	0.990386	3.281337	2.584949	0.920139	0.224342	0.813046
1993	10.37448	0.279901	0.364391	0.378244	0.326124	1.379535	3.540351	2.796658	0.865749	0.247179	0.921528
1994	9.890634	0.285098	0.243244	0.365162	0.436724	1.463042	3.480322	2.863391	0.848896	0.268804	1.035514
1995	9.47098	0.290404	0.172745	0.348193	0.40873	1.501425	3.398884	2.714711	0.854949	0.315746	1.140883
1996	8.903244	0.304799	0.112889	0.343662	0.361012	1.522076	3.071267	2.512279	0.866785	0.322682	1.157081
1997	9.046776	0.3191	0.063584	0.340992	0.368693	1.563638	3.089552	2.468925	0.845735	0.345189	1.190191
1998	8.760686	0.333502	0.065702	0.369069	0.348846	1.57365	3.280739	2.509297	0.837079	0.370899	1.255905
1999	8.75883	0.347797	0.107611	0.370501	0.371017	1.585273	3.526725	2.648509	0.80038	0.392858	1.313725
2000	9.009134	0.362198	0.102732	0.372989	0.445002	1.618603	3.633775	2.7869	0.802444	0.422888	1.316933
2001	8.797063	0.376597	0.102042	0.388742	0.440661	1.675472	3.599722	2.898749	0.800839	0.46294	1.347153
2002	8.609797	0.390898	0.135003	0.418529	0.494329	1.794206	3.546496	3.111488	0.816017	0.473995	1.397255
2003	8.707856	0.405302	0.180603	0.475981	0.603759	1.853586	3.588734	3.230951	0.813596	0.500009	1.397964
2004	7.796961	0.4176	0.153533	0.515999	0.699488	1.935756	3.468571	3.208555	0.798729	0.55049	2.354126
2005	9.242891	0.4299	0.157767	0.484526	0.638159	2.042102	3.698742	3.223755	0.806593	0.593947	2.514752
2006	9.615517	0.439	0.179943	0.519047	0.6652	2.072698	3.654763	3.278366	0.832558	0.603684	3.067079
2007	9.656442	0.4494	0.101232	0.55033	0.668217	2.097645	3.667452	3.329582	0.842227	0.639515	2.916668

表 1(续) 1978—2007 年中国城乡商品市场协调度指标体系原始数据

指标	城乡消费价格指数比(X_{12})	技术市场成交额(万元)(X_{13})	城乡人均储蓄余额(X_{14})	工、交流通部门事业投资占 GDP 比重(X_{15})	财政支农占 GDP 比重(X_{16})	文教、科学、卫生支出占 GDP 比重(X_{17})	社会保险覆盖率(X_{18})	人均能源消耗总量(吨标准煤/人)(X_{19})	人均公路里程(公里/万人)(X_{20})	人均铁路里程(公里/万人)(X_{21})	货物周转量(亿吨公里)(X_{22})
1978	100		210.6	0.004909	0.021233	0.031086		0.59364 8	9.247966	0.536054	9829
1979	101.9		281	0.005176	0.02228	0.032705		0.600644	8.978696	0.54233	11385
1980	109.5		399.5	0.005058	0.018177	0.034588		0.610658	8.948888	0.53594	12026
1981	112.2		523.7	0.00487	0.015153	0.035242		0.594042	8.968543	0.532617	12143
1982	114.4		675.4	0.004501	0.015087	0.037199		0.610571	8.922423	0.560726	13049
1983	116.7		892.5	0.004698	0.014603	0.037668		0.641115	8.883776	0.525202	14054
1984	119.9		1214.7	0.004276	0.013377	0.036699		0.679437	8.880094	0.522246	15694
1985	134.2		1622.6	0.003922	0.011271	0.035329		0.724433	8.903081	0.520543	18126
1986	135.344		2237.6	0.003584	0.012184	0.03724		0.752044	8.955696	0.518106	20148
1987	138.598		3073.3	0.002769	0.011215	0.033668		0.792608	8.986276	0.510522	22228
1988	142.3716	72	3801.5	0.002609	0.010633	0.032582		0.837615	9.003297	0.504386	23825
1989	138.822	81	5196.4	0.002662	0.011658	0.032724		0.860076	8.999681	0.504862	25591
1990	134.464	75	7119.8	0.000913	0.011956	0.033281		0.863294	8.993904	0.505541	26207
1991	138.1291	95	9241.6	0.002424	0.011266	0.032751		0.896048	8.988716	0.499037	27986
1992	143.3258	142	11759.4	0.002424	0.0101	0.029768		0.931715	9.018443	0.495856	29218

续表

指标	城乡消费价格指数比(X_{12})	技术市场成交额(万元)(X_{13})	城乡人均储蓄余额(X_{14})	工、交流通部门事业投资占GDP比重(X_{15})	财政支农占GDP比重(X_{16})	文教、科学、卫生支出占GDP比重(X_{17})	社会保险覆盖率(X_{18})	人均能源消耗总量(吨标准煤/人)(X_{19})	人均公路里程(公里/万人)(X_{20})	人均铁路里程(公里/万人)(X_{21})	货物周转量(亿吨公里)(X_{22})
1993	146.3682	208	15203.5	0.002201	0.009338	0.027654		0.978703	9.142148	0.494444	30525
1994	148.3065	229	21518.8	0.002155	0.008548	0.027335	0.066483	1.024088	9.326658	0.492282	33275
1995	147.4262	268	29662.3	0.001757	0.007357	0.025087	0.068015	1.083016	9.552431	0.515187	35909
1996	148.6641	300	38520.84	0.001774	0.007514	0.025105	0.068086	1.135298	9.688779	0.530276	36590
1997	149.5191	351	46279.8	0.001832	0.007531	0.025564	0.064396	1.114636	9.920243	0.533868	38385
1998	150.1097	436	53407.47	0.001552	0.007991	0.027499	0.063545	1.059737	10.24759	0.532218	38089
1999	150.4295	523	59621.8	0.001561	0.008255	0.065898	0.078324	1.034447	10.74603	0.535831	40568
2000	151.7834	651	64332.4	0.001677	0.008572	0.030591	0.082119	1.028041	11.06728	0.542042	44321
2001	151.6272	783	73762.4	0.002056	0.009433	0.034538	0.081135	1.057096	13.30439	0.549257	47710
2002	150.7297	884	86910.6	0.00221	0.010485	0.037834	0.079266	1.153901	13.74199	0.559738	50686
2003	149.7189	1085	103617.3	0.00243	0.009667	0.038381	0.080262	1.322812	14.00481	0.564897	53859
2004	147.5566	1334	119555.4	0.00269	0.012375	0.037579	0.081423	1.515525	14.39133	0.572361	69445
2005	146.6764	1551	141051	0.002429	0.009802	0.03338	0.081434	1.71833	25.58353	0.576647	80258
2006	146.682	1818	161587.3	0.002756	0.01025	0.034362	0.085106	1.873517	26.29937	0.586544	88840
2007	145.4347	2227	172534.2	0.005736	0.013538	0.005754	0.088134	2.010028	27.12274	0.590332	101419

表 2　　1978—2007 年中国城乡商品市场协调度指标体系标准化数据

指标	城乡人均GDP(X_1)	城市化率(X_2)	GDP 增长率(X_3)	固定资产投资占 GDP 比重(X_4)	对外贸易占 GDP 比重(X_5)	城乡社会消费品总额之比(X_6)	城乡消费比(X_7)	城乡收入比(X_8)	城乡恩格尔系数对比指数(X_9)	城乡商品市场数之比(X_{10})	城乡商品市场交易额之比(X_{11})
1978	2.99573	-1.46504	-0.59369	0	-1.41679	-1.30678	-0.39114	0.01993	-0.5351	-1.3146	-1.09408
1979	0.63751	-1.33529	-0.53271	0	-1.33393	-1.30403	-0.81141	-0.07446	0.10602	-1.30449	-1.09237
1980	0.86695	-1.28193	-1.13161	-1.46834	-1.25689	-1.23095	-0.72268	-0.14477	0.57319	-1.21081	-1.04459
1981	-0.32658	-1.18698	-0.93016	-1.50831	-1.11451	-1.16223	-0.63859	-0.71793	0.97482	-1.17671	-1.01546
1982	-1.37254	-1.06615	-0.47737	-1.15631	-1.14743	-1.16521	-1.12559	-1.2942	1.26713	-1.15313	-1.00531
1983	-1.51737	-1.00498	0.73135	-1.07451	-1.15369	-1.1076	-1.47245	-1.65013	1.75204	-1.06259	-0.99018
1984	-1.76544	-0.83244	1.25561	-0.92818	-1.02744	-0.97199	-1.72289	-1.62135	1.48958	-0.9554	-0.94126
1985	-0.70595	-0.74651	-0.2897	-0.63522	-0.66888	-0.78054	-1.78546	-1.56876	0.59545	-0.79491	-0.89454
1986	-0.55165	-0.64503	0.2146	-0.39973	-0.53833	-0.93025	-1.48231	-0.97285	0.70309	-0.69694	-0.73429
1987	-0.77878	-0.54648	1.25189	-0.28415	-0.50971	-0.88148	-1.11402	-0.88249	1.16431	-0.59433	-0.66366
1988	-0.50811	-0.48502	-0.37048	-0.26988	-0.52037	-0.76429	-0.65467	-0.88323	1.05671	-0.47934	-0.56941
1989	-0.38484	-0.43595	-0.78028	-0.86298	-0.57967	-0.68018	-0.61327	-0.61924	1.71932	-0.3867	-0.48306
1990	-1.34241	-0.41121	0.11982	-1.04565	-0.27755	-0.58165	-0.35104	-0.80598	0.5896	-0.3968	-0.42214
1991	-0.45768	-0.34539	1.06314	-0.88796	-0.08141	-0.49925	-0.02205	-0.36061	0.77995	-0.35045	-0.33868
1992	0.69445	-0.28092	2.09864	-0.42768	-0.03259	-0.38512	0.38381	0.0525	0.56429	-0.37424	-0.20258

续表

指标	城乡人均 GDP(X_1)	城市化率(X_2)	GDP 增长率(X_3)	固定资产投资占 GDP 比重(X_4)	对外贸易占 GDP 比重(X_5)	城乡社会消费品总额之比(X_6)	城乡消费比(X_7)	城乡收入比(X_8)	城乡恩格尔系数对比指数(X_9)	城乡商品市场数之比(X_{10})	城乡商品市场交易额之比(X_{11})
1993	1.60529	-0.21514	2.86594	0.34166	-0.12357	0.31704	0.963	0.52525	-0.28024	-0.24455	-0.07264
1994	1.10648	-0.15067	1.18874	0.20759	0.50329	0.46772	0.82877	0.67427	-0.54191	-0.12173	0.06389
1995	0.67385	-0.08484	0.21273	0.03369	0.34463	0.53697	0.64666	0.34226	-0.44794	0.14486	0.1901
1996	0.08856	0.09374	-0.61593	-0.01273	0.07417	0.57424	-0.08594	-0.10977	-0.26415	0.18425	0.2095
1997	0.23653	0.27116	-1.29853	-0.0401	0.11771	0.64923	-0.04505	-0.20658	-0.591	0.31207	0.24916
1998	-0.0584	0.44983	-1.26921	0.24763	0.00522	0.66729	0.38247	-0.11643	-0.72541	0.45809	0.32787
1999	-0.06032	0.62718	-0.68901	0.2623	0.13088	0.68826	0.93253	0.19443	-1.29524	0.58279	0.39712
2000	0.19773	0.80584	-0.75656	0.2878	0.55021	0.7484	1.17191	0.50346	-1.2632	0.75334	0.40096
2001	-0.0209	0.98448	-0.76611	0.44925	0.52561	0.85102	1.09576	0.75322	-1.28812	0.98081	0.43716
2002	-0.21396	1.16189	-0.30978	0.7545	0.82979	1.06526	0.97674	1.22827	-1.05244	1.04359	0.49717
2003	-0.11287	1.3406	0.32151	1.34327	1.45002	1.1724	1.07119	1.49503	-1.09003	1.19133	0.49802
2004	-1.05193	1.49316	-0.05325	1.75338	1.9926	1.32066	0.80249	1.44502	-1.32088	1.47802	1.64329
2005	0.43871	1.64576	0.00537	1.43084	1.64499	1.51255	1.31718	1.47896	-1.19877	1.72482	1.83568
2006	0.82286	1.75865	0.31238	1.78461	1.79826	1.56775	1.21884	1.60091	-0.7956	1.78012	2.49724
2007	0.86505	1.88767	-0.77732	2.1052	1.81536	1.61277	1.24721	1.71527	-0.64547	1.98361	2.31708

表 2(续)　**1978—2007 年中国城乡商品市场协调度指标体系标准化数据**

指标	城乡消费价格指数比(X_{12})	技术市场成交额(X_{13})	城乡人均储蓄余额(X_{14})	工、交流通部门事业投资占 GDP 比重(X_{15})	财政支农占 GDP 比重(X_{16})	文教、科学、卫生支出占 GDP 比重(X_{17})	社会保险覆盖率(X_{18})	人均能源消耗总量(X_{19})	人均公路里程(X_{20})	人均铁路里程(X_{21})	货物周转量(X_{22})
1978	1.55134	0	-0.78536	1.45082	2.53981	-0.21248	0	-1.09936	-0.45258	0.11102	-1.10077
1979	1.59168	0	-0.78401	1.6522	2.81858	-0.02984	0	-1.08058	-0.5038	0.33893	-1.0346
1980	1.75304	0	-0.78174	1.56327	1.72608	0.18254	0	-1.05371	-0.50947	0.1069	-1.00734
1981	1.81037	0	-0.77936	1.42154	0.92084	0.25636	0	-1.0983	-0.50573	-0.01379	-1.00236
1982	1.85708	0	-0.77645	1.14275	0.90321	0.47722	0	-1.05394	-0.51451	1.00686	-0.96383
1983	1.90591	0	-0.77229	1.29164	0.77432	0.53006	0	-0.97196	-0.52186	-0.28302	-0.92109
1984	1.97385	0	-0.76612	0.97277	0.44805	0.42078	0	-0.8691	-0.52256	-0.39036	-0.85135
1985	-0.54332	0	-0.7583	0.706	-0.11281	0.26615	0	-0.74833	-0.51819	-0.45219	-0.74792
1986	-0.54307	0	-0.74652	0.45036	0.13015	0.48179	0	-0.67422	-0.50818	-0.54068	-0.66193
1987	-0.54238	0	-0.7305	-0.16418	-0.12778	0.07876	0	-0.56534	-0.50236	-0.81607	-0.57348
1988	-0.54158	-0.91452	-0.71655	-0.28523	-0.28263	-0.04369	0	-0.44454	-0.49912	-1.03885	-0.50556
1989	-0.54234	-0.90042	-0.68982	-0.24543	-0.00994	-0.02776	0	-0.38425	-0.49981	-1.02156	-0.43046
1990	-0.54326	-0.90982	-0.65296	-1.56584	0.06955	0.03511	0	-0.37562	-0.50091	-0.99693	-0.40426
1991	-0.54248	-0.87848	-0.6123	-0.4247	-0.11416	-0.02469	0	-0.2877	-0.5019	-1.23307	-0.32861
1992	-0.54138	-0.80484	-0.56405	-0.42473	-0.42474	-0.36123	0	-0.19197	-0.49624	-1.34857	-0.27621

续表

指标	城乡消费价格指数比（X_{12}）	技术市场成交额（X_{13}）	城乡人均储蓄余额（X_{14}）	工、交流通部门事业投资占 GDP 比重（X_{15}）	财政支农占 GDP 比重（X_{16}）	文教、科学、卫生支出占 GDP 比重（X_{17}）	社会保险覆盖率（X_{18}）	人均能源消耗总量（X_{19}）	人均公路里程（X_{20}）	人均铁路里程（X_{21}）	货物周转量（X_{22}）
1993	-0.54073	-0.70142	-0.49805	-0.59356	-0.62757	-0.59976	0	-0.06585	-0.47271	-1.39986	-0.22063
1994	-0.54032	-0.66852	-0.37703	-0.62801	-0.83797	-0.63569	-1.18048	0.05597	-0.43762	-1.47836	-0.10368
1995	-0.54051	-0.60741	-0.22098	-0.92834	-1.15513	-0.8893	-0.99568	0.21413	-0.39467	-0.64666	0.00834
1996	-0.54025	-0.55727	-0.05122	-0.91588	-1.11337	-0.8873	-0.98704	0.35446	-0.36873	-0.09876	0.0373
1997	-0.54006	-0.47736	0.09746	-0.87196	-1.10881	-0.83548	-1.43233	0.299	-0.32471	0.03166	0.11364
1998	-0.53994	-0.34417	0.23405	-1.08358	-0.98641	-0.61726	-1.53494	0.15165	-0.26244	-0.02828	0.10105
1999	-0.53987	-0.20785	0.35313	-1.07683	-0.91601	3.71503	0.24824	0.08377	-0.16763	0.10292	0.20647
2000	-0.53958	-0.00729	0.4434	-0.98864	-0.83167	-0.26841	0.70621	0.06657	-0.10652	0.32844	0.36608
2001	-0.53962	0.19954	0.62411	-0.70249	-0.60234	0.1769	0.58747	0.14456	0.31901	0.59043	0.5102
2002	-0.53981	0.3578	0.87607	-0.58691	-0.32226	0.5488	0.36201	0.40439	0.40225	0.971	0.63676
2003	-0.54002	0.67275	1.19622	-0.42065	-0.53989	0.61048	0.48213	0.85776	0.45224	1.15835	0.7717
2004	-0.54048	1.06291	1.50164	-0.22411	0.18101	0.52003	0.62223	1.37501	0.52576	1.42933	1.43453
2005	-0.54067	1.40292	1.91356	-0.42137	-0.50415	0.04633	0.62358	1.91935	2.65469	1.58496	1.89438
2006	-0.54067	1.82129	2.30709	-0.17404	-0.38485	0.1571	1.06663	2.33588	2.79085	1.94433	2.25935
2007	-0.54093	2.46215	2.51687	2.0751	0.49092	-3.07052	1.43197	2.70228	2.94747	2.08189	2.7943

表 3　　2007 年中国各省份城乡商品市场协调度指标体系原始数据

指标	城乡人均 GDP	城市化率	GDP 增长率	固定资产投资占 GDP 比重	对外贸易占 GDP 比重	城乡社会消费品总额之比	城乡消费比	城乡收入比	城乡恩格尔系数对比指数	城乡商品市场数之比	城乡商品市场交易额之比
地区	X_1	X_2	X_3	X_4	X_5	X_6	X_7	X_8	X_9	X_{10}	X_{11}
北京	16.76006	84.5	0.188435	0.417734	0.206344	6.60192	12.39193	2.329404	0.965802	0.15384	0.01515
天津	13.91832	76.31	0.158574	0.465933	0.141473	15.26572	8.040464	2.333411	0.913866	0.16667	0.3214
河北	9.78968	40.25	0.175729	0.502183	0.018617	0.919347	1.948809	2.722874	0.920431	0.88571	3.6031
山西	25.75386	44.03	0.206376	0.49909	0.020197	1.908967	2.415837	3.154943	0.832945	1.66667	3
内蒙古	6.950717	50.15	0.27124	0.717911	0.0127	2.16506	3.246578	3.131173	0.774217	1.6667	1.5
辽宁	6.01389	59.2	0.191581	0.674489	0.053952	5.123841	4.372283	2.576845	0.953136	0.59259	2.1053
吉林	5.059703	53.16	0.23615	0.690932	0.019486	3.641746	3.221099	2.69258	0.820322	2.6	9
黑龙江	5.745913	53.9	0.14156	0.401061	0.024482	3.388366	3.234786	2.479323	1.013327	0.88889	0.2353
上海	15.12012	88.7	0.175807	0.362657	0.23206	7.223338	18.10928	2.328597	0.96329	0.03846	0.0488
江苏	11.58808	53.2	0.189238	0.476593	0.135764	2.755678	2.524795	2.496264	0.891289	0.30556	0.5253
浙江	13.50348	57.2	0.192976	0.448362	0.094166	1.963564	2.759622	2.489225	0.971601	0.15723	1.8623
安徽	8.135154	38.7	0.197675	0.690848	0.021635	1.22833	1.951262	3.226296	0.916051	0.25	1.3056
福建	8.669021	48.7	0.214665	0.463584	0.080491	1.936895	2.532292	2.836258	0.842236	0.08929	0.32
江西	7.672411	39.8	0.17765	0.600326	0.017178	1.124322	1.096073	2.831283	0.820356	0.55556	2
山东	10.64833	46.75	0.176133	0.482852	0.047167	1.792363	2.653459	2.861329	0.870303	0.94594	1.725

续表

指标	城乡人均GDP	城市化率	GDP 增长率	固定资产投资占GDP 比重	对外贸易占GDP 比重	城乡社会消费品总额之比	城乡消费比	城乡收入比	城乡恩格尔系数对比指数	城乡商品市场数之比	城乡商品市场交易额之比
地区	X_1	X_2	X_3	X_4	X_5	X_6	X_7	X_8	X_9	X_{10}	X_{11}
河南	11.03162	34.34	0.201384	0.533564	0.008516	1.233688	1.725196	2.979814	0.90997	0.86667	1.3103
湖北	7.165065	44.3	0.217556	0.469127	0.016108	2.355126	2.526925	2.87326	0.829797	0.38095	0.6429
湖南	6.854871	40.45	0.215502	0.451604	0.010528	1.37386	2.015521	3.148799	0.727435	0.57143	1.2414
广东	10.11853	63.14	0.186225	0.299001	0.204021	2.433616	6.637292	3.147079	0.709998	0.21176	0.2034
广西	6.68164	36.24	0.233434	0.493593	0.015547	1.45842	1.813112	3.784197	0.830707	0.17647	0.2941
海南	2.671244	47.2	0.161875	0.410678	0.028729	2.573544	1.980266	2.9005	0.764435	0	0
重庆	8.064272	48.34	0.180704	0.758697	0.018042	1.511034	3.480148	3.587843	0.682178	0.4	0.2258
四川	7.543359	35.6	0.216199	0.536853	0.013687	0.96988	1.741306	3.129194	0.788266	0.75	0.7143
贵州	13.06755	28.24	0.201534	0.542983	0.00828	1.373376	1.96593	4.498081	0.771408	0	0
云南	10.09177	31.6	0.183339	0.581914	0.018547	1.237644	1.59332	4.364357	0.966749	0.2	1.3333
西藏	13.26096	28.3	0.17587	0.790037	0.011498	1.012567	1.095018	3.992156	1.046053		
陕西	12.02063	40.62	0.208246	0.6248	0.012601	1.98261	2.425768	4.069793	0.988043	3	1.5
甘肃	12.99677	31.59	0.186981	0.482592	0.02044	1.831804	2.038901	4.299134	0.766215	6	2.5
青海	12.55535	40.07	0.221375	0.616178	0.007811	2.354267	2.363324	3.82895	0.854016	1	1.5
宁夏	10.27995	44.02	0.251055	0.674537	0.017786	2.996575	2.735873	3.413982	0.876101	0.5	1
新疆	7.155436	39.15	0.156932	0.525336	0.03893	2.419524	2.42948	3.240194	0.877613	1	2

表 3(续) **2007 年中国各省份城乡商品市场协调度指标体系原始数据**

指标	城乡消费价格指数比	技术市场成交额(万元)	城乡人均储蓄余额	工、交流通部门事业投资占 GDP 比重	财政支农占 GDP 比重	文教、科学、卫生支出占 GDP 比重	社会保险覆盖率	人均电力消耗量(千瓦小时/人)	人均公路里程(公里/万人)	人均铁路里程(公里/万人)	货物周转量(亿吨公里)
地区	X_{12}	X_{13}	X_{14}	X_{15}	X_{16}	X_{17}	X_{18}	X_{19}	X_{20}	X_{21}	X_{22}
北京		8825603	9155.34	0.010969527	0.01096	0.028152	0.019168	4084.562	12.70912	0.685787	724.769
天津		723356.1	3083.07	0.010488932	0.005306	0.014137	0.015755	4438.661	10.3417	0.622626	15288.96
河北	0.992956	164328.7	8922.4	0.007238076	0.008168	0.008481	0.016057	2900.294	21.21057	0.696792	6006.444
山西	0.985647	82677.06	5422.4	0.010039785	0.014745	0.016517	0.031888	3975.277	35.32832	0.917923	1839.67
内蒙古	0.991689	109835.2	2541.92	0.011706205	0.017816	0.013265	0.024958	4824.168	57.6341	2.783464	2023.253
辽宁	0.977102	929289.5	8071.52	0.013385579	0.011049	0.011801	0.036557	3163.133	22.8248	0.977386	5817.818
吉林	0.983617	174845.4	3186.77	0.021478251	0.015151	0.014329	0.02921	1694.646	31.29853	1.326886	654.9614
黑龙江	0.999456	350208.8	4478.19	0.019700566	0.015006	0.013498	0.030723	1644.708	36.84859	1.505021	1282.382
上海		3548877	8745.22	0.02374923	0.005136	0.019526	0.022497	5771.686	6.008073	0.178256	16053.65
江苏	0.992801	784173.1	13014.91	0.007091272	0.007522	0.00902	0.008257	3871.501	17.53862	0.212297	3988.369
浙江	0.994789	453473.6	11162.82	0.006975167	0.007569	0.012415	0.00575	4326.812	19.72569	0.260728	4962.478
安徽	1.001799	264515	4546.48	0.015705618	0.014057	0.014615	0.028033	1257.118	24.25172	0.390154	1988.658
福建	0.996793	145578.8	4709.7	0.006442282	0.006648	0.009898	0.009792	2793.45	24.27423	0.451354	2080.933
江西	0.98665	99533.12	3360.79	0.01285447	0.018829	0.015019	0.022934	1170.075	29.87981	0.587536	1029.112
山东	0.986073	450274.8	11438.1	0.007398982	0.006278	0.007324	0.009696	2771.486	22.65795	0.352531	6413.369
河南	0.99966	261906.6	7812.24	0.009119425	0.010159	0.010484	0.018733	1931.622	25.49957	0.431806	2736.945

续表

指标	城乡消费价格指数比	技术市场成交额(万元)	城乡人均储蓄余额	工、交流通部门事业投资占 GDP 比重	财政支农占 GDP 比重	文教、科学、卫生支出占 GDP 比重	社会保险覆盖率	人均电力消耗量(千瓦小时/人)	人均公路里程(公里/万人)	人均铁路里程(公里/万人)	货物周转量(亿吨公里)
地区	X_{12}	X_{13}	X_{14}	X_{15}	X_{16}	X_{17}	X_{18}	X_{19}	X_{20}	X_{21}	X_{22}
湖北	0.995954	522145.9	5430.8	0.008922181	0.013821	0.011895	0.022882	1735.801	32.24776	0.450072	1644.688
湖南	0.984128	460816.4	5321.74	0.010223467	0.013687	0.010852	0.02402	1401.39	27.60268	0.456196	1922.286
广东	1.00209	1328448	22243.39	0.004158626	0.00555	0.010072	0.00912	3591.966	19.26183	0.230164	4292.224
广西	0.988431	9969.521	3185.26	0.01196212	0.015081	0.014331	0.018582	1428.557	19.75713	0.573442	1404.298
海南	0.984944	7327.25	863.12	0.011325616	0.018771	0.016196	0.029334	1340.284	21.05207	0.459645	823.7551
重庆		395658.1	3228.19	0.012288266	0.013576	0.013488	0.03371	1595.227	37.18217	0.458327	1051.551
四川	0.998647	303878.3	7450.91	0.011879918	0.01672	0.014111	0.025903	1448.886	23.30442	0.369068	1059.148
贵州	0.985747	6560.47	1790.13	0.016283599	0.031925	0.027163	0.025822	1778.575	32.76103	0.534702	721.2571
云南	1.00058	97496.43	3046.4	0.013288142	0.026912	0.023203	0.035956	1651.569	44.38037	0.511377	801.4717
西藏	0.98811		159.56	0.031867968	0.117789	0.076913	0.050563	0	171.1655	1.93662	41.59308
陕西	1.000951	301710.4	4278.4	0.011687112	0.018312	0.015539	0.029093	1744.094	32.36313	0.849813	1191.136
甘肃	0.990278	262107.1	1914.95	0.014142429	0.031358	0.023527	0.039545	2349.023	38.44555	0.930548	1149.949
青海	0.990779	53016.75	442.3	0.015767155	0.037347	0.036974	0.065312	5170.964	95.33696	2.993478	176.3095
宁夏	0.992549	6640.688	613.96	0.018020018	0.0314	0.026165	0.028674	7209.436	33.7082	1.294074	291.6188
新疆	0.976141	71724.42	2054.91	0.010747312	0.027937	0.023276	0.025808	1972.898	69.31695	1.317663	956.0564

表 4　**2007 年中国各省份城乡商品市场协调度指标体系标准化数据**

指标	城乡消费价格指数比	技术市场成交额（万元）	城乡人均储蓄余额	工、交流通部门事业投资占 GDP 比重	财政支农占 GDP 比重	文教、科学、卫生支出占 GDP 比重	社会保险覆盖率	人均电力消耗量（千瓦小时/人）	人均公路里程（公里/万人）	人均铁路里程（公里/万人）	货物周转量（亿吨公里）
地区	X_{12}	X_{13}	X_{14}	X_{15}	X_{16}	X_{17}	X_{18}	X_{19}	X_{20}	X_{21}	X_{22}
北京	1.50138	2.5012	−0.28584	−1.00531	2.41375	1.38157	2.52178	−1.31304	1.07309	−0.58988	−0.80788
天津	0.8488	1.94984	−1.34212	−0.60328	1.40667	4.51282	1.28515	−1.30666	0.51245	−0.57928	−0.62936
河北	−0.09932	−0.47776	−0.73533	−0.30092	−0.50062	−0.6722	−0.44602	−0.68584	0.58332	0.01518	1.28357
山西	3.56676	−0.22329	0.34877	−0.32672	−0.4761	−0.31454	−0.31329	0.00289	−0.36104	0.66083	0.93202
内蒙古	−0.75127	0.18872	2.64321	1.49848	−0.59247	−0.22198	−0.07721	−0.03501	−0.99499	0.66086	0.05765
辽宁	−0.96641	0.79797	−0.17459	1.1363	0.04795	0.84737	0.2427	−0.91862	0.93635	−0.22715	0.41049
吉林	−1.18553	0.39135	1.40198	1.27345	−0.48712	0.31172	−0.08445	−0.73413	−0.4973	1.43245	4.42946
黑龙江	−1.02795	0.44117	−1.94398	−1.14438	−0.40957	0.22014	−0.08056	−1.07407	1.58609	0.01781	−0.67955
上海	1.12478	2.78395	−0.73255	−1.46471	2.81298	1.60617	4.14657	−1.31433	1.04597	−0.68527	−0.78826
江苏	0.31367	0.39405	−0.25746	−0.51436	1.31803	−0.00852	−0.28233	−1.04707	0.26875	−0.46445	−0.51051
浙江	0.75353	0.66333	−0.12522	−0.74984	0.67224	−0.29481	−0.21559	−1.05828	1.13568	−0.58708	0.26884
安徽	−0.47927	−0.58211	0.04099	1.27275	−0.45377	−0.56053	−0.44532	0.11662	0.53605	−0.51038	−0.05566
福建	−0.35668	0.0911	0.64199	−0.62287	0.45995	−0.30444	−0.2802	−0.50511	−0.26076	−0.64325	−0.63018
江西	−0.58554	−0.50806	−0.66735	0.5177	−0.52295	−0.59812	−0.68835	−0.51304	−0.49694	−0.25777	0.34911
山东	0.09786	−0.04018	−0.72102	−0.46216	−0.05739	−0.35668	−0.24576	−0.46514	0.04221	0.06498	0.18881

续表

指标	城乡消费价格指数比	技术市场成交额（万元）	城乡人均储蓄余额	工、交流通部门事业投资占 GDP 比重	财政支农占 GDP 比重	文教、科学、卫生支出占 GDP 比重	社会保险覆盖率	人均电力消耗量（千瓦小时/人）	人均公路里程（公里/万人）	人均铁路里程（公里/万人）	货物周转量（亿吨公里）
地区	X_{12}	X_{13}	X_{14}	X_{15}	X_{16}	X_{17}	X_{18}	X_{19}	X_{20}	X_{21}	X_{22}
河南	0.18588	-0.87563	0.17219	-0.03916	-0.65743	-0.55859	-0.50956	-0.27628	0.4704	-0.00056	-0.05292
湖北	-0.70205	-0.20511	0.74424	-0.57664	-0.53957	-0.15329	-0.28172	-0.44612	-0.39503	-0.40212	-0.44196
湖南	-0.77328	-0.4643	0.67158	-0.7228	-0.6262	-0.50793	-0.42706	-0.00691	-1.49998	-0.24465	-0.09309
广东	-0.0238	1.06322	-0.36403	-1.99567	2.37769	-0.12492	0.88639	-0.00965	-1.6882	-0.542	-0.69814
广西	-0.81307	-0.74772	1.30591	-0.37256	-0.54829	-0.47737	-0.48458	1.00593	-0.3852	-0.57117	-0.64527
海南	-1.73403	-0.00988	-1.22537	-1.06416	-0.34363	-0.07435	-0.43708	-0.4027	-1.10058	-0.71707	-0.81671
重庆	-0.49555	0.06687	-0.55933	1.83868	-0.50954	-0.45836	-0.01083	0.69294	-1.9885	-0.38637	-0.68509
四川	-0.61518	-0.79081	0.69626	-0.01174	-0.57716	-0.65394	-0.50498	-0.03816	-0.84333	-0.09701	-0.40034
贵州	0.65342	-1.28629	0.17749	0.03939	-0.6611	-0.50811	-0.44115	2.14388	-1.0253	-0.71707	-0.81671
云南	-0.02995	-1.06009	-0.4661	0.36412	-0.50171	-0.55716	-0.54704	1.93072	1.0833	-0.55172	-0.03952
西藏	0.69784	-1.28225	-0.73031	2.10009	-0.61113	-0.63851	-0.68865	1.33742	1.93935	.	.
陕西	0.413	-0.45285	0.41491	0.72183	-0.59402	-0.28792	-0.31047	1.46118	1.31316	1.76315	0.05765
甘肃	0.63717	-1.06077	-0.33728	-0.46433	-0.47232	-0.34243	-0.42041	1.82675	-1.08137	4.24336	0.64056
青海	0.5358	-0.48988	0.87935	0.64992	-0.66838	-0.1536	-0.32822	1.07727	-0.1336	0.10967	0.05765
宁夏	0.01327	-0.22396	1.92922	1.1367	-0.51352	0.07854	-0.22234	0.4158	0.1048	-0.3037	-0.2338
新疆	-0.70426	-0.55182	-1.4002	-0.1078	-0.18526	-0.13001	-0.30942	0.13878	0.12112	0.10967	0.34911

表 4(续)　**2007 年中国各省份城乡商品市场协调度指标体系标准化数据**

指标	城乡消费价格指数比	技术市场成交额（万元）	城乡人均储蓄余额	工、交流通部门事业投资占 GDP 比重	财政支农占 GDP 比重	文教、科学、卫生支出占 GDP 比重	社会保险覆盖率	人均电力消耗量（千瓦小时/人）	人均公路里程（公里/万人）	人均铁路里程（公里/万人）	货物周转量（亿吨公里）
地区	X_{12}	X_{13}	X_{14}	X_{15}	X_{16}	X_{17}	X_{18}	X_{19}	X_{20}	X_{21}	X_{22}
北京	.	4.8591	0.78405	-0.32264	-0.40512	0.77968	-0.51967	0.82773	-0.73856	-0.20964	-0.57179
天津	.	0.01007	-0.53208	-0.40719	-0.68378	-0.31121	-0.79433	1.04624	-0.81578	-0.30113	3.22736
河北	0.21066	-0.3245	0.73356	-0.9791	-0.54272	-0.75144	-0.77005	0.09696	-0.46126	-0.19369	0.80597
山西	-0.79241	-0.37337	-0.02504	-0.4862	-0.2186	-0.12591	0.5042	0.7603	-0.00078	0.12663	-0.28096
内蒙古	0.03683	-0.35711	-0.64937	-0.19304	-0.06724	-0.37905	-0.05356	1.28412	0.72678	2.82896	-0.23307
辽宁	-1.96514	0.13332	0.54914	0.10241	-0.40071	-0.49303	0.88002	0.25915	-0.40861	0.21276	0.75676
吉林	-1.071	-0.3182	-0.5096	1.52612	-0.19854	-0.29621	0.2887	-0.647	-0.13222	0.71903	-0.59
黑龙江	1.10275	-0.21325	-0.22969	1.21338	-0.20571	-0.36093	0.41046	-0.67781	0.04881	0.97707	-0.42633
上海	.	1.70109	0.69516	1.92565	-0.69213	0.1083	-0.25165	1.8688	-0.95713	-0.94482	3.42684
江苏	0.18943	0.04647	1.62059	-1.00492	-0.57453	-0.70952	-1.39794	0.69626	-0.58103	-0.89551	0.27954
浙江	0.46224	-0.15145	1.21916	-1.02535	-0.57222	-0.44519	-1.59971	0.97722	-0.5097	-0.82536	0.53364
安徽	1.42441	-0.26454	-0.21489	0.51057	-0.25249	-0.274	0.19397	-0.91698	-0.36207	-0.63788	-0.2421
福建	0.73734	-0.33572	-0.17951	-1.1191	-0.6176	-0.64112	-1.27431	0.03103	-0.36133	-0.54922	-0.21803
江西	-0.65475	-0.36328	-0.47188	0.00897	-0.01728	-0.24254	-0.21647	-0.97069	-0.17849	-0.35196	-0.4924
山东	-0.73398	-0.15337	1.27882	-0.95079	-0.63585	-0.84151	-1.28204	0.01748	-0.41405	-0.69238	0.91211
河南	1.13074	-0.2661	0.49294	-0.64812	-0.44458	-0.59554	-0.55468	-0.50077	-0.32137	-0.57754	-0.0469